建构中的知识
残疾的社会学研究

聂翔 李巾 著

SOCIOLOGICAL RESEARCH
ON KNOWLEDGE DISABILITY
IN CONSTRUCTION

中国社会科学出版社

图书在版编目（CIP）数据

建构中的知识：残疾的社会学研究/聂翔，李巾著．—北京：中国社会科学出版社，2024.7
ISBN 978-7-5227-3356-2

Ⅰ.①建…　Ⅱ.①聂…②李…　Ⅲ.①社会学—研究　Ⅳ.①C91

中国国家版本馆 CIP 数据核字（2024）第 065627 号

出 版 人	赵剑英
责任编辑	李凯凯
责任校对	芦　苇
责任印制	王　超

出　　版	中国社会科学出版社
社　　址	北京鼓楼西大街甲 158 号
邮　　编	100720
网　　址	http://www.csspw.cn
发 行 部	010-84083685
门 市 部	010-84029450
经　　销	新华书店及其他书店
印　　刷	北京明恒达印务有限公司
装　　订	廊坊市广阳区广增装订厂
版　　次	2024 年 7 月第 1 版
印　　次	2024 年 7 月第 1 次印刷
开　　本	710×1000　1/16
印　　张	16
字　　数	254 千字
定　　价	85.00 元

凡购买中国社会科学出版社图书，如有质量问题请与本社营销中心联系调换
电话：010-84083683
版权所有　侵权必究

目　　录

绪言　重构残疾的常识 …………………………………………（1）

第一章　人的多样性与残疾风险 ………………………………（4）
 第一节　人的多样性与残疾 …………………………………（4）
  一　生命的形态 ………………………………………………（5）
  二　残疾多样性 ………………………………………………（8）
  三　新理念视角 ………………………………………………（12）
 第二节　残疾的多样性与分布 ………………………………（14）
  一　概念的变迁 ………………………………………………（14）
  二　多样性表现 ………………………………………………（18）
  三　多样性分布 ………………………………………………（21）
 第三节　残疾风险与残疾社会 ………………………………（27）
  一　致残的因素 ………………………………………………（27）
  二　残疾与风险 ………………………………………………（30）
  三　残疾风险增长 ……………………………………………（32）
  四　残疾风险社会 ……………………………………………（35）

第二章　残疾的理论与社会建构 ………………………………（38）
 第一节　残疾的理论范式 ……………………………………（38）
  一　残疾分析模式 ……………………………………………（38）
  二　残疾理论解释 ……………………………………………（43）
 第二节　残疾的社会建构 ……………………………………（48）
  一　早期的社会建构主义 ……………………………………（49）

二　近代的社会建构主义……………………………………(51)
　　三　现代的社会建构主义……………………………………(53)

第三章　残疾的图像与三个视界……………………………………(55)
第一节　残疾的学术视界……………………………………(55)
　　一　学术的热度………………………………………………(56)
　　二　学术的关注点……………………………………………(60)
　　三　残疾的知识树……………………………………………(66)
第二节　残疾的制度视界……………………………………(69)
　　一　残疾的政治………………………………………………(69)
　　二　残联的制度………………………………………………(76)
　　三　残疾人政策………………………………………………(81)
第三节　残疾的常人视界……………………………………(84)
　　一　残疾的隐形………………………………………………(84)
　　二　残疾的体验………………………………………………(87)
　　三　余秀华现象………………………………………………(90)

第四章　残疾的身份与社会互动……………………………………(93)
第一节　残疾的标签与建构……………………………………(93)
　　一　残疾的标签过程…………………………………………(93)
　　二　残疾标签的价值判断……………………………………(97)
第二节　残疾的符号与互动……………………………………(102)
　　一　互动中的残疾符号………………………………………(102)
　　二　残疾符号的互动链………………………………………(106)
　　三　残疾符号的互动规则……………………………………(109)
　　四　残疾符号系统……………………………………………(112)
第三节　残疾的身份与角色……………………………………(115)
　　一　身份的建构………………………………………………(116)
　　二　他者的身份………………………………………………(120)

第五章　残疾的知识考古与文化 (122)

第一节　残疾的知识考古 (122)
一　福柯的考古学 (122)
二　残疾的知识考古 (125)
三　残疾的现代性 (129)

第二节　残疾的隐喻 (132)
一　恐惧的残疾 (133)
二　残疾的隐喻 (135)
三　残疾的叙事 (137)

第三节　残疾文化的构建 (145)
一　残疾的意识形态 (146)
二　重构残疾的文化 (149)

第六章　残疾人制度与社会工作 (151)

第一节　残疾人法律制度 (151)
一　法律立法体系 (151)
二　法律立法进程 (157)
三　法律立法取向 (159)

第二节　残疾人保障制度 (161)
一　残疾人社会保障制度变迁 (162)
二　近代以来中国残疾人社会保障制度 (166)
三　残疾人社会保障制度特征 (168)

第三节　残疾人社会工作 (169)
一　理念价值原则 (170)
二　重点介入领域 (172)
三　介入模式手法 (175)

第七章　残疾人事业发展与治理 (178)

第一节　残疾人事业变迁 (178)
一　历史变迁过程 (179)
二　发展脉络轨迹 (185)

第二节　残疾人事业质量 …………………………………… (189)
　　一　社会质量理论 …………………………………………… (189)
　　二　发展质量分析 …………………………………………… (196)
　　三　建立指标体系 …………………………………………… (200)
第三节　创新残疾治理 ……………………………………… (202)
　　一　残疾治理概念 …………………………………………… (203)
　　二　关系主义视角 …………………………………………… (205)
　　三　残疾治理体系 …………………………………………… (207)

第八章　创建残疾社会学的学科 ……………………………… (211)
第一节　残疾社会学的提出 ………………………………… (211)
　　一　学科提出背景 …………………………………………… (211)
　　二　界定核心概念 …………………………………………… (214)
　　三　明确研究对象 …………………………………………… (217)
　　四　阐释学科定义 …………………………………………… (220)
　　五　学科价值使命 …………………………………………… (223)
第二节　残疾社会学的范畴 ………………………………… (226)
　　一　研究视角 ………………………………………………… (227)
　　二　研究理论 ………………………………………………… (230)
　　三　研究内容 ………………………………………………… (233)
　　四　研究方法 ………………………………………………… (238)

参考文献 ……………………………………………………… (243)

后　记 ………………………………………………………… (251)

绪 言

重构残疾的常识

开卷首先申明,本书立足于对人的残疾特征进行研究,所以把研究对象确定为残疾而非残疾人,重点对残疾社会现象而非残疾自然现象进行深入剖析,力求从社会建构主义视角重新认识与理解残疾的意义。特别强调的是,本书所指的残疾人概念是残疾研究视角下的学术概念,是拥有残疾特征的群体的抽象归类,而非我国当前日常生活和社会政策中所共识的概念,如同从性别的角度把人分为男人与女人,但在日常称呼上称男人为男士、女人为女士。因此本书所指的残疾人概念仅指学术探讨的范围,日常生活中仍主张用"残障人士""身心障碍者"等称呼,以宣示人与人相互尊重与理解,积极秉承全球社会文明进步的发展方向。

任何话语都有历史源头和历史流变的过程。据文字考证,"戔"是"残"的本字,在甲骨文中"戔"表示武力相向、残酷拼杀,造字本义是强调为争夺利益导致武力相向,并凶狠无情地杀死对方。"疾"的甲骨文造字表示一个人被箭矢射中,其造字本义是指中箭受伤导致卧床休养,其中外伤为"疾",内患为"病"。残疾这两个字的造字本义合并起来,表示受战争的创伤而导致身体缺损的状态。众所周知,"生老病死"是生命的基本存在形态,然而根据《世界残疾报告》显示,人的一生当中某阶段都不可避免具有残疾的特征,尤其是人的生命进入老年走向残疾是大概率事件,"残疾是生命的一种存在形态,残疾与生命始终形影不离,残疾人从来就是人类的一部分,健全与残缺构成生命的全部"[①],所以"生老病死残"构成了人的生命存在的基本形式,也体现着人作为自然人

---

① 张海迪:《残疾人事业发展的当代视角》,《光明日报》2016年5月17日第16版。

和社会人的客观性和多样性。

从学理层面，本书认为残疾人是特殊的正常人，其特殊性表现在以下几个方面：其一，残疾人可能通过科技替代和功能康复实现功能正常化，例如听力障碍者可以通过佩戴助听器、肢体残疾者可以穿戴义肢等，获得身体结构与功能的补偿从而实现了常人正常功能；其二，残疾人与正常人的界限区别需要分场合和时空情境，如坐在座位上参加会议的肢体残疾与正常人，并不能显示出残疾的表象特征，而只有在身体运动过程中才能表现出来，再如精神残疾者在某个阶段成为残疾人，而其他阶段表现为正常人，说明残疾的生理特征附属于人需要明确其时空情境和文化环境；其三，在每个人的生命周期当中，都会面临成为残疾人的风险，而且绝大多数人在生命的某个时刻都有可能成为残疾人，表明残疾是每个人一生当中的特殊历史阶段；其四，在不同文化当中，残疾的认定与评价有其内在文化的表征，如我国明清时期女性的缠足现象、东南亚"长颈鹿女人"现象等；再比如经济发达地区与欠发达地区对残疾的认定标准，都显示了残疾的文化内涵。因此残疾不仅是一种生理现象，更是涵盖经济、政治、文化、历史的复杂现象，残疾人只是残疾复杂现象对人的具体化、外在化，它不仅属于社会哲学的范畴，更属于生命哲学的范畴，从这个角度讲关心残疾人也是就关心我们自己，关心人类从哪里来、要走向哪里去的深刻哲学命题。

残疾人作为拥有残疾特征的社会人，对其类型划分能使我们观察更为细致。按照标准和政策可划分为三大类别残疾人，其一为准残疾人，按照制定的残疾标准不属于残疾人群体范围，但由于人在生命的某阶段都会具有残疾的特征，所以是准残疾人；其二为隐形残疾人，符合残疾标准但是自觉或无意识地游离政策范围之外；其三为政策残疾人，符合残疾标准特征且被国家和社会政策认定并办理残疾人证。政策残疾人是社会关注的重点，也是残疾人政策和制度设计的出发点，按照我国残疾人标准分为视力残疾、听力残疾、言语残疾、肢体残疾、智力残疾、精神残疾和多重残疾等七大类别。

最后，本书想表达的是我们推动残疾研究的目的，一方面，应以残疾人的自由解决为最终归宿，马克思主义认为每个人的自由发展是一切人的自由发展的条件，"每个人"和"一切人"也包括残疾人在内的所有人,要通过消除一切制度、文化和社会的障碍,让残疾人像健康人一样"自由地发展";另一方面,应建立与我国国际地位相称的残疾研究水平,习近平总书记描绘了中国梦、两个一百年、中华民族伟大复兴的发展蓝图,我国的残疾研究水平与国家政治、经济社会地位相匹配,包括行动理念、原则、操作思路和监测评估,从而提出全球残疾人事业发展的中国声音和制度方案,不断引领和自觉推动全球的残疾人事业发展。

第一章

人的多样性与残疾风险

多样性是指导我们认识和理解自然与社会的基本思维，特别是人的多样性价值是构建"平等、参与、共享、融合"现代文明社会的基本理念。残疾是人的多样性社会存在的具体体现，然而从古至今残疾被错误地塑造成为"失败的身体""悲惨的命运""没有明天的世界"的负面形象和文化意义。残疾社会现象是复杂的、多样性的，又是具体的、分层的、结构化的，是人的生理属性和社会属性在身体领域的集中表达。风险理论视角为我们正确认识与理解残疾社会现象打开了思想的空间，残疾不再是身体的外在形象，而是风险的身体表达，预示着我们不仅处于风险社会当中，也处于残疾社会当中。

第一节 人的多样性与残疾

多样性是世界的基本属性和存在方式。人的存在也是以多样性的方式而存在，自然性、社会性、实践性、文化性、历史性的多样性，体现着人自身丰富而生动的辩证关系，不同的存在方式之间又有着多样性的联系、相互依存、相互竞争。[①] 从根源上讲，人是由猿猴进化而来，是自然界的产物，以自然的方式存在，人的一切特性有着自然的影子。但人因为有意识的实践活动，把人从自然界提升出来而赋予了自身主体意义，挖掘出人的社会性特点与创造性意义，实现了人在主客体关系上的全面统一，从而丰富人与人、人与世界的相互关系，促进人的社会性与

---

① 李荣海：《人的多样性存在方式与人学发展思路》，《东岳论丛》1999年第1期。

文化性的开发，并在历史中不断延续发展。残疾也是人的客观社会存在方式之一，人的多样性视角将扩展我们对残疾社会现象的认识，而对残疾社会现象的认识与理解的深化又将促进我们对残疾社会现象的实践与创造。

一 生命的形态

先哲苏格拉底（Socrates）曾经提出：一个人应该怎样生活？人类学家则在此基础上提出，"我们如何生活在一起？"追随我们的历史画卷，曾经伴随着人类社会的种族歧视、种族平等，再逐步承认接纳各种不同文化形态，度过了漫长的历史岁月。

人类学家解释人类的多样性，一般是从生物多样性与文化多样性两个角度进行论述。生物多样性是自然生态系统由简单向复杂不断深化的进程，在基因、物种、生态系统内部形成多元竞争、相互互补的关系，正是由于物种之间的相互互补竞争，使得生物能够最大化地适应并威胁其生存的生态环境，从而让生物能够不断延伸进化。

1. 生物多样性

生物多样性（Biodiversity）是指系统环境中存在的动物、植物、微生物等多种有机联系生物的总称，它包含遗传、物种、生态系统和景观四个层次。生物多样性是人类赖以生存的物质基础，就像人离不开空气和水一样，但现实让我们对这个话题感到非常沉重。地球上大约有万种以上动植物从地球上永远消失，包括哺乳类、鸟类、爬行类、两栖类和鱼类等多类生物特种。这些生物物种的灭绝一部分是由地质变动和自然灾害造成的，更是由于人类对环境的破坏和不正当利用造成的，人为因素导致的物种灭绝速度远大于自然因素。正由此，1992年联合国在巴西环境与发展大会上，把生物多样性与环境保护、可持续发展有机联系起来，并通过了《生物多样性公约》，使得生物多样性的保护有了国际公约的保护。

探讨人类自身的生物多样性，让我们记起了纳粹德国建立的众多臭名昭著的"勒本斯波恩中心"。现代科学表明，人类基因图谱排序显示人类的基因组总体是同一的，都是同一个人群繁衍下来而分散各地，只是百分之九十九点九之后的遗传差异。而希特勒声称："两个人种的任何混合,都不会出现比双方父母平均水平更高的产物。"① 将达尔文的生物进化论歪曲成"社会达尔文主义",将人类的种族划分为高低等级,认为人种是从低等级向高等级进化,并坚信雅利安人是神族的后代,要用生物的选择与淘汰法则建立一个由雅利安人种族建立的德意志帝国,并建立了众多的奥斯威辛集中营大肆屠杀犹太人。为了种族的纯化,发起了"生命之源",鼓励精心挑选的德国军官跟金发碧眼的雅利安美女"生产"出纯种的"雅利安婴儿",人为制造了许多人间的悲剧。"勒本斯波恩中心"时时刻刻提醒我们,人类自身具有生物多样性的特征,要警惕某一类人或某一群体的"族群中心主义"。

2. 文化多样性

人类的多样性除生物多样性外,文化多样性更具有人类自身的显著特征,其内容不仅表示为人类存在文化的丰富度与多样化,同时也体现了人类文化包括语言、家庭、经济、政治以及宗教等方面的复杂性和综合性。② 人类文化多样性对于人类非常重要,首先,体现在与生物多样性一样,形成复杂的文化生态,丰富人类的存在方式。试想在整个地球村,每个人或群体都过着相同的生活,想着相同的问题,那这个世界将多么单调与乏味,正是由于社会的存在形式繁多、变幻莫测,人们有着不同的工作方式、生活方式,相互之间互相依赖与竞争,在面对环境的改变、气候变迁或未知疾病治疗等问题上提供不同的解决之道,这个世界才精彩纷呈而有趣。其次,人类文化多样性能够促进人类文化的延续与发展,任何一种文化都有其长处与不足,只有不断吸收其他文化的长处才能积极地生存下来,如果缺乏文化之间的互补弥合,容易导致文化张力的断裂,特别是在环境改变的条件下,将放大文化的缺陷而威胁其存在。最后,文化多样性的存在,使得不同文化之间的相互碰撞与冲击,通过生物学的"杂交"方式增加文化的创造力与活力,在人类面对文化的选择时能够提供多种可能性,从而保证了人类文化发展的源源不断的动力。

---

① 曾桃香:《纳粹德国种族政策简论》,《武汉教育学院学报》(哲学社会科学版) 1992 年第 2 期。

② [英] 麦克乐·卡里瑟斯:《我们为什么有文化》,陈丰译,辽宁教育出版社 1998 年版,第 3 页。

正如《共同创造地球的未来》提出的"多样性原则",多样性的文化是人类的共同财产,也是人类能够应付各种复杂情况,迎接各种挑战的力量和智慧的源泉,因此必须全力保存这种多样性。

正如生物多样性不断受到威胁一样,人类文化的多样性也正遭受同样的挑战。语言是文化的表象,语言文化衰落的情景反衬着文化多样性的危机。从人类的语言演变来看,据统计,英文正成为人数使用最多的语种,世界上原有的一万多种语言将有90%面临消失的危险,其中大多数是一些少数族群使用的语言。[①] 一种语言的减少就意味着人类少了一种看待世界的不同方式,少了一种可以创造新文化的"因子",而90%的语言面临着消失的危险,将极有可能导致人类看待世界与应对外部环境的衰退,甚至威胁着人类的生存方式。

文化多样性危机显著体现在文化同一性的增强。随着工业时代、后工业时代的发展,标准化、可复制的文化思维深刻改变着人们原有认识世界的方式,也不断制造出相同的文化形态,人类不可避免落入"工业化的陷阱"中,特别是随着互联网技术发展和移动互联技术的进步,人类的文化进入了数字化的信息时代,人们感知世界的途径、认识世界的视角、关注和表达世界的方式正逐步被统一,正如同我们在公共空间中讨论的议题,大家容易聚焦成某几个话题,而多数不被关注的话题被无情地淹没了。多样化的文化形态也是一样,信息时代导致人们关注的文化形态更加集中,结果导致人类之间的文化同一性趋势明显、文化选择的模式化变得单调,那些传统的、弱势的文化形态不断受到挑战,甚至逐步自我消亡。扩展在国家文化形态层面,地球村有200多个主权国家,各个国家的人口、地理位置、国土面积等都有不同,所形成的文化也存在非常大的差异性,在政治制度、文化与意识形态的选择上也存在显著差别,而那些经济发达国家往往会带有"文化中心主义"色彩,把那些欠发达国家的文化指责为落后的文化形态,甚至把国家之间的冲突冠以"文明冲突论"的标签。[②] 福山提出的"历史终结论",认为资本主义将

[①] 何中华:《从生物多样性到文化多样性》,《东岳论丛》1999年第4期。
[②] 潘献奎:《世界多样性理论的研究概述》,《桂林航天工业高等专科学校学报》2003年第1期。

成为唯一的发展形态，也是在否定文化与世界的多样性发展。实际上，不同文明之间的差异本身并不会自动导致文明的冲突，各种民族战争冲突的背后隐藏着深层的经济和政治原因，文明的差异并不起主导作用。①

回望人类学家提出的"我们如何生活在一起"的伟大命题，美国政治学家亨廷顿认为，文化冲突结果并不会出现全世界接受的同一文化，而是不同文化形态与文明之间的相互竞争、相互共存。我们只有真正从内心中接受了人类的多样性，欣赏它、庆幸它，时刻警惕意识与文化中的"中心主义"，才可能充分尊重每一个个体、群体和国家，尊重其形成的多样性文化形态，从而走向真正的人类平等，实现天下大同。

二 残疾多样性

分析"人类多样性"学术概念的发展历程，可以发现"人类多样性"实质是重新构建人与自然、人与社会之间的关系，其核心是在打破"中心-边缘"的不平等关系，提出的生物多样性概念实质是批判人类为经济发展而无视生态环境保护的行为，提出的文化多样性概念是在反思与批判人类头脑中形成的"文化中心主义"，以建立人与自然、人与人、人与社会的相互间平等相处的范式，这为我们观察残疾现象提供了新的分析视角。

在众多学术文献和新闻报道中，我们总能发现"残疾是为人类文明和社会进步付出的代价"的文字表述，甚至举证如：

> 没有先天弱智、先天畸形，我们怎么知道近亲不能结婚呢？
> 没有因治疗致盲致聋，我们怎会知道要按说明书打针吃药呢？
> 没有对疾病患者的研究，我们怎么能发明治疗这种疾病的药物或办法呢？
> 没有因交通致残，我们怎么知道要在十字路口安装禁行标志和禁止超速行驶呢？
> ……

---

① 董晓钟：《世界需要"多样性"理念》，《前线》2003年第10期。

从以上文字叙述的话语来看，为证明"残疾是为人类文明和社会进步付出的代价"，选择了"健全人－残疾人"相互间对立的分析框架，如"伯努利试验"一样，在一次投币过程中有可能出现硬币的正面，也有可能出现硬币的反面，残疾人不幸成为"硬币的反面"。实际上从多样性的角度来看，"健全人－残疾人"之间原本不存在对立，从人类生物基因来看，残疾人与健全人有着近99.99%以上的相同基因，就像黄种人与白种人之间也并不存在基因不同一样；从文化多样性来看，残疾人文化与健全人文化都是文化的一部分，只是关注点不同，并不存在高下、等级之分，因此分析残疾现象首先要打破我们固化的不平等意识倾向，把残疾现象的分析扭转到与健全人真正平等的分析轨道。

1. 优生学运动

1883年，英国学者弗朗西斯·高尔顿（Francis Galton）首次提出"优生学"（Eugenics）概念，然而不幸的是，当时一些先发国家种族歧视非常盛行，高尔顿的优生学理论观点恰好切合了他们的"偏见"。在人类历史上，美国是首先发起宣扬优生学运动的国家，1907年印第安纳州通过了第一部绝育法，规定政府有权对罪犯、智力低下或障碍者等实施强制性绝育手术。随着第一次世界大战和经济大萧条导致的社会动荡，优生学的理论观点不断被曲解利用，纳粹德国甚至把优生学运动发展成了"种族灭绝"行动，残疾人被当作与罪犯、酒鬼一样划归为强制绝育的人群，好在人类逐渐清醒过来。

科学告诉我们，残疾人并非因基因缺陷而造成的，他们跟健全人一样都有着相同的基因，所以在生物学上并没有任何分别。在《残疾人权利国际公约》中，残疾人被认定为包括肢体、精神、智力或感官有长期损伤的人，这些损伤与各种障碍相互作用，可能阻碍残疾人在与他人平等的基础上充分和切实地参与社会。从残疾定义中可以看出，残疾人与健全人并非有生物学的本质差异，只是在一些生物学的细节特征上的存在与健全人有差异，产生的差异影响到残疾人平等参与健全人构建的社会，因此深入分析残疾现象必须彻底打破人为构建的"健全人－残疾人"的话语逻辑，树立残疾人是人类群体当中的平等生活的一分子，强调"残疾是为人类文明和社会进步付出的代价"反而落入了反抗强权而自我构建的话语陷阱中。

如果残疾现象不能描述为"人类文明和社会进步付出的代价",那应该如何在割断"健全人-残疾人"的话语下建立新的话语体系?《残疾人权利国际公约》序言第五条提到:确认残疾是一个演变中的概念,残疾是伤残者和阻碍他们在与其他人平等的基础上充分和切实地参与社会的各种态度和环境障碍相互作用所产生的结果。这为我们重新构建残疾话语提供新的思路,从定义中我们可以看到,残疾是一种结果,是伤残者与不利他们的社会态度和环境障碍相互作用的结果,这种结果是由健全人社会视角主动构建出来的,从而形成对残疾人的歧视与排斥,如现在社会上有很多人说残疾人是"社会的拖累"等错误认知。

2. 霍金的世界

霍金是谁?当你描述他的图像的时候,提及最多的词汇应该是研究黑洞的理论物理学家和坐在轮椅上不能说话与行动的残疾人。他的故事激发我们对残疾人以及残疾人世界的重新思考,也不断提醒着我们脑海中存在的偏见与无知。

小时候的霍金与邻家小伙伴并无二样,喜欢摆弄着生活中新奇的东西,长大后喜欢驾驶着小汽车自由穿梭在街道,上大学的时候也不是个特别用功的学生,爱好与同学一起游荡、喝酒,像周围其他年轻人一样觉得生活厌倦、无趣。他的前半段人生经历基本上与普通人相同,按照这样发展下去,很可能和我们普通人一样过着平凡的生活,淹没在芸芸众生之中,直到可怕的病魔出现了,彻底改变着他的世界和人们认识的这个世界。

有一天,霍金没有任何先兆地跌倒了,有一次从楼梯上突然倒下来差点死去,经医院检查被确诊为"卢伽雷氏症"患者(运动神经细胞萎缩症,即 ALS),这场突如其来的横祸极大打击了霍金对生活的态度,让他意志消沉,生命无望,甚至几乎放弃了自己的一切学习与研究。然而命运给他关上一扇门,也给他打开一扇窗,残疾困住了他的身体,却没有困住他的意识与世界,他用直觉去研究宇宙,提出了著名的宇宙大爆炸奇点与黑洞辐射机制,为量子宇宙理论发展做出了杰出的贡献,他撰写的科普著作《时间简史——从大爆炸到黑洞》创下了畅销书榜纪录,赢得了人们广泛的赞誉。

残疾不仅是一种身体符号,也是一种文化符号。"霍金的世界"为残疾多样性提供了新的注解，也为批判"残疾无用论"提供最好的例证。在我们这些健全人构建的"残疾文化"符号系统中，残疾话语表达中也就无意识地落入了被歧视的陷阱。爱因斯坦与霍金，这两位同样在量子力学领域做出杰出贡献的理论物理学家，除去他们艰深晦涩的宇宙理论描述，我们关注爱因斯坦更多的是他那让平凡人难以企及的聪慧大脑，而对霍金的关注更多是那轮椅上的残疾身体如何迸发出的能量，同样的图画为何有那么大的叙述差异，这就是"霍金的世界"魅力，在"残疾的身体"与"巨大的贡献"之间画上等号，无情地撕裂我们脑海中有关残疾的偏见。

3. 多样性类型

多样性（Diversity）概念的提出有其特定的时代背景。研究回溯发现，工业化一方面给人类带来了丰富多彩的物质文明；另一方面环境污染也破坏着人类赖以生存的环境，一些生物种群数量正在不断减少，原有的环境生态系统链遭到严重破坏，生物学家提出了生物多样性的学术概念，以反思工业化大生产的生产方式，树立人与自然之间的平等和谐的发展理念。同时，在一些先发国家的社会舆论中，宣扬以西方文化为中心的"文化中心主义"，传播"人类的差异是种族、基因的差异"错误论调，对少数种群、经济落后国家实行文化歧视，而人类学家通过田野调查提出了文化多样性概念，提醒着人类之间文化是和谐并存、美美与共的。可见，多样性概念其实是学者对社会错误观点与论断进行斗争的思想武器。

残疾人作为人类集合体的一种存在形式，本质上是人类不同身体形态的类型化划分结果。残疾多样性与文化多样性、生物多样性的学术价值相同，秉承人的身体形态是多种多样的、不同身体形态是平等的价值观，强调残疾人并不是"社会的代价"，而是人的身体暂时被束缚了，只要提供适当的条件和环境，残疾人可以和健全人一样发挥社会价值，我们所谓的"残疾现象"是被表象蒙蔽的虚假想象，只有自觉地、有意识地破除套在残疾人身上的"认知牢笼"，可以发现残疾人群体的光亮，就像伟大的霍金一样，轮椅箍住了他的身体，却开启了他自由的灵魂，带我们发现宇宙间最美妙的秘密。

三 新理念视角

残疾多样性理念为观察与理解残疾现象提供新的视角，也为我们正确认识残疾现象以及引发的残疾问题提供新的思路，这为构建以残疾现象为研究对象的残疾社会学提供了理论准备。

1. 正确看待残疾现象及引发的残疾问题。在残疾的现有话语与观念中，普遍把残疾人作为一个弱者，为弱者抗争，为弱者呐喊，为弱者解决问题。残疾多样性理念为观察残疾现象提供新的一套话语，如同在种族问题的争论上，如果站在少数种族的立场去考虑种族的问题，无异于"盲人摸象"，只有站在更宽广的视角去思考种族问题，才能"拨开云雾见天日"。残疾现象中不仅有路人给身体残缺乞讨者投钱的图像，也有坐在轮椅上侃侃而谈理论的物理学家霍金的画面，"弱者-强者"的图像并非残疾现象的固有画面，解决残疾问题并非对这些"可怜人、需要同情者"的怜悯。残疾不是身体生产流水线上的残次品，而仅仅是身体存在的多种不同形态，只有秉承残疾多样性的理念，才能把残疾现象与残疾问题放在人类多样性的视角范围内，去定位新的坐标图像，去开启发现残疾现象的新视野，去找寻解决残疾问题的新钥匙，真正实现人类"众生平等"的理想国。

2. 认真理解残疾文化背后的文化含义。不同于生物多样性，文化多样性是人类的社会属性的显著特征。正如同米尔恩在《人的权利与人的多样性》一文指出的，"人权只能是一种最低限度标准的观念"①。他提出的这个著名论断，是为了回应"全球相互依存的时代需要一种适用于一切人类关系的道德标准"这个命题，他认为"人权观念就一直被作为普世的标准来鼓吹的"，但忽略了人类的多样性这个基本事实，并举例"西方人的生活方式，穆斯林的生活方式，信仰印度教的印度人的生活方式，是不容忽视的人类的多样性"，因此人权只是一种社会生活方式必需的道德要素，而且"只有适用于不同社会生活方式的范围内，却不能适用不同社会生活方式之间"。米尔恩的人权观为残疾的文化多样性提供了

---

① [英] A. J. M. 米尔恩：《人的权利与人的多样性——人权哲学》，夏勇、张志铭译，中国大百科全书出版社1995年版，第3页。

新的解释范式。

残疾多样性适用于"健全人－残疾人"的文化分析框架，我们看待残疾人与健全人的区别，其实是屏蔽了残疾人与健全人之间的文化差异性。举个浅显的反向例子，当你进入了一所聋哑学校，学生通行的交流语言方式是手语，而正常人并不懂手语，所表达的语言含义并不被他们所了解，所以在他们当中是少数人、是"异类"。多样性视角打开了健全人正确看待残疾人的另一扇窗户，残疾文化并不是"被同情文化""弱者的文化"，社会上现有的残疾文化蒙上了"歧视"的文化因子，其背后蕴含着残疾人的贫困、无能以及残疾人群体是社会包袱的歧视，如果不能打破现有的文化逻辑，清除其内在的文化"毒瘤"，我们就不能构建新的"残疾文化"，不能给残疾人应有的社会地位与尊重，也就无法从根本上注入"残疾人与健全人是一样的"文化平等的基因。

残疾多样性为重新建构新的残疾文化注入了平等的因子，一方面在人类多样性的视角下，认识到残疾文化只是社会创造的众多文化的一种，它有着区别其他文化的新鲜而又独特的元素，正如海伦·凯勒的《假如给我三天光明》带给我们无穷的心灵震慑一样；另一方面也包含着残疾文化自身的丰富性与差异性，不同残疾群体所创造的多样残疾文化，以及残疾人与健全人不同的文化视角，都会给社会带来更多的文化元素，也给社会带来更多的文化产品，这就是残疾文化多样性的力量，也是人类文化多样性带来的无穷魅力。

3. 为构建残疾社会学提供理论与方法储备。梳理现有的残疾研究现状，发现残疾现象的研究目前还很不成熟，残疾学研究领域的学者关注的焦点仍然停留在残疾人社会保障、福利制度等方面，缺乏对残疾社会现象更深更宽广的视角。目前的残疾研究更多的是把残疾人群作为研究对象，如奚从清认为残疾人社会学是研究残疾人和社会相互作用及其发展规律的科学[①]，另外还有一些研究著作把残疾人福利、残疾人社会工作当作研究对象，形成了大量的研究论文与著作，但是把残疾社会现象作为一门学科的研究对象，目前还没有出现相关的理论研究成果，因此从研究对象、理论框架、研究方法等构架完整的残疾社会学研究的学科体

[①] 奚从清、林清和、沈赓方主编：《残疾人社会学》，华夏出版社1993年版，第3页。

系，对深入推进残疾领域的研究意义重大，同时残疾人事业发展也非常期待着理论的突破与创新。

残疾社会现象作为人类现象多样性的一种，内容不仅丰富而且复杂多变，理应受到社会科学研究者的关注，而人类多样性的研究取向与成果，也为残疾多样性的研究提供模仿、借鉴，所形成的理论研究成果也能够推动残疾社会学的学科理论化、系统化，这样就为构建残疾社会学研究提供了学科研究的视角与理论准备，能够把残疾现象的研究推到更高的高度。同时，人类多样性研究形成的成熟田野调查、文化比较法、人物志等质性研究方法，为残疾社会学研究方法提供了丰富的"方法库"，因此建立残疾社会学研究的学科不仅必要而且完全是可行的。本书将为残疾社会学的学科体系建设做出一些实际的探索，提出将残疾社会现象作为残疾社会学的研究对象，将其界定为"人们在社会互动过程中围绕着对残疾的认知与理解形成的相对稳定的意义符号体系"，这样残疾社会现象不仅是与身体有关的生理现象，更是与文化有关的社会现象，在此基础上将残疾社会学的学科定义为"残疾社会学是以残疾社会现象为研究对象，用社会学理论方法认识、理解残疾社会现象以及应对残疾社会问题的交叉性学科"，扩展了残疾研究领域和关注重点，提出的具体十大研究领域能够深化对残疾社会现象的认识与理解。当然，由于残疾社会学学科还未被学界熟悉与接受，残疾社会学的研究范式有待于在未来研究中加以完善，"路漫漫其修远兮，吾将与同道中人共同求索"。

第二节 残疾的多样性与分布

一 概念的变迁

残疾作为伴随人类的正常现象，"到底什么构成残疾"是个争议的话题，所根植的文化环境也有不同，认识残疾的理念与视角也有不同，因此人们对残疾的理解与认识也是一个不断深化的变迁过程。

一些国家在人口普查中对残疾及残疾人进行详细的界定，如巴基斯坦（1981），残疾指因先天畸形或肢体功能缺陷导致的身体或器官残障，其中肢体功能缺陷可能是意外、疾病等产生的结果；菲律宾（1990），残疾指的是任何（因损伤而产生的）的能力不足或受限，其中能力是指人类一般进行活动或从事人类一般范围的活动；乌干达（1991），残疾被定义为妨碍人们进行正常社会活动和职业活动的任何状态……对比发现，不同国家、不同时期、不同国际组织等对残疾的概念定义各有不同或各有侧重，而残疾研究学术界对"残疾"的概念定义更是汗牛充栋。梳理残疾定义变迁史发现，人们对残疾的认识的理念也在不断变化。早期阶段，人们对残疾现象的认识倾向于以医学的模式进行界定，认为残疾是个人身体的外在表现，是身体疾病、创伤或其他健康原因而导致的结果，因此解决残疾问题更倾向于向个体提供更多更好的医疗康复服务，从而恢复身体机能重新适应于社会。近年来，这种医学模式的"残疾观"受到了越来越多的批评，认为把残疾归因于个体要素而忽略了社会环境因素，不足以了解残疾现象的全貌，残疾现象应该是个体与生活环境之间相互影响、缠绕的一种社会现象，这种不利于伤残者的文化环境最终导致了残疾现象的发生，不能仅仅把残疾的后果归结于个体因素，还必须考虑到其生存的环境因素，因此解决残疾问题不仅要改变个体，也应该改变存在于其中的社会环境系统。

世界卫生组织（WHO）在推动人类重新认识健康及残疾发挥了巨大的作用。1980年，世界卫生组织发布的"国际残损-失能-残障分类"（以下简称ICIDH）报告，它是指疾病对人体造成不良健康后果进行系统分类的体系标准，指出残疾（Disability）是指"由于疾病、意外伤害等各种原因所致的人体解剖、生理功能的异常和缺失，从而导致部分或全部丧失正常人的生活、工作和学习的能力，无法担负其日常生活和社会职能"（WHO，1980），并将残疾现象按照医学标准划分残损、残疾和残障三个层次，分别反映个体身体以及适应社会水平的受损程度。残损（Impairment）是最低等级的状态，是指由于各种原因所导致人的身体受到了身体结构与功能损害，包括智力病损、心理病损、语言病损、听力病损、视力病损、内脏病损及畸形等不同类型，但对个体整体身体结构功能影响不大；残疾（Disability）是指由于人的身体功能降低或丧失导致不能正常进行日常活动，主要包括行动残疾、语言残疾、运动残疾等，表现为有明显的残疾外观，日常生活虽然受到影响但社会功能尚能继续，但比健全人要差；残障是指由于个体身体功能损害或丧失导致个体无法正常参与日常生活，包括识别残障、躯体残障、运动残障、社交活动残障等，表现为基本不能独立完成社会基本功能，必须他人协助。从医学的程度上，残损、残疾、残障三种状态是从低层次向高层次水平发展，程度越深表示身体受损越严重，参与正常社会的程度越低，而且不可逆性越强，因此解决残疾问题需要进行良好的残疾预防与康复工作，从而延缓或降低受损程度。

进入21世纪，随着医学发展与国际残疾人活动的开展，人们对残疾以及产生的社会生活变化有新的认识，WHO从1996年开始对原有"国际残损-失能-残障分类"进一步更新，2001年5月第54届世界卫生组织大会正式通过了新的残疾分类，即"国际功能、残疾和健康分类"（以下简称ICF），共有1454个条目，成为过去关于残疾概念讨论的里程碑，这一分类得到了全球较为一致的认可，成为全球通用的残疾分类的标准方法。ICF与ICIDH最大的不同，在于ICIDH是基本医学模式评估个体的残疾等级，而ICF是基于"生物-心理-社会"的综合模式[①]，评估个体的身材结构功能受损、活动受限、参与受限三个方面的情况，其中身体结构功能受损是指身体的各组成部分以及其发挥的功能受损的程度，表明损伤或疾病造成个体身体的生理结构、心理功能暂时或永久性丧失或异常，比如截肢等，这是生物学水平的残疾；活动受限是指个体在日常生活中完成基本活动时遭遇困难的程度，如生活自理、社会交往、日常基本行为等都是遭受限制的情况，说明身体结构功能受损程度已经导致了个体的生活自理能力、交流能力等基本能力的下降或丧失，这是个体水平的残疾；参与受限是指个体参与社会活动如教育、就业等参与社会生活时遭遇困难的程度，表示身体的残损或活动受限导致个体难以参与社会生活，限制和妨碍个体的社会权利与义务，这是社会学水平的残疾。由于不同国家和地区情况差异较大，因此其受损或受阻碍的情况要考虑到当地的文化环境以及个体因素差异，其中文化环境因素包括当地促进或阻碍残疾人的器械、工具、设施以及经济、社会、政策的支持力度，个体因素包括不同的性别、年龄、种族、生活方式、教育背景等，见图1-1。

---

① 邱卓英等：《国际残损、活动和参与分类新系统研究》，《中国康复理论与实践》1999年第1期。

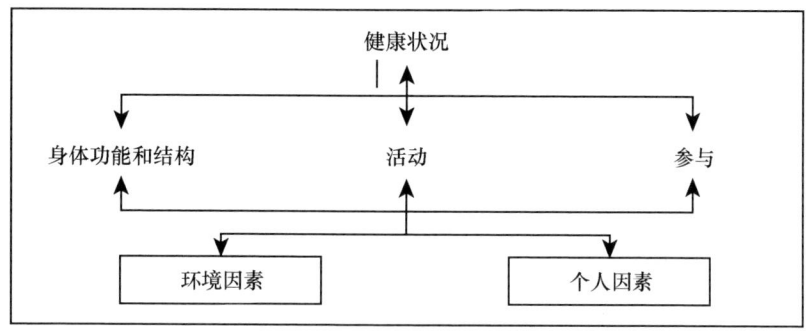

图 1-1 ICF 的概念理论模型图①

ICF 的建立把从评估残疾的标准从医学扩大到心理、社会多个层面，使我们对残疾现象有了更加全面、立体的认识，也让诊断残疾及分析残疾原因有了依据，同时一些社会组织如华盛顿小组专门以残疾测量为主要工作，开展国际统计和方法研究工作，使国家间残疾数据具有可比性。ICF 作为一个系统评价残疾及残疾状况的统一术语系统，不仅有利于国际交流，也有利于医学、社会学、人类学等多学科共同跨学科和跨文化比较的研究，从而推动全世界形成更为统一的残疾话语。借第二次全国残疾人抽样调查时机，我国划分残疾类型在充分考虑了我国的国情的基础上参考了 ICF 分类，民政部、残联组织北京协和医学院、中国康复研究中心、北京大学精神卫生研究所、北京大学第一附属医院等多家单位数十位专家开展《残疾人残疾分类和分级》国家标准的研制，2009 年最终通过了 GB/T 26341-2010 的国家残疾人残疾分类标准与分级标准，为推动残疾人服务与管理提供了有力的抓手。

《残疾人权利国际公约》明文规定了残疾所代表的含义，《公约》认为残疾问题是人权问题，它强调了残疾是每个人生活中的一部分，不是悲剧、不意味着依赖、不代表着个体潜能和社会价值的丧失等，标志着我们对残疾现象的认识提升到新的高度，这从我们形容残疾的用语中可见一斑。陆德阳与日本稻森信昭先生撰写的《中国残疾人史》，对残疾人

---

① 邱卓英等：《国际残损、活动和参与分类新系统研究》，《中国康复理论与实践》1999 年第 1 期。

称呼进行了历史研究①，据考证，"残疾"一词最早见于诗句"秋日正凄凄，茅茨复萧瑟；姬人荐初醅，幼子问残疾"，诗句中的残疾是指"尚未治愈的疾病"含义。由于涉及社会扶助赈济制度，在日常用语与公文用语中对残疾的负面词汇较多，如残、疾、废、癃、痫等，其中"残"指的是肢体残疾人士，"疾"字由"疒"与"矢"组成，表示战争引发的身体伤害。此外还有很多专门形容不同残疾类别的负面词汇，如形容视力残疾的词汇有瞍、蒙、瞍、眇等；形容听力残疾的词语有"振聋发聩"的聋，形容语言残疾的词汇有哑等；形容肢体残疾的词汇较多，如蹇、挛、瘸、伛偻、鸡胸、侏儒等；形容智力残疾的词汇有痴、呆、愚、疙等；形成精神残疾的词汇有癫、疯等。在日常用语或坊间俚语中，如"白痴""残废""聋子""哑巴""弱智""精神病"等也不少见，这也说明了以往对残疾的认识更着重于医学层面。

随着人类文明进步以及对残疾现象认识的深入，人们称呼"残疾人"的用语形态发生了重大改变，ICF类目均使用了中性词来表达其含义，避免了过去使用对残疾人带有贬义的消极词汇，一些国家及残疾组织采用"残疾"和"残疾的"代替了"残障"和"残障的"使用语言，认为"残障"是被定义为涉及环境而不是个人的概念。日常生活中人们首先把"人在第一位"的语言来称呼残疾人，如正式英文中基本不用 cripple/crippled/handicapped person, disabled person, deformed person, defective person, retarded, deaf and mute 等带有贬损含义的词汇，而是用 person with disability, He has a physical disability 等中性词汇。

二 多样性表现

残疾是人类的一种生存"常态"，几乎所有人在生命的某一阶段都有暂时或永久的损伤。残疾人作为人类多样性的一种，在世界范围内分布极为广泛。根据《世界健康调查》估计全球约7.85亿的15岁及以上的人带有残疾生活，约占总人口的15.6%；《全球疾病负担》估计约9.75

---

① 陆德阳、[日]稻森信昭：《中国残疾人史》，学林出版社1996年版，第10页。

亿人（19.4%）带有残疾，其中1亿—2亿人患有极为严重的残疾。① 而据我国第五届残疾人口抽样调查，约每五个家庭就有一个家庭里有残疾人，因此残疾是普遍常见的社会现象。

1. 残疾人与普通人一样也具有多样性

从人类多样性角度来看，残疾人和健全人几乎完全一样没有本质差别。从性别特征来看，据第二次我国残疾人口抽样调查，全国残疾人口中男性4277万人，所占比重为51.6%，女性4019万人，占48.4%，男性残疾人与女性残疾人比重为100∶106.42。如民族特征，在2013年底人口库持证残疾人中汉族为90.5%，少数民族为9.5%，这些基本人口数据与全国总人口数据没有明显差别。另外在经济区域空间分布上，经济发达的省份如北京市（6.49%）、上海市（5.29%）、广东省（5.86%）与经济欠发达地区如青海省（5.54%）、甘肃省（7.20%）、贵州省（6.40%）、云南省（6.46）等也无显著差异，也说明经济因素并非残疾的最主要原因。此外，从残疾人口增长趋势来看，我国残疾人口的增长较大因素是人口老龄化，而非是残疾人群自身人口属性的固有因素。通过两次全国残疾人抽样调查及2010年全国人口普查推算的数据显示，1987年我国残疾总人口为5164万人，占总人口比重4.9%，2006年残疾总人口为8296万人，占总人口比重6.34%，第二次抽样调查残疾人口比重比第一次多1.44%。据第二次全国残疾人抽样调查结果显示，"人口年龄结构老化是残疾规模增长的最重要原因"，数据统计发现，60岁以上残疾人第一次全国抽样调查为2365万人，第二次为4416万人，占残疾总人口比重的53.2%，第二次比第一次新增60岁以上残疾人总量为2051万人，表明60岁以上老龄残疾人占全国残疾人总数新增量的75.5%。随着我国老龄化社会的进程加快，我国的残疾人口规模还将持续扩大，与全球10%的平均残疾人口比重相比，我们的残疾人口比重还将持续升高。

2. 残疾人群体的分层

作为一种社会学分析方法，分层理论表现为根据一定社会标准将群

---

① 邱卓英、李沁燚：《〈世界残疾报告〉及其对残疾和康复的重要意义》，《残疾人研究》2012年第3期。

体成员划分为高低有序的不同等级，这个标准可以是阶级、职业、收入、权力、地位、声望等，通过标准的复合函数计算出不同群体之间的等级差异，从而反映出不同群体对社会资源的占有水平及其影响其他群体能力的程度。经典的社会分层理论包括马克思的"阶级分层论"、韦伯的"财富、权力和声望"分层论，还有我国学者提出的"十大阶层"论，等等。

严格意义上残疾人群体只是一个统计群体，并不完全属于一个阶层。2006年全国第二次残疾人抽样调查，全国城镇残疾人口中，就业的残疾人为297万人，未就业的残疾人为470万人，近60%的城镇残疾人没有就业，农村残疾人绝大多数从事农林牧副渔等相关职业，从事一些简单、笨重的体力劳动，从事技能型、发展型职业的残疾人比例非常低；受教育程度上，15岁以上残疾人文盲率达到3.3%；在经济收入上，残疾人家庭人均收入不足全国人均水平的一半；在声望上，社会对残疾人固有的偏见仍然盛行，歧视现象依然存在，根据我国学者以职业为基础，按照组织资源、经济资源、文化资源等不同占有情况阶层，可以发现残疾人群体的主体阶层为农业劳动者阶层和城市无业、失业和半失业人员阶层，社会地位的底层化现象非常明显。

虽然残疾人群体在社会群体中底层化、弱势化现象明显，但残疾人群体内部结构复杂，差异性非常巨大，根据2006年全国残疾人口抽样调查数据，残疾人群体在所有行业门类上都有分布，在各行业内部等级上，还有一些残疾人通过个体努力获得较高的经济收入和社会地位，特别是随着互联网技术发展，一些残疾人通过网上开店等方式重新就业，获得了社会的尊重，如四川姑娘丁红玉，通过网上推销自己画作感恩奋进，还出现在阿里巴巴上市的路演视频中，让人们记住了她这位"瓷娃娃"美画人生的故事。在不同类型的残疾人中，也有一些残疾人通过自己的励志，获得了社会尊重，赢得了人们的称赞，如肢体残疾的张海迪、史铁生，听力残疾的邰丽华，北京残奥会盲人歌手杨海涛等。当然还有部分残疾人不能获取较好的特殊教育，不能获得更好的经济支持，导致无法完全融入整个社会当中，甚至凭借"残疾"身体走向犯罪道路。

3. 残疾人心理与性格的多样性

残疾人作为与健全人相同而又不同的群体，除了与健全人有着共同的心理特点外，还有着残疾人群体的心理表现形式。如孤独感，是残疾人普遍存在的一种情感体验，由于残疾人的身体特性导致与外界社会交往不足，活动场地与空间太小，经常待在家里孤独感增多，而且随着年龄的增长，体验愈加强烈。如自卑感和敏感，生理和心理残疾导致他们在学习教育、日常生活、工作就业等方面遇到较大困难，如果得不到家庭和社会有效的帮助，就会产生自卑情绪，感到"矮人一截，低人半头"，由此也会影响到他们在婚姻、家庭和就业上的"自我矮化"。但不是所有的残疾人都有负面情绪的，一些残疾人通过自强自立，融入社会日常生活，并获得了社会的认可和尊重。因此残疾人群体的心理状态是丰富多样的，不同类型残疾人的心理状态与倾向也有很大不同。此外，残疾人性格表现出明显的多样性。在与健全人同样拥有复杂多样的性格基础上，还具有残疾人性格的一些显著特征，且不同类型残疾人所表现出来的性格特点也有较大差异。一般来说，视力残疾者性格比较内向，内心世界比较丰富，情感体验深沉含蓄，容易静心思考探索问题，很少采用直接爆发式的情绪表达。言语残疾者则容易情绪反应激烈，表达比较直接，容易受情绪影响做出一些冲动行为。肢体残疾人强于自我克制，容易把遇到的不公平与怨恨隐忍下来放在内心最深处，只有到达了顶点才会爆发出来。智力残疾者与精神残疾者，由于生物特性的缺陷导致心理水平低于健全人，不能形成完整的人格特征，较多只能受生物本能来支配自己的情绪与行为。

三　多样性分布

残疾人群除人类多样的一面，也有着标签为"残疾人"自身的特性。从表1-1中可以看出，部分国家的残疾发生率相差极大，一些发达国家如英国、美国的残疾率分别达到19.3%、17.6%，而像智利、墨西哥等经济发展程度不高的国家残疾率仅为2.2%、1.9%。特别是一些非洲国家报道的残疾发生率不到5%，远低于世界卫生组织的10%—15%的平均水平。为什么会造成如此大的差异呢？一方面是由于不同国家之间的残疾测量方法不统一，导致国家之间的残疾数据不能横向比较；另一方面，不同国家对残疾的认识也不一样，一些非洲国家认为公开报道的残疾数量均为该国最为严重的残疾，也不包括ICF提到的活动受限与参与受限情况，同时我们也要注意到，在一些国家残疾的文化标签远低于当地对血缘、地缘以及年龄资历的认同，残疾的标签并不那么显著与突出。因此残疾的横向比较存在着较强的文化多样性，导致跨文化的比较还是较大的难题。

表1-1　　　　　　　　　部分国家的残疾现患率

国家	年份	残疾人口比例（%）	数据来源
新西兰	2001	19.5	抽样调查
美国	2000	19.3	普查
英国	2001	17.6	普查
巴西	2000	14.5	普查
意大利	2000	14.4	抽样调查
加拿大	2001	11.5	普查
乌拉圭	2004	11.0	抽样调查
西班牙	1999	9.0	抽样调查
智利	2002	2.2	普查
墨西哥	2000	1.9	普查
中国	2006	6.34	抽样调查

资料来源：《国际视野下的残疾测量方法》中的"巴西残疾人口状况"一文，第102页。

由于不同国家之间的残疾状况与评价标准差异巨大，以下将以我们国家为例对残疾的多样性进行纵向比较。为掌握我国残疾人数量、结构、分布、致残原因以及残疾人在康复、教育、就业和参与社会生活等方面的情况，从而为制定有关残疾人的法律法规、政策和规划提供科学决策依据，我们国家前后经历两次大规模的残疾人群的抽样调查，第一次大规模残疾人抽样调查为1987年，第二次为2006年，两次抽样调查的范围均为有中国国籍并居住在中国境内的常住人口（不包括香港、澳门和台湾地区）；在抽样调查对象上，不仅包括了对残疾人及家庭情况的调查，第二次抽样调查还增加了对社区情况的调查；在抽样方案设计上，两次调查均采用分层、多阶段、整群、概率比例抽样的方法获取总样本，由此可以看出两次抽样调查的设计基本差异不大,保持了前后调查的延续性。

而在残疾定义与评定标准上,两次抽样调查有较大差异,第一次抽样调查以社会功能障碍的程度划分残疾等级,由于 2001 年世界卫生组织提出了 ICF 新的分类标准,第二次抽样调查也相应地扩展了对残疾的概念定义,不仅包括身体功能和结构的受损,也包括了活动受限与社会参与受限两个方面,采取了《中华人民共和国残疾人保障法》对残疾的类型划分,共包括七种类型,分别为视力残疾、听力残疾、言语残疾、肢体残疾、智力残疾、精神残疾等以及存在的多重残疾类型,而第一次残疾类型的划分把听力和言语残疾合并为同一类别进行调查。在"是否为残疾"这个关键指标上,两次抽样调查均采用"根据评定结果填写"以确定是否为残疾人,说明虽然第二次抽样调查扩展了残疾的定义,突出残疾人的活动与参与受限情况,但基本延续了第一次抽样调查残疾基于残损的概念定义,仍需要通过医务人员的医学诊断才能确定,我国前后两次残疾人抽样调查的设计方案保持了连续性,所得数据可以进行纵向分析比较,从中发现残疾人群的特性及表现。

1. 残疾人类型的差异化

通过第一次、第二次、2010 年"六普"残疾人口数据分析发现,不同残疾类型的残疾人比例有非常大的差异性。以 2006 年各残疾类型比重来看,数据显示,视力残疾比重为 14.86%,而听力残疾比重为 24.16%,肢体残疾比重更高,接近于 30%,而智力残疾、精神残疾、言语残疾的比例较低,不到 10%。另外从增长情况来看,通过两次抽样调查数据比较发现,肢体残疾比例增长明显,而视力残疾比例却较为稳定,表明不同残疾类型的残疾人差异非常明显,见表 1-2。

表 1-2 1987 年、2006 年、2010 年推算的残疾人数及所占人口比重

	1987 年		2006 年		2010 年
	残疾人数 (万人)	占总人口比重 (%)	残疾人数 (万人)	占总人口比重 (%)	残疾人数 (万人)
视力残疾	754	14.61	1233	14.86	1263
听力残疾	1770	34.29	2004	24.16	2054

续表

	1987 年		2006 年		2010 年
	残疾人数（万人）	占总人口比重（%）	残疾人数（万人）	占总人口比重（%）	残疾人数（万人）
言语残疾	—	—	127	1.53	130
肢体残疾	755	14.62	2412	29.07	2472
智力残疾	1017	19.70	554	6.68	568
精神残疾	194	3.76	614	7.40	629
多重残疾	674	13.03	1352	16.30	1386
合计	5164	4.90	8296	6.34	8502

注：1987 年、2006 年的残疾人数据来自两次全国抽样调查统计公报公布的数据，2010 年残疾人数据根据第六次全国人口普查我国总人口数及第二次全国残疾人抽样调查我国残疾人占全国总人口的比例和各类残疾人占残疾人总人数的比例而推算的数据。

2. 残疾人等级的分层化

据第二次全国残疾人口抽样调查显示，有 29.62% 的残疾人为一、二级重度残疾，70.38% 为三、四级中轻度残疾，说明不同残疾类型的残疾人所患残疾等级有明显差异性。另外，在 2013 年底人口基础数据库持证残疾人中，不同类型的残疾人其残疾等级有明显差异，在残疾一级类别中比例最高的残疾类型为言语残疾人，残疾二级中比例最高的残疾类型为精神残疾人，而残疾三、四级中比例最高的残疾类型为肢体残疾人。综合表明，残疾人群中内部的分层化程度明显，约三分之一为重度残疾人，三分之二以上为中、轻度残疾人，见表 1 - 3。

表 1 - 3　　2013 年中国人口库中持证残疾人的残疾等级比例比较　　（%）

	残疾一级	残疾二级	残疾三级	残疾四级	小计
视力残疾人	27.7	19.4	16.7	36.2	100.0
听力残疾人	23.5	23.7	23.7	29.0	100.0
言语残疾人	46.1	23.5	15.0	15.4	100.0
肢体残疾人	5.3	20.0	31.8	42.8	100.0
智力残疾人	13.0	39.2	29.7	18.1	100.0

续表

	残疾一级	残疾二级	残疾三级	残疾四级	小计
精神残疾人	12.1	50.5	28.2	9.2	100.0
多重残疾人	58.1	26.6	10.9	4.3	100.0
合计	13.6	24.3	27.7	34.4	100.0

注：截至2013年底人口库中持证的残疾人，总数为2811.5万人。其中如果患有多重残疾，则按所患残疾类型程度最高的残疾等级进行计算。

3. 残疾人分布"乡村化"

据第二次全国残疾人口调查，城镇残疾人口为2071万人，占24.96%；农村残疾人口为6225万人，占75.04%。与第六次全国人口普查50.3%的乡村人口居住相比，居住在农村的残疾人群比例高出总人口24.74%，说明残疾人群更多地居住在农村，属于城镇化过程中被遗忘的人群。根据2013年底全国人口基础数据库统计，入库残疾总人数为4020万人，按照全国残疾总人口规模推算为8502万人，约占46.6%，在这些入库残疾人当中，中部地区残疾人所占比例最高，约为28.7%；其次是华东地区，而东北地区和西北地区残疾人所占总入库残疾人比重的7%左右，说明我国残疾人口的区域空间差异化显著，但这更多是由于人口总体的空间区域分布差异造成，而残疾人群"乡村化"分布特征却非常明显，在向城镇化变迁的过程中被遗落下来，见表1-4。

表1-4　　　　　　中国人口库中各地区残疾人口数量　　　　　　（人）

全国各地区	人口库入库残疾人	所占入库残疾人的比重
华北地区	5382087	13.4%
东北地区	2932055	7.3%
华东地区	11027539	27.4%
中部地区	11517665	28.7%
西南地区	6214054	15.5%
西北地区	3126777	7.8%
合计	40200177	100%

注：数据来源于截至2013年底全国残疾人人口基础数据库。

4. 残疾人群体的贫困化

首先体现在经济贫困特征明显。在经济收入方面，据第二次全国残疾人口调查，2005 年城镇残疾人家庭户均年人均收入为 4864 元，农村为 2260 元，有近 20% 的农村残疾人户均年人均收入低于 1000 元，而全国平均水平城镇为 11131 元，农村为 4631 元，相比之下不到全国平均户均年人均水平的一半。在城镇残疾人当中，有 61.3% 的残疾人没有就业，有 13.28% 的残疾人享受了当地最低生活保障，9.75% 领取过定期或不定期的救济。在农村残疾人当中，有 5.12% 的残疾人享受了当地的最低生活保障，11.68% 的残疾人领取过定期不定期的救济。其次是"集中边片"分布特征明显。全社会的小康离不开残疾人群的小康，而在集中连片特困地区，残疾人群所占比重更高。在 2013 年人口库中持证的残疾人中，分布于国家级集中连片特困地区的残疾人总数超过了 540 万人，其中以秦巴山区（90 万多人）、武陵山区（66 万多人）、滇桂黔石漠化区（63 万多人）、大别山区（63 万多人）等地居多。在这些残疾人口中持证比例仅为超过半数一点，显著低于非片区农村贫困残疾人的 73.7% 水平，这与集中连片特困地区的社会保障制度和优惠政策相对不足、残疾人对办证缺乏了解有关，也与当地交通相对不便、基层组织有待健全等因素有关。最后是教育贫困特征明显。第二次全国残疾人调查显示，具有大专以上文化程度的残疾人为 94 万，高中（含中专）文化程度的残疾人为 406 万，初中文化程度的残疾人为 1248 万人，小学文化程度的残疾人为 2642 万人。15 岁及以上残疾人不识字或识字很少的人数为 3591 万，文盲率达到 43.29%，远高于全国人口文盲率水平。在 6—14 岁学龄残疾儿童中，只有 63.2% 的残疾儿童正在普通教育或特殊教育学校接受义务教育，还有近三分之一的残疾儿童不能接受义务教育。在特殊教育方面，特殊学校教育数量与师资配套不足，政府相关投入有限，导致较多的残疾人得不到适合残疾人的教育支持，影响了残疾人群人力资本的提升与发展。

残疾人群的类型化、分层化、"乡村化""贫困化"等残疾特征不是因为残疾人群的人口特征导致的，深层次原因还在于残疾人群自身的"脆弱性贫困"，导致残疾人群在能力增长、社会参与等方面的不足而造成的。因此残疾人的"残疾"本身不是负面的标签，而"残疾"所负载的贫困性使标签成为负面性，"残疾本身不是问题，但残疾导致的无力感与无能化才是最大的问题"。

第三节 残疾风险与残疾社会

随着经济社会不断向前向好发展，一些造成残疾因素的比例不断下降，而一些导致残疾的社会因素随着工业化、城镇化、老龄化程度不断增加，总体上呈现不断上升的趋势。风险社会理论警示我们，现代社会风险日益加剧，引发残疾的风险无处不在，而且正处于残疾风险程度不断加深的社会系统中。

一 致残的因素

根据残疾人口学和残疾医学的分析，导致残疾发生的致残因素的类型很多，仅以儿童畸形残疾为例，其发生原因可能上百上千种，如接触了有机磷、有机汞、苯、重金属铅、镉等有毒的化学物质，接触了放射线核素、医用放射线、微波等放射线，孕妇身体感染了如细菌、病毒、弓形虫等病菌，孕妇使用了药物或用药不当等，还有家庭遗传疾病等因素都可能导致胎儿畸形。这些因素既有母体因素造成的，也有家庭遗传因素造成的，反映出致残个体因素的生理特征，如父母吸烟喝酒、经常性熬夜、缺乏体育锻炼、过长时间看手机、电脑等不良生活方式是造成胎儿畸形的重要原因；致残因素的社会特征，如暴露在受污染的空气中、饮食超标农药残留的蔬菜水果、房屋装修材料化学物质的释放、庞大汽车数量造成的交通事故等，都有可能造成儿童残疾的发生，表现为导致残疾因素的环境特征，这些外在系统环境、文化社会形态、个体生理器质都是造成儿童畸形残疾的诸多因素。由此发现，导致残疾的因素是诸多条件相互作用的结果，是引发残疾系统的结构功能缺失和异化的结果，降低致残的风险要从整体残疾系统出发不断完善其结构与功能。

此外，导致残疾发生的因素存在结构化特征，不同残疾类型的致残因素呈现明显不同，已经明确致残的因素中，白内障、视网膜色素膜病变、遗传或先天异常或发育障碍、外伤、视神经病变、角膜病和青光眼等都是引发视力残疾的主要原因，老年性耳聋、遗传、药物中毒、中耳炎等是引发听力残疾的主要原因，听力障碍，其次是智力低下、脑性瘫疾，腭裂、唐氏综合征是引发言语残疾的主要因素，骨关节病、脑血管病、脊髓灰质炎、其他先天性或发育障碍、交通事故等是引发肢体残疾的主要因素，脑疾病，遗传、发育畸形是引发智力残疾的主要原因，精神分裂症，癫痫是引发精神残疾的主要因素，值得注意的是，还有近20%的残疾人不知道导致残疾的原因，这说明致残因素的了解是不断渐进并随着医学科学的发展而认识更加清楚。

总体来看，导致残疾的引发因素主要包括三个方面，世界卫生组织把诸多致残因素划分为遗传和发育致残、环境和行为致残、外伤和疾病致残三大因素，其中遗传和发育致残与环境和行为致残的相互作用结果导致了先天性致残，而环境和行为致残与外伤和疾病致残的相互作用结果导致了后天性致残。[①] 有学者在 WHO 致残模式的基础上，提出了"先天性-获得性"致残类型的分析框架，认为先天性致残包括遗传性残疾与发育缺陷非遗传性残疾两部分，其中发育缺陷非遗传性残疾占绝大部分，获得性致残按照发生比例从低到高分别为传染性疾病致残、创伤及伤害致残，以及非传染性疾病致残（躯体疾病、精神病症和营养失调）三部分构成。[②] 本书尝试提出"三维度致残"分析模型，分别为先天与后天、个体与环境、疾病与创伤等三个相互对立的维度，其中"先天-后天"是指导致残疾发生的原因是从母体中带出来的还是出生后获得的，是先天残疾还是后天获得的；"个体-环境"是指残疾的获得是传染性的还是非传染性的，是个体性的还是社会环境造成的，这里的环境不仅指人类生活的外部物理环境，还包括人类生活的文化环境；"疾病-创伤"是指残疾的发生不仅是指医学上的身体疾病造成的，还是由于个体与外界相互"挤压"而导致的，如精神紧张引发抑郁症导致精神分裂症等。举例来说，交通事故导致的肢体残疾，这是一种后天获得的、环境造成的身体创伤；而麻风病后遗症出现的残疾是一种后天获得的、环境造成的身体疾病。"三维度致残"分析模式不仅可以简化对致残因素的分析，同时也为我们残疾预防提供更准确的方向，从而提出更有针对性的解决措施。

---

① WHO, *Disability prevention and rehabilitation*, Vol. 668, 1981, pp. 1 – 39.
② 崔斌、陈功、郑晓瑛：《中国残疾人口致残原因分析》，《人口与发展》2009 年第 5 期。

按照"三维度致残"分析模型,通过第二次全国残疾人抽样调查致残因素分析发现,非传染性疾病致残比例最高占53.45%,创伤及伤害致残占12.43%,原因不明和其他占15.75%,传染性疾病致残占8.79%,发育缺陷非遗传性致残占6.60%,遗传性致残占2.98%。按照"先天-后天"分析维度,明确为先天性致残因素的比例占9.57%,明确为后天获得性因素的比例占74.64%;按照"疾病-创伤"分析维度,明确为疾病性致残因素的比例占71.82%,明确为创伤性因素致残的比例占12.43%;从"个体-环境"分析维度,明确为个体性致残因素的比例占75.46%,明确为环境性致残因素的比例占8.79%。[1] 从数据上看,残疾获得呈现较为明显的分布规律,表现出明确为后天获得、疾病性致残、个体性致残因素整体为70%左右,而先天性因素、创伤性因素和环境性因素约为10%,除此之外一些因不明原因而导致残疾的因素也占有一定比例。从残疾分布规律来看,个体后天因病致残是我国残疾发生的最主要原因,因此加强以疾病防控为主的残疾预防体系显得意义重大,同时由于疾病是个体生理和社会因素共同作用的结果,因此残疾预防体系也应是多因素、多主体共同综合作用才能取得较大合力。

顺着"三维度致残"模型分析思路,虽然个体后天因病致残是残疾发生的最主要原因,但是不同类别残疾人的致残因素与特征有较大差异,据学者对2006年统计数据分析发现:智力残疾和言语残疾,先天遗传和发育缺陷比例较高,而视力残疾、听力残疾和精神残疾中,非传染性疾病致残的比例较高,肢体残疾中的创伤及伤害致残较高。[2] 此外,在残疾人人口特征上,不同人口特征的残疾人其致残因素有显著差异,如女性因非传染性疾病致残的比例高于男性,而男性因创伤及伤害致残的比例显著高于女性,也说明我国"男主外、女主内"的家庭文化导致不同性别的社会分工及承担的差异性社会风险。在城乡差异上,乡村主要来自遗传发育和传染病致残,而城市更多的是非传染性疾病、创伤及伤害致残。在经济收入上,遗传性与发育缺陷和传染性疾病导致的残疾会随经济收入的升高而降低,而随着年龄的上升,先天性遗传与发育缺陷导致

---

[1] 崔斌、陈功、郑晓瑛:《中国残疾人口致残原因分析》,《人口与发展》2009年第5期。
[2] 崔斌、陈功、郑晓瑛:《中国残疾人口致残原因分析》,《人口与发展》2009年第5期。

的残疾比例下降，后天性获得残疾比例上升。综合上述分析可以发现，残疾人致残因素体现了社会结构的多元性与复杂性，不仅反映个体社会分工与地位分层差异，更反映出社会文化与结构对个体"挤压"的负面影响结果，究其根本原因，残疾是贫困的另一个方面，贫困的地位与社会分层越容易导致残疾的发生，呈现穷者越穷的"马太效应"，残疾只是"马太效应"诸多结果之一，但是导致残疾的偶发因素也不可忽视，正如"我们都是神的子民，应该共享欢乐与苦难"，体现残疾发生的随机性和不确定性。

二 残疾与风险

"三维度致残"模型为致残因素分析提供了基本框架，但是其分析结果仍然停留在残疾的表象上而无法透视其内在本质规律，近年来被学术界和主流媒体熟知的风险理论，将为残疾社会现象的认知与理解提供新的观察视角。

风险（Risk）始终伴随着人类整个社会发展过程，较为明显的如洪水、地震、干旱、饥荒、瘟疫、战争等社会创伤，也流传着"挪亚方舟"远古时期的社会历史记忆，其本意指冒险或者危险，是指未来面临危险、灾难的可能性，但这种危险或灾难目前尚未发生，从本质上讲风险是一种可能性、预见性的概念，而不是事实性的概念。风险概念的流行与反思现代化有关，长期以来随着科学与理性占据社会主流意识，人们自信地认为风险可以被人类有效掌握，然而极具冲击的一系列事故如金融危机、环境污染、核泄漏、疯牛病等引发了人们对风险的再度认识，指引学者们重新反思风险与现代性的关系。

围绕风险是客观社会现象还是主观意识后果，学术界对风险理论的构建主要从制度主义、现实主义和文化主义三个方面展开[①]，以荷兰学者阿赫·特贝格为代表的现实主义者认为，风险的出现是由于出现了新的、影响更大的风险，如极权主义增长、种族歧视、贫富分化、民族性缺失等，需要拓宽和加强民主政治才能深度解决面临的现实主义风险；以乌

[①] 杨君、彭少峰：《超越与反思：风险社会的三种研究传统及创新尝试》，《哈尔滨工业大学学报》（社会科学版）2013年第4期。

尔里希·贝克（Ulrich Beck）和吉登斯为代表的制度主义者不仅关注风险的生成机制，还要关注现代性的社会风险下个体日常生活所受到的影响与体现。无论是现实主义还是制度主义都以风险是客观社会事实，而以玛丽·道格拉斯、威尔德·韦斯、斯科特·拉什为代表的文化主义者认为，风险是人们主观意识的结果，一直存在既未增加也未加剧，仅仅是因为更多地被我们所认知和觉察，是风险文化导致更多的风险被制造和建构。

乌尔里希·贝克首提风险社会的概念，他使现代风险含义突破了原有经济学、保险法、统计和精算学等学科的范畴，基本放弃了原有采用模型计算预测风险的旧思路，更多把风险概念与社会发展结构形态结合起来，以此回应当前经济社会发展和全球化时代的宏大理论议题。贝克在其著作《自由与资本主义》中，详细阐释了对风险概念的认识与理解，指出"风险是指明自然终结和传统终结的概念，在自然和传统失去它们的无限效力并依赖于人的决定的地方才谈得上风险。风险概念表明人们创造了一种文明，以便使自己的决定将会造成的不可预见的后果具备可预见性，从而控制不可控制的事情，通过有意采取的预防性行动以及相应的制度化的措施战胜种种（发展带来的）副作用"①。其具体表现为八个方面：风险既不等于毁灭也不等于安全或信任，而是对现实的一种虚拟；风险指充满危险的未来，与事实相对成为影响当前行为的一个参数；风险既是对事实也是对价值的陈述，它是二者在数字化道德中的结合；风险可以看作人为不确定因素中的控制与缺乏控制；风险是在认识（再认识）中领会到的知识与无知；风险具有全球性，因而它得以在全球与本土同时重组；风险是指知识、潜在冲击和症状之间的差异；一个人为的混合世界，失去自然与文化之间的两重性。② 在贝克看来，风险与现代化有关，当代风险社会中的一系列危机由政策制定者、企业和专家学者共同制造，为了转移、规避这种危机及随之产生的个人归责，他们又构建了一套社会制度和规则，将这种"危险"转化成为某种"风险"，同时

---

① ［德］乌尔里希·贝克等：《自由与资本主义》，浙江人民出版社2001年版，第119页。
② ［德］乌尔里希·贝克：《风险社会再思考》，郗卫东编译，《马克思主义与现实》2002年第4期。

又利用法律和科学作为防御工具为各种机构和组织的"不负责任"行为而辩护,所以要通过反思现代性思考风险社会的存在。①

残疾作为一种社会现象,与风险是一种共生的辩证关系,体现为残疾是风险的身体表达,风险在制造残疾的同时残疾又会引发更多的风险。首先,风险既是客观社会现象同时也是主观意识后果,残疾具有风险的主客观二元统一性,残疾社会现象不仅客观存在较大规模的残障群体中,同时不同文化历史时期对残疾的认知理解也不同,所以残疾与风险有较大耦合性与关联性。其次,风险的存在将制造更多的残疾,以"5·12"汶川地震为例,地震发生后四川省新增近万名残疾人,主要以肢体残疾、中轻度残疾、农村人员、劳动年龄人口为主②,还有包括海啸、工伤、交通事故等社会风险也将制造更多残疾。再次,残疾人群体将面临比健全人更多的风险。2012年北京大学召开的"残疾人口与发展国际论坛"和24个国际减灾日,都明确指出在风险面前残障人士比健全人群将面临更多的风险,处于更加不利的境地。世界残疾报告指出,残疾群体是社会成员中最易受伤害的人群,低收入国家比高收入国家有较高的残疾流行率,收入低、失业或低学历的人们残疾风险增加,贫穷家庭的儿童和少数民族的儿童与其他儿童相比,有显著的高残疾风险。③最后,在社会人的身体领域中,残疾与风险是生物界常见的共生关系,一方为另一方提供存在的条件,同时也表现为对方的后果,互相缠绕导致"弱势与贫困的重叠"。

三 残疾风险增长

世界残疾报告指出,由于不健全的政策和标准、社会消极的态度、服务提供的缺乏、残疾服务的问题、资金投入匮乏、无障碍设施缺乏、社会缺乏协商和参与机制、缺乏残疾人资料和证据等方面,都将使残疾人面临风险的累积。④然而"随着我国工业化和城镇化进程的加快,人口

---

① 杨雪冬:《风险社会理论述评》,《国家行政学院学报》2005年第1期。
② 华颖等:《"5·12汶川地震"残疾人状况调研:基于绵阳市北川县的实证研究》,《社会保障研究》2009年第1期。
③ 世界卫生组织、世界银行:《世界残疾报告》,《中国康复理论与实践》2011年第6期。
④ 世界卫生组织、世界银行:《世界残疾报告》,《中国康复理论与实践》2011年第6期。

流动频繁，人们工作节奏加快，以及生产安全事故、交通事故和环境污染等因素的影响，都不同程度地增加了残疾的风险"①。当前残疾面临的风险突出增长表现为以下几个方面。

1. 老龄化的风险

据学者基于第二次全国残疾人抽样调查数据的研究分析发现，在整个生命周期中婴幼儿时期与老年期残疾发生率较高，呈现出"U形"结构特征，6—59岁之间的残疾发生风险率较低但随着年龄增长而加速，个体在60岁及以上发生残疾风险率快速上升，60岁时残疾发生风险率超过10‰，80岁时超过95‰；60岁时余生中平均1/4多的时间是在残疾状态下度过，而到80岁时余生中一半以上的时间是在残疾中度过②，这都表明人作为生物个体的残疾发生率客观增长的自然规律。同时，由于我国人口老龄化迅速加大，根据第六次人口普查统计数据，2010年我国60岁及以上人口占总人口18.7%，未来不可避免面临"老年人口数量最多，老龄化速度最快，应对人口老龄化任务最重"的严峻形势。

2. 健康的风险

人口老龄化带来的是社会健康问题，老年人由于生理机能衰退，脑血管疾病、骨关节病、痴呆等发病率和致残概率增高，第二次全国残疾人抽样调查数据显示，60岁及以上的残疾人约有4416万人，比1987年调查时该年龄段残疾人数增加了2365万，占全国残疾人新增总数的75.5%。③ 由于工业化、城镇化、人口老龄化导致人口结构变动，由于疾病谱、生态环境、生活方式的变化趋势，我国仍然面临多重疾病威胁并存、多种健康影响因素交织的复杂局面，实地调研中很多残疾人工作者反映，当前心脑血管疾病明显增长，引发的中风、偏瘫等残疾后遗症也明显增多。

3. 科技的风险

人类对理性的自信和对科技手段的滥用，将大大诱发现实社会的风

---

① 第二次全国残疾人抽样调查领导小组、中华人民共和国国家统计局：《2006年第二次全国残疾人抽样调查主要数据公报》，《人民日报》2006年12月2日第7版。
② 王金营、张翀：《中国人口残疾发生风险估计及生命表分析——基于第二次全国残疾人抽样调查数据的研究》，《人口研究》2009年第3期。
③ 国家统计局：《2006年第二次全国残疾人抽样调查主要数据公报》，《人民日报》2006年12月2日第7版。

险,这种社会风险将在较长时间才能显现出来并带来残疾的后果。仅以"疫苗后遗症"为例,疫苗的诞生改变了人们对医学健康的认识和预防,但是即使科学再发达也不能制造出完全无风险的预防性疫苗,由于个体差异导致极少数孩子引起的不良反应,接种的疫苗本身也可能与孩子自身携带的病毒出现耦合反应,虽然出现的概率非常低但是很难预防,落到具体个体身上容易引发残疾风险,充分体现了科技规避风险和制造风险的辩证关系,科技在规避风险的同时,也可能制造了新的潜在风险,这种情况在转基因食物、兴奋剂等科技领域普遍存在。

4. 环境的风险

环境所带给人类社会风险是显而易见的,近年来频发的自然灾害事故,地球不堪人类自身活动的重负,雾霾、海啸、核污染等使得环境问题导致人类生存性危机,同时使得残疾风险和应对措施的脆弱性更为明显。当前,现代意义的环境危机已经将人类卷入了全球性的风险之中,夹杂着全球化、无主体负责等因素导致环境出现系统性不可逆的损害,作为人类自身也在不断面临着环境风险的威胁,而环境风险的变现将导致更多的残疾风险和残疾潜在风险因素。

5. 生活方式的风险

新的生活方式带给人类新的体验的同时,随之也引发了新的潜在风险,仅以交通事故致残为例,经济增长让人们使用汽车的频率不断在增长,据统计,2020年末全国民用汽车保有量28087万辆(包括三轮汽车和低速货车748万辆),其中私人汽车保有量24393万辆,民用轿车保有量15640万辆。① 汽车在带给人们生活方式更加便捷的同时,车祸死亡和伤残人数也在不断增长,这警示生活方式的改变,在提升社会文明的同时也伴随着新的风险。

6. 传统文化的风险

有些残疾风险是不可预见的,还有一些残疾风险是传统文化制造出来的。在我国裹脚缠足作为一种古代女性习俗,用长条布把女子的脚紧紧缠住,使脚畸形变小以为美观。明清时期女性缠足之风兴盛,不论贫

---

① 国家统计局:《中华人民共和国2020年国民经济和社会发展统计公报》,2021年2月28日发布。

富贵贱的女子都纷纷缠足，要求脚不但要小至三寸而且还要弓弯。还有东南亚"长颈鹿女人"、19世纪欧洲的"细腰风"，传统文化对女性身体的束缚，形成了一幅又一幅的"残忍的美丽"。

总之，残疾风险的增长一方面体现为人作为个体存在的风险增长，比如个体寿命增长和不良生活习惯引发的健康风险，体现着个体生命周期的自然发展生物规律；另一方面体现为社会性的风险增长，现代社会随着工业化和全球化程度加深，整个社会系统变得更为复杂和精细化，生态环境和社会环境变得更加敏感与脆弱，社会系统风险的增长导致残疾风险的增长，因此对残疾社会现象的认知与理解需要彻底地改变，残疾不再是个体的一种失败，而是社会系统本身的缺陷与脆弱性使然，就像太阳东升西落、人有生老病死那样平常。

四 残疾风险社会

风险社会理论作为一种哲学社会理论，为我们重新认识自己、理解社会存在提供哲学思辨。贝克认为，全球化时代的风险社会与之前传统社会已经发生了根本性的变化，"占据主导地位的是各种全球性风险与危机，应对和规避风险就不再是区域的或个别的任务而成为全球共同的历史事件；风险的程度发生了根本性的转变，风险对整个人类的生存和发展存在着严重的威胁；外部风险和被制造出来的风险中，被社会制造出来的风险占据主导地位；风险从自然风险转向人为风险，从个别风险、区域风险转向全球性风险，从物质利益风险转向文化风险、道德风险、理论风险等非物质风险，从单一风险后果转向多重风险后果，从单一风险主体转向多重风险主体，从简单应对风险转向综合应对风险等，体现风险具有高度复合性与复杂性"①。风险社会理论和建构形象体现了对现代性的自我反思，表现了风险的"人化"和"制度化"的特征。②

运用风险社会视角看待残疾社会现象，将会对残疾的社会现象形成新的理解，并认识到我们正在从残疾人社会逐步向残疾社会过渡。传统观点认为，每个社会形态结构中，社会成员必然存在着残疾人群体；每

---

① 庄友刚：《风险社会理论研究述评》，《哲学动态》2005年第9期。
② ［英］安东尼·吉登斯：《现代性的后果》，田禾译，译林出版社2000年版，第109页。

个社会成员的生命周期当中，几乎都会面临着符合残疾特征的时间阶段；每个社会成员在日常社会生活中，都会与残疾人进行互动交往，从此意义上讲我们正处于一个残疾人社会。但是风险社会理论拓宽了我们对残疾人社会的认识，表现在：(1) 残疾不再是个体性和家庭性的事件，而是社会系统本身的事件，应对和规避残疾是全体社会共同的责任；(2) 随着人口老龄化程度加深和医学健康科技不断突破，人的寿命增长导致的残疾风险对整个社会是系统性风险并且日益严重；(3) 在导致残疾风险的因素中，既有自然生理性的风险因素，也存在着"被制造出来的风险"因素，包括人们对电子产品依赖造成的风险，交通事故和工伤造成的风险，生态环境恶化造成的风险等，然而随着社会文明程度发展，自然生理性风险因素正在弱化，如先天残疾所占的比例正在逐步下降，而后天"被制造出来的残疾风险"正在改变着残疾的生成机制；(4) 由于社会风险高度的复合性、复杂性，残疾风险正从个体性风险向社会性风险改变，社会性风险和制度化风险对残疾的影响正在逐步加深，残疾的社会化和制度化趋势日益明显。这都体现了残疾风险的时代特征。

因此，可以清晰地表现我们正日益是一个残疾社会而不是残疾人社会，它所标识的核心内容是"残疾是风险，更是一种常态"的价值观与意识形态，正如风险与人类共生的哲学意义解释。在我们日常生活和制度话语中，是以健全人为社会主导意识和评价标准的常人社会，它排斥残疾人和矮化残疾社会现象的积极意义解释，所以对残疾人的态度和价值不可避免地出现"他者化"的立场倾向，在应对残疾社会现象的立场和措施上更多抱有济贫与救助的社会心态。因此警示我们，我们正处于一个残疾社会当中，必须对残疾社会现象的认知、理解和应对更新知识体系和价值立场，才能使全球的残疾人事业开拓创新。

由风险社会而构建残疾社会的新视角为我们认识和理解残疾社会现象提供新的思考方向，指引着我们不断从理论与实践上对残疾人事业发展进行突破。从理论方面它推动着我们重新思考人与残疾的关系，从哲学层面洞穿残疾社会历史存在的本质规律，也只有从哲学层面去思考人与残疾的关系才能推动着残疾理论向前发展；从实践层面推动着我们在社会学层面去思考残疾社会现象的认识，并理解残疾社会现象的文化意义，从而摒弃传统残疾文化解释的缺陷与不足；从政策层面推动着残疾治理的思路与措施更加符合残疾的规律，形成更加有利于残疾人和每个社会成员发展的社会空间。反思当前，现有的残疾研究包括从理论到实务领域，暮气沉沉创新不足，更多的是在残疾人保障和服务政策上的修修补补，然而最完善的残疾人社会保障与服务政策仍然基于残疾与人的对立上，是基于对残疾人而非社会全体成员的共享社会政策。为什么残疾人工作很多人不愿意去做？为什么很多学者不愿意去研究残疾社会现象？为什么很多人不愿意与残疾人打交道？等等，一系列的问题都基于现有的认识与价值观仍然难以突破并形成主流性的共识，归根结底是因为我们的社会行为和意识基础还是一个常人社会和常人思维，是这种落后的意识形态禁锢着我们对残疾的认识、对人自身的认识。让我们放飞思想的天空吧，去冲破残疾与人对立的思维，重新认识残疾，重新理解残疾社会现象，并从哲学、社会学和政策等多个层面去解放思想的禁锢，形成主流文化意义的残疾解释，形成全球化视野下、后工业化时代的残疾话语和范式，从而赢得残疾研究发展和残疾人事业发展的新天地。

第二章

残疾的理论与社会建构

人类的残疾现象自古有之，如何看待残疾现象经历着历史的变迁与观念的变化。残疾研究作为分析残疾经历和残疾人生活的学科体系，在认识理论上也经历着从医学模式转向非医学模式的转变。从社会建构主义视角出发，残疾是社会规训和建构的结果，因此残疾问题的解决应该打破现有残疾的认识误区，建立更有利于残疾人日常生活的残疾观及文化环境。

第一节 残疾的理论范式

如何解释残疾现象涉及不同的解释范式，从个体模式、社会模式到互构模式演进反映人们对残疾认识、理解的不断深化，也反映出人们对残疾的关注从身体的缺损到人的自由全面发展的深度转移，也推进着人们应对残疾社会问题的方式转变。

一 残疾分析模式

模式是从经验中提升出来的一种相对固定且具有普适性的分析方式。[①] 残疾的模式是人们如何定义残疾及如何看待残疾人的思维模式，从历史的脉络来看，残疾的最初模式分为"个体模式"，着重于把残疾的解释归结于个体层面，随着医学社会学等社会科学对残疾现象的深入研究，针对"个体模式"提出了残疾的"社会模式"，强调对残疾的解释要从社

---

① 朱眉华、文军主编：《社会工作实务手册》，社会科学文献出版社2006年版，第139页。

会层面去分析研究，后现代社会主义的思潮进一步扩大了残疾的研究视野，在原有"个体模式""社会模式"的基础上提出了残疾的"互构模式"，强调残疾是个体与社会共同建构的结果，这大大扩大了对残疾现象的解释力。

1. 个体模式

残疾的"个体模式"是时间最早、流传时间最长的解释模式，其观点认为导致残疾是个人的问题，与社会和他人无关，主要包括三种类型。

一是宗教道德模式。远古时代生产力十分低下，当生存困境如饥荒、贫困、瘟疫及天灾人祸出现，人们很容易把它归咎于妖魔、巫师、神怪等非自然力或超自然力的作用，对残疾的解释也是如此，把残疾置于人与神的宗教分析框架下，残疾被认为是个体前世的因果报应导致的，从宿命论出发残疾被解释成为受到了恶魔的迷惑，受到神的惩罚，是"现世报"。如佛教的"三世因果"中是这样描述残疾的前世因果的：今生瞎眼为何因，前世指路不分明。今生缺口为何因，前世吹灭佛前灯。今生聋哑为何因，前世恶口骂双亲。今生驼背为何因，前世耻笑拜佛人。今生跛脚为何因，前世拦路打劫人。今生疯癫为何因，前世酒肉逼僧人。这种模式带有浓厚的因果论和宿命论色彩，在古代奴隶社会、封建社会等医学不发达时期占据统治地位，即使在当前一些欠发达地方，这种认识模式也有广泛的影响力。在此模式下，衍生出"慈善模式"，需要对残疾人进行慈善救济以帮助其解决现实中遇到的困难。

二是社会进步论模式。社会达尔文主义认为人类自身是不断进步发展的，残疾是人类自身生产过程中的"残次品"或"不合格产品"，与其他生物一样必须通过优胜劣汰才能促进人类自身更为完美，甚至如德国纳粹主义者认为要对社会的"残次品"进行"终极解决"，通过对一些精神分裂症病人、低能者进行肉体消灭或强制绝育，以达到人种更加适应社会需要。

三是医学康复模式。从生物医学角度定义残疾，把身体的残缺或功能损伤视为重要甚至唯一特征，身体健全者为正常人，而身体残缺者为残疾人，因此残疾意味着个人的悲剧，不能上学工作，也不能正常参与社会生活，是社会的弱者，所以也不用承担社会角色。由于在日常生活中受到诸多限制，残疾人甚至不能独立生活。一般而言，医疗模式认为残疾人所遇到的各种问题都可以归结到残疾人自身的原因，并在医学视角下定义为肢体、精神和智力等的身体异常，因此残疾人认为自己是有缺陷的，应该积极参与到医学诊断和医疗康复中，从而使身体能够回归到正常社会，社会也需要对残疾人进行干预与处置，主要采用的方法是医学康复和慈善照顾，涉及的社会角色主要是医生、政府和慈善机构，而残疾人基本处于被动地位。医学模式的核心是把残疾放置在医生和患者的分析框架下，相信医学专家和专业人士在医疗诊治中的地位与作用，基本围绕着诊断、痛苦、缺陷、康复、预防等与医学高度相关的话语展开。1980年，WHO制定的《国际残损、残疾和残障分类》中，把残疾现象按照患病程度分为残损、残疾与残障三大类，也是基于医学模式下的分类。在此模式的基础上，又衍生出"专家模式"，认为必须通过医生的专业技术以解决其身体的残损。

2. 社会模式

残疾的社会模式是残疾发展史上的一次革命性的变化。20世纪60年代开始，残疾的医学模式受到其他学科的猛烈挑战，在对抗残疾的"个体模式"的基础上认为残疾并非仅是个体原因造成的，是社会的功能缺损才导致了残疾的发展。残疾的社会模式核心观点认为，残疾人所患的残疾是个人与社会环境之间相互作用的结果，应对残疾问题应把残疾置于个体与社会环境的互动中，既要考虑到残疾的个体性，也要考察残疾的社会环境，更要考察残疾的个体与环境之间的互动关系。

不同学科对残疾的理论解释各有侧重，涉及残疾现象研究的多个角度和观察维度。社会学关注残疾主要是从医学社会学的角度，较多关注于残疾人的角色、文化、社会化、阶层等领域，以及残疾人口、民族、种族、社会群体等研究领域；心理学主要集中在残疾人的情感和性格特征，把残疾看成一个动态的过程而静止状态，重点关注残疾个体在应对残疾的心理机制以及心理变化的逻辑，主要术语有动机、归因、人际互动、认知与学习等，社会心理学作为心理学的分支学科，更关注残疾人群体的互动、态度和行为的转变、角色与身份以及自我、他人的认知等方面。人类学学科更加关注残疾文化以及处于文化中的人，此外还会涉及与残疾相关的家庭、经济分配、宗教信仰等与残疾相关的文化形态；历史学学科更强调残疾发展的历史过程，以及残疾人在建构历史上的地位与作用，但是大多数历史学家很少会站在残疾人的立场上去审视历史的发展。政治学学科更关注残疾政策以及残疾人在社会结构中的权力关系，以及残疾人与非残疾人在政治活动中的结果；经济学学科关注残疾现象更多从就业、市场、人力资本和社会福利等角度，去观察残疾与经济供给和分配的问题。除此之外，残疾的测量学研究成果也颇有成就，各种残疾及残疾人的定量与质性研究方法一应俱全，为残疾现象提供了丰富的观察工具。

众多社会科学理论研究，为残疾认识与理解提供了丰富视角与理论支持。梳理发现，当前学术界重点从五个领域开展相关研究。

一是关注残疾建构中的社会环境因素。如残疾人的角色与身份建构的过程，以及环境在残疾人中的角色与身份建构中的机理。

二是关注残疾人阶层不平等。这一模式更接近于马克思主义的阶级观，认为现有社会结构尤其是工业化生活方式将残疾人置于经济、政治、社会上的不利地位，解决残疾人问题只有重组社会结构，才能改变残疾是"悲剧和病态"的社会态度。

三是关注残疾人权利的不平等。残疾的政治模式也被看作为残疾人的解放，批评原有模式中残疾人与非残疾人之间权利关系的不平等，导致非残疾人对残疾人的排斥与压迫。从权利的角度重新定义残疾，要求在社会中拥有与非残疾人同样的权利与地位，其口号是"with us no nothing"，政治模式的术语通常包括权利、权力、赋权、控制等。与社会模式强调对残疾人的接纳与包容不同，残疾模式更强调对权力与资源的分布。①

四是关注残疾人的社会差异。认为残疾人与少数人种、民族群体、妇女等有着相同之处，残疾的人类差异与社会制度的局限有关，基于标准化的社会制度对解决残疾人问题并不非常有效，残疾问题的认识容易受到社会统一规范与文化的限制与束缚。

五是关注残疾的话语与模式陷阱。认为如果不把残疾当作社会问题，那残疾的整套话语并不存在，强调残疾及残疾问题就加重了残疾的悲剧

---

① ［美］苏珊·福斯特：《对耳聋和残疾之间关系的研究》，载巴尼特等《残疾理论研究进展及学科发展方向》，北京大学出版社2013年版，第91页。

色彩，一系列残疾法律制度与政策措施是"自我构建的残疾"，是歧视的强调与固化。

3. 互构模式

近年来在后现代主义思潮大背景下，为残疾研究提供了丰富的理论支持，并初步形成了残疾的"互构模式"，其强调残疾现象是个体与社会互相建构的结果，认为残疾人身体的异化并不代表残疾失去健康和社会权利，残疾人是一个能够为自己负责的决策者，自己能掌握人生并为自己争取社会权利，社会其他人不应该替残疾人做出决定，这一理念为残疾人争取平等权利、机会和自尊提供了社会运动的思想基础。对于社会而言，正是社会中隐形的、无法察觉但又时刻能感受到的社会力量，阻碍着残疾人的社会融入与自身发展，因此要"解构"不利于残疾人的社会制度与文化观念，并真正建立起有利于残疾人的社会制度和文化观念，才能最终解决残疾的问题。

比如残疾与经济的研究，主要是在劳动经济关系中定义和考虑残疾与人的关系①，依据残疾人在市场与就业中的经济情况与能力表现评价残疾人，如果残疾人并不因为身体、智力和精神方面的损伤而在劳动力市场中获得较低评价，那么就不能把它定义为残疾人或残疾问题，相反如果因为身体、精神和智力的障碍而排除在劳动力市场外，那么社会就应该给予福利保障，而如果社会不认定为是残疾人却在劳动力市场中收益较低，那就不应该受到社会同情，也不应该给予社会福利保障。

再如残疾与人权的研究。在《残疾人权利公约》中，残疾被认为是人权的问题，残疾人应与其他人一样同样享受人权的群体。残疾人的生命、尊重和自由与其他人一样平等，应该受到充分鼓励和照顾。作为人权平等的残疾人，他们有权受到主流社会的接纳，有权要求社会消除社会给予残疾人的一切社会歧视，从而在政治、经济、社会和环境中充分行使人权。

以上举例的对残疾的研究，都旨在从残疾与人的关系综合考量残疾的多面性与主体性，残疾不再是个体性的，也非社会性的，而是个体性与社会性共同作用的结果，这扬弃了原有个体模式与社会模式的解释优

---

① 曲相霏：《残疾人权利公约与中国的残疾模式转换》，《学习与探索》2013 年第 11 期。

势与缺陷，并从人的自由全面的角度提升对残疾的认知与理解，也更深入地对残疾现象进行多样性、综合立体化的考察，并制定出有利于残疾人自由全面发展的积极应对措施与办法。

综观近年来残疾模式的发展，残疾的社会模式受到广泛关注，已经超越了传统的"宗教模式""医学模式""专家模式""经济模式"等残疾解释模式，成为解释残疾现象的经典模式，并在此基础上不同学科根据自身的特点发展出众多的研究领域。与此同时，社会模式着重强调社会环境对残疾的影响，在批评医学模式的过程中忽略了残疾的医学因素。残疾作为既是身体的也是社会的一种现象，具有生物医学、社会学、人类学等多重综合因素，因此，残疾现象的解读要把残疾放在"身体－社会"的总体框架下，采取多角度、多模式的分析并超越单一的标准与模式，才有可能把残疾现象认清、认透并有效指导社会实践。

二 残疾理论解释

从人类社会诞生残疾以来，对残疾的理论解释涉及诸多面向，形成了人类学、社会学、医学、历史学、保障学、社会工作等不同学科的理论解释框架。主要理论解释如下。

1. 社会功能理论

功能主义对残疾的解释主要是从越轨的角度出发，虽然功能主义理论否定了残疾的生物学模型，但还是强调要从残疾者个人和社会系统之间关系去发现残疾行为的根源。功能主义认为，在平衡的社会状态下，拥有共同价值观和社会规范的社会成员凝聚在一起，使社会生活得以实现人们的期望并保持规范与价值观的一致。在个体与社会系统关系之间，能够促进社会系统统一的功能属于"正功能"，而如残疾、疾病、犯罪等社会越轨行为属于"反功能"，如果个体不能适应社会系统并改变自己的行为，那将通过医生、警察、法庭等消除社会的"反功能"，如通过监狱、精神病院等把这些越轨者带离出社会，以保证社会秩序和社会团结。根据功能主义理论，残疾等患病者是"反功能"的，因为它威胁到社会系统稳定和和谐，因此医学的职责就是通过控制、防治和干预残疾的发生，同时帮助残疾人适应社会环境。

2. 病人角色理论

"残疾人与生活在其中的社会系统是什么关系?"基于功能主义理论分析,社会学家塔尔科特·帕森斯提出了"病人角色"理论,以解释"患者与生活于其中的社会关系",其基本理论观点包括病人(包括残疾人)是可以免除社会责任和义务的,患病不是患者个人的过错,社会应该发挥功能以便其康复,患者有康复并寻求医学技术帮助的义务。在其《社会系统》著作中详细阐释道,患病(包括残疾人)不是患者有意识或知情的选择,而是主动暴露在使其患病的环境中的结果,"患病不仅仅是体会患病的生理状况,更重要的是病人成为一个社会角色,因为它涉及的行为建立在制度期待的基础之上,并且被与期待相造就的社会规范所强化"①。从这点上看,残疾人跟其他患者一样也是有"反功能"的,因为大多数残疾人无力照顾好自己,所以社会允许他们逃避责任,所以医学的社会功能就是使残疾人通过医学技术使他们尽量恢复到正常功能状态,尽力使自己的身体得到痊愈以便能够承担应尽社会的功能。

3. 符号互动理论

符号互动理论解释残疾是基于"残疾是一种越轨行为"的理论假设下进行的,其中最有解释力的理论体系是标签理论,是霍华德·贝克尔在1973年在对大麻吸食者的研究中首次提出的。他在观察"吸食大麻现象"发现社会对是否应该禁止吸食大麻的态度时的迥异,有人认为吸食大麻是有害的,而且应该被定义为非法行为,而有人却认为吸食大麻并不会对他人造成危害可以被合法化,在一些特定人群中吸食大麻行为却是可接受并值得炫耀的,由此他认为,"吸食大麻是否越轨是被社会大众构建出来的",判断社会行为是否越轨要看被社会大众贴上什么样的标签,不同标签化的后果对其社会行为态度迥然不同。残疾作为疾病的一种,如何认识残疾和残疾人也是由社会成员认知所形塑的或创造的。苏珊·桑塔格在她的著作《作为隐喻的疾病》中提出,生理的障碍面对的不仅仅是医学问题,也包括社会、态度、经济和其他方面的歧视或忽视。

---

① [美]威廉·考克汉姆:《医学社会学》,高永平等译,中国人民大学出版社2012年版,第100页。

日常田野调查中也发现，残疾人经常体验到自我形象的恶化，得到的评价往往低于社会正常水平，感到自己是家人的负担，也缺乏自我价值的社会存在感。

4. 标签污名理论

标签理论认为，社会偏差行为是社会上"主流人群"对弱势群体标签化的结果。对残疾贴上负面标签是主流对残疾人的权力控制，"残疾的标签化"后果将带来残疾的污名化。"污名"作为社会互动的文化符号，起源于古希腊对罪犯、奴隶、叛国者的惩罚，通常用刀割或火烧在身体上留下的疤痕，用以确定其身份并警告他人靠近。符号互动论大师戈夫曼指出，残疾作为对令人厌恶的身体的污名，与对人格缺陷和部族性的污名一样，反映出个人真实社会身份和现实社会身份之间的断裂，而且这种断裂通常被认为是形象负面的、人格堕落和有污点的。"残疾的污名化"不仅会降低残疾人对自我的评价，造成残疾人自我矮化与社会互动的断裂，同时也会因为他们残疾的外表、残疾行为，被认为是无用的人、无能的人而备受歧视与偏见。

5. 社会排斥理论

社会排斥与支持理论是相当于对残疾现象的两面分析。法国学者勒努瓦首次提出"社会排斥"概念，是指"某些人们或地区受到的诸如失业、技能缺乏、收入低下、住房困难、罪案高发的环境、丧失健康以及家庭破裂等交织在一起的综合性问题时所发生的现象"[①]。也指"某些个人、家庭或社群缺乏机会参与一些社会普遍认同的社会活动，被边缘化或隔离的系统性过程，这个过程具有多维的特点，并表现为社会排斥者在经济、政治、社会、文化等心理诸方面的长期匮乏"[②]。社会排斥理论是从"社会剥夺"理论发展而来，强调的是个体与社会整体之间的断裂。通过对残疾的研究，发现残疾人所面临的社会排斥主要包括观念排斥、教育排斥、就业排斥和其他排斥等现象。[③] 如残疾人就业排斥现象，据全

---

① 杨团：《社会政策研究范式的演化及其启示》，《中国社会科学》2002年第4期。
② 石彤：《社会排斥：一个研究女性劣势群体的新理论视角和分析框架》，王思斌主编：《中国社会工作研究》2002年第一辑，社会科学文献出版社2002年版。
③ 周林刚：《社会排斥理论与残疾人问题研究》，《青年研究》2003年第5期。

国第二次残疾人抽样调查①，全国 15 岁以上残疾人中，有劳动能力者为 27.4%，有部分劳动能力者为 43%，残疾人的待业率为 49%。在职业类型上，80% 以上选择的是农林牧副渔行为。再如针对残疾人的制度排斥现象，以我国残疾人就业为例，《中华人民共和国残疾人保障法》规定"各用人单位应当按照不低于本单位上年度在职职工的一定比例安排残疾人就业，如未达到该比例，应当缴纳残疾人就业保障金"，但真正为残疾人提供就业岗位的企业不多，由于缺乏残疾人就业监督和跟踪服务，有些残疾人并没有真正上岗。

6. 社会网络理论

要缓解针对残疾人的排斥现象，学界提出了针对残疾人的社会网络理论，也称之为社会支持理论。该理论认为人是社会关系的一个网结点，社会资本的拥有量体现了个体在社会网中的地位与影响力，因此针对残疾人的社会支持不仅要改善残疾人本身的人力资本，还要改善残疾人社会资本获得的社会关系网。残疾人因为健康水平、受教育水平和人际交往水平的贫乏，导致残疾人群体的人力资本和社会资本拥有量普遍较低，给他们共享社会资源、工作就业、职业晋升带来严重阻碍。要解决残疾问题应该改善社会环境给残疾人带来的障碍与壁垒，营造更多的机会让残疾人在社会关系网中能够获得更多的资本，从而提升他们在社会关系网中的能力与地位。这种社会支持不仅包括残疾人家庭、亲友、邻里和非正式组织的支持资源，更应该包括来自个人之外的正式与和非正式社会资源，如组织制度、政策措施等。

7. 增权赋能理论

增能（Empowerment）也译为"充权"或"赋权"，是指个人在与他人积极互动过程中，获得更大的对生活空间的掌控能力和自信心，以及促进环境资源和机会的运用，以进一步帮助其获得更多能力的过程。"增能"一词的使用可以追溯到 20 世纪 70 年代，美国哥伦比亚大学学者 Solomon 提出了对被歧视的美国非洲裔黑人的增能理论，90 年代以来，增能已成为社会工作领域提倡的重要价值观念和工作模式之一。残

---

① 国家统计局：《2006 年第二次全国残疾人抽样调查主要数据公报》，《人民日报》2006 年 12 月 2 日第 7 版。

疾人增权赋能理论站在人的自由全面发展的立场上，认为通过社会工作方法可以恢复残疾人机体的、社会的功能，增强他们的生活信心并帮助他们进入正常的社会生活。残疾增能理论基本假设是建立在承认残疾人是有能力的、有价值的基础上，通过社会工作促进残疾人与社会互动，减少社会环境中对残疾人存在的直接或间接的障碍，降低残疾人自我负面评价及与社会互动过程中形成的负面经验，从而使残疾人的能力不断增长，能够正常发挥他们的社会功能。残疾增能的结果不仅让残疾人感觉有能力能够影响或解决问题，还与他人社会互动合作中能够促成问题解决的经验，更重要的是能够改变残疾人环境中的不利于他们的制度和规则。

8. 全纳教育理论

全纳理论的提出来源于全纳教育的制度实践。全纳教育（Inclusive Education）发源于文艺复兴时期主张自由、平等、博爱的西欧社会，最直接起源于美国20世纪五六十年代的黑人的民权运动，其目的是为与美国社会对黑人严重的种族隔离与排斥，从而争取社会权益和自由，为此美国取消了大量极为不公平的种族"隔离制度"，大大增强了黑人群体的社会地位，由此也开启了"全纳社会"的历史进程。1994年联合国教科文组织召开的"世界特殊教育大会"正式提出全纳教育的理论，在大会签署的《特殊需要教育行动纲领》中声明，"每一个儿童都有受教育的基本权利，必须给予他实现和保持可接受水平的学习之机会；教育体系的设计和教育方案的实施应该充分考虑到每个儿童的特殊个性、兴趣、能力和学习需要等的广泛差异"。此后，全纳理论不仅作为一种全新的教育理论，也作为一种社会运动在许多国家和领域逐步推行开来，它着重强调要去除社会各种排斥、歧视等制度障碍，尊重每位社会成员的权利，从而形成互助包容的社会形态。

9. 回归社会理论

回归社会理论也称为社会融合理论、"残健融合"理论、正常化理论，是针对过去倾向于将残疾人进行集中供养和照顾的弊病而提出来的。20世纪50年代，美国社会学家戈夫曼对精神病患者的庇护研究后发现，有的精神病患者病情不但没有好转反而加重了，认为是由于庇护所里的精神病患者之间处于不良的同伴关系和"关护"关系之中，精神病患者之间长期的共同生活会相互影响，而且庇护所的管理人员、医护人员的消极冷漠的态度和严格管制也会造成负面刺激。随着社会福利制度不断完善与发展，将残疾人进行集中托养的社会福利机构照顾方式越来越受到质疑，社会福利照顾方式不仅花费巨大而且效果较差，于是让残疾人回到他们熟悉的社会生活中去成为主流选择，并受到残疾人及其家庭的普遍欢迎，也推动着残疾人社会工作理论向社区化发展。在学校教育领域，儿童随班就读的回归社会方式得到普遍认同，在社会就业领域，推进残疾人按比例就业的社会就业理念也得到政策上大力推进，旨在推进残疾人与健全人之间的深度社会融合，而非把残疾人作为"异化群体"被社会特殊关爱对待，从而使残疾人获得一种尽量接近正常人的生活方式。

10. 身体政治理论

随着20世纪80年代以来学术界对身体的关注，残疾人的身体政治也反映在残疾研究当中。身体政治理论从人与身体的关系出发，认为身体是文化的象征、社会的建构、欲望的规训、社会的实践，从而通过把身体的生物性和社会性结合起来反映身体属性的多样性。残疾作为身体的特殊现象，是一种缺失的身体存在，要积极应对残疾社会问题，首先解放身体的束缚并开发身体的现代性，才能从根本上理解残疾的身体的本质内涵，从而推动残疾的身体获得自由与解放，这为残疾的研究打开了新的视野与观察窗口。

第二节 残疾的社会建构

建构，英文为 Construct，在我国文献中有构建、构造等不同语义表达。社会构建论（Social Constructionism）是一种与传统不同的认识论与思维方式，它认为人类不是发现和认识了这个世界，而是在认识和发现的过程中不断赋予了世界的意义，从而创造了这个世界。在传统认识论中，西方科学领域主流的认识论是自然科学主义的认识论，并发展成了完整的实证主义研究范式，社会学早期奠基人如孔德、迪尔凯姆等人都认为应该像自然科学那样发现社会现象，用科学的尺度丈量着世界和社会现象，如《社会学研究的方法论原则》《自杀论》等早期社会学经典著作都是采用实证主义的研究范式。这种现象一直延续到 20 世纪后半段，长期主宰着社会学研究的各个领域。

但是在实证主义认识论外，传承于德国的解释主义、批判主义和历史人文主义等反实证主义的认识论也在沿着自身轨迹向前发展，到 20 世纪后期，实证主义和反实证主义形成了激烈的交锋。苏国勋认为"以库恩为代表的科学哲学中历史－社会学派，阐发了科学理论中的诠释学性质，实证主义的科学统一观、科学方法整体性的'禁地'被无情地撕破"[①]，社会学不再以自然科学研究作为知识生产的唯一来源。20 世纪 70 年代，随着库恩提出的科学知识"范式"理论，科学知识社会学与整个社会学研究关联起来，发端于此的社会建构论已经成为世界性的学术研究活动，渗透到社会科学研究的各个领域，如心理学、教育学、新闻传媒、国际政治研究、科学研究等领域。随着社会建构论在各个领域中取得的成就，建构论已经成为西方社会学领域的主流解释范式，有学者认为社会建构论已经与结构功能论、冲突论、互动论、批判论等成为社会学的经典理论。

零散的、不系统的建构主义思想和实践可以一直追溯到古希腊的苏格拉底、柏拉图和亚里士多德，近代意大利哲学家维柯被当代建构主义者遵奉为"建构主义的先驱"，德国哲学家黑格尔、康德也具有鲜明的建构主义色彩。瑞士著名心理学家和哲学家皮亚杰则因创立的发生认识论理论，被看作当代建构主义理论的"最早提出者"。

一　早期的社会建构主义

早期的社会建构论主张散落于古希腊哲学家和智者的表述，缺乏完整而系统的阐发，但是为社会建构主义理论提供了经典的认识视角与理论发展脉络。

苏格拉底的知识"助产术"。古希腊是西方唯物主义哲学的摇篮，在苏格拉底时代，智者学派普罗泰戈提出了"人是万物的尺度"，认为"存在的事物存在的尺度，不存在事物不存在的尺度"，而苏格拉底提出"有思想的人是万物的尺度"的观点，认为人有理性、智慧、思想，人只有

---

① 苏国勋：《社会学与社会建构论》，《国外社会科学》2002 年第 1 期。

理解了宇宙和人生，才能真正懂得为人和做人的道理，才能真正称得上"万物的尺度"。每个人应该而且可以"认识你自己"，用理性来指引自己的言行，苏格拉底主张，教育的目的在于通过认识自己来获得知识，哲学家和老师的任务并不是臆造和传播真理，而是要帮助学生自己去发现和获取知识，教师的职责是做新知识和新思想的"助产士"，帮助学生澄清思想观念上的是非曲直，将那些建立在沙丘上的"知识大厦"推倒，使学生从中获得切实的知识。苏格拉底"助产术"开创了建构主义教学的范例，让师生双方处于平等地位的辩论式教学，通过与学生的问答、交谈、讨论甚至争辩等方法，促进学生主动思考与理解，进而形成自己的观点与思想。

柏拉图的"洞穴比喻"。柏拉图在《理想国》中记述了"洞穴比喻"，假设在一个深的洞穴中，有一个很长的通道通向外面，有一些微光照进来，有一群人从小就住在这个洞穴中，他们的手脚都被捆绑着，身体无法转身，只能背对着洞口。在他们面前有一堵白墙，身后燃烧着一堆火，在火与人之间，有一些人拿着不同形状的东西走来走去，影子印在那面白墙上，由于看不到别的任何东西，这些人一直认为影子就是真实的世界，后来，有一个人挣脱了枷锁，并且摸索出了洞口，终于看到太阳照耀下的真实世界，才知道原先以为的"世界"不过是光影下的错觉，于是他返回洞穴，并试图向其他人解释，那些影子其实只是虚幻的事物。并向他们描述真正的世界，但是对于其他人来说，除了墙上的蚊子之外，世界上没有其他任何东西，包括他在洞外看到的花草树木都不过是"幻觉"而已。这个比喻告诉我们，真实的世界只存在于每个人的建构世界之中，知识同样也是这样的。

亚里士多德的"为世界建立秩序"。在亚里士多德看来，"是什么"有着强调的建构主义色彩，在"是什么"背后不是我们所感知的世界，而是我们通过话语建构的世界，正是语言和理性赋予人类伟大的力量，能够创造构想，改变和重新认识我们感知到的世界，并通过描述、分类、概念化等为世界建立秩序。

洛克的"白板说"。17世纪，西欧哲学界围绕知识来源于先天观念还是后天经验问题，爆发了一场经验论与天赋论的大争论。洛克认为，"人的心灵是一块没有任何记号的平整一色的白板"，坚决反对所谓的"天赋观念说",这为知识的建构过程提供了无限的可能性,因此知识的所有建构都是可能的。

康德的"人为自然立法"。康德第一次提出并认证了人的认识结构在建构知识及其认识对象中的主导决定作用,在认识论上实现了从"知识依照对象"到"对象依照知识"的转变,他宣称不是事物在影响人,而是人在影响事物,是人通过感性、知性和理性在建构现实世界。发展到近代,维柯提出的"真理即创造"的认识论,表示"我们应该创造真理而不是发现真理",主张人类真理是人在创造过程中所组合和创造出来的。只有事物的创造者才能真正认知事物,人要按照自己的观念创造历史,这些观点是第一次鲜明地提出社会建构论的主张,堪称社会建构论的"先驱"。

二 近代的社会建构主义

韦伯的社会行为论。马克斯·韦伯从社会行动观察社会生活,认为人类社会行为是行为者赋予了行动的意义,而行动者对行动意义的理解和阐释决定着行动性质和方向。行动意义论揭示出社会建构论的基本主张,人类的社会生活并不总是由社会存在而决定的,许多社会行动是由于行动赋予了主观意义。马克斯·韦伯作为解释社会学的重要奠基人,体现了与迪尔凯姆实证主义的不同社会学研究路径。

皮亚杰的"发生认识论"。在皮亚杰看来,"活动"成为主体与客体之间唯一可能的联结点和中介物,并对建构起着决定性的作用。"认识起源于活动"是一个不断生成的过程,人的图式和活动是不断生成着的,人的认识也不断生成着的,是一个不断创造、不断超越的过程—认识以及主体、客体都处于不停的建构之中。关于认识建构的机制和方式,用图式、同化、顺应、平衡等形成了内化建构和外化建构双向建构构成的"建构的具体机制"。在具体过程中,外化建构是通过同化实现的,同化的过程实质上是主体利用原有的认知结构对外来刺激进行选择和加工的过程,内化结构是通过主体自身的顺应来实现的,当主体在利用原有的认知结构同化外界时,常常会遇到不符合自身认知结构的情况,此时,主体就会利用自我调节功能对自身结构进行调节,通过改变原结构、创造新结构，进而同化外界。① 内化建构与外化建构并不是两个相互独立的过程，而是同时进行相辅相成的双重建构过程。内化建构不断导致新图式的产生，是顺应过程的发展，外化建构不断运用主体图式去组织转变客体经验或客体本身，是同化的过程。主体在同化和顺应的双重建构之中，重新达到主体与客体之间的协调和平衡。

曼海姆的知识社会学。一般认为，曼海姆的"知识的社会存在决定"命题及说明"知识的社会根源"的一般方法，是对知识建构论的第一次系统阐发，也被认为是知识社会学的最主要代表人物。知识社会学旨在考察"知识"与"社会实在"之间相互关系的一门学问。认为知识以两种主要形式出现：第一种形式即政治知识和人文社会科学知识是"受存在制约的"，也就是说，它是"依赖于境遇"或"与境遇有关的"。另一种是意识形态的知识，它是由知识持有者的生存条件决定的，一个群体集体持有的信念中有一些属于意识形态的，而所有集体持有的信念都属于意识形态。

舒茨的现象学社会学与常人方法论。舒茨作为现象学社会学代表学者，社会建构主义提供了重要的本体论和方法论基础，它延续了马克斯·韦伯经典的社会行动论，从社会生活的意义结构及意义赋予内涵进行深入分析。舒茨认为普通人所建构的世界是一个直接体验、充满常识的"生活世界"，人们通过"库存知识的类型化"和"库存知识的关联性"来理解和阐释"生活世界"，类型化是指将社会情境按照库存知识的标准进行分类处理，而如果当社会情境不符合"库存知识类型化"标准时，会通过知识的关联性来进行特殊处理。由此可见，在舒茨的现象学社会学理论中，"行为的知识化"体现了社会建构论的基础主张，并延展到日常生活世界的理论观察中。常人方法论是脱胎于舒茨的现象学社会学，它认为要对日常那些理所当然的日常生活实践，站在常人的视角进行反思和说明，这一过程中是在不断建构社会现实的过程，常人方法论认为要把专家视角和社会成员视角进行区分，并且需要进行语言学的转向。

伯格和卢克曼的《社会实体的建构》。"社会建构论"作为一个核心

---

① ［瑞士］皮亚杰：《发生认识论原理》，王宪钿等译，商务印书馆1981年版，第17页。

概念和理论主张，并得到理论化、系统化阐释是由伯格和卢克曼沿着舒茨的道路而提出来的，相关的理论观点主张体现在《社会实体的建构：知识社会学纲领》中，主要观点认为现实是日常生活知识的建构，比理论知识的社会建构更重要；日常生活是人们主观意义和行动一致性的世界，人们以诠释的结果呈现日常生活；社会既是一种客观现实，也是一种主观现实，社会具有客观事实与主观意义的双元特质。① 可以看出，社会建构的基本观点是社会事实本身不会表达，话语诠释结果才是社会事实的本质，因此社会事实是主观和客观双重统一体。

三 现代的社会建构主义

随着理论自身发展的逻辑动力，社会建构理论也得到较快的发展。格根的社会建构论就是比较重要的一种。他的社会建构论强调主体与客体之间的关系而非知识，认为"自我是一种关系的存在"，个体拥有什么样的记忆、产生什么样的情感体验，并由此选择什么样的行为都取决于社会角色关系，个体的心理话语是社会角色关系的"剧本表演"，每种角色在社会行动之前都已经写好剧本，社会行为是"剧本的实际表演过程"。在著作中提出了社会建构论的四个核心假设：（1）我们用于理解这个世界和我们自己的术语并不是存在所需要或要求的，我们同样可以建构另外一个不同的世界。（2）"我们用以描述、解释或表征的模型导源于关系。"意义产生于人们之间的相互协作，关系甚至比知识更重要。（3）"在描述、解释或表征的同时，我们也在塑造着自己的未来。"历史不是预定的，而是依赖于社会生活意义不断建构的结果。（4）"反思我们理解事物的方式，对于我们未来的幸福具有极其重要的意义。"社会建构论强调反思性，要对一切被认为是"不理自明"的事物进行深入思考，并在历史、文化发展的过程中不断赋予新的意义。在此理论假设下，按照由浅及深顺序提出了三类话语分析模式。第一种为静态分析模式，主要是分析术语和定义背后的隐喻，比如残疾话语中经常使用的"神经病""脑残""智力障碍"等概念，分析术语使用背后的社会过程及文化

---

① ［美］伯格、卢克曼：《社会实体的建构：知识社会学》，邹理民译，台北巨流图书公司1991年版，第28页。

含义，以了解这些术语是如何影响我们的日常生活世界建构。第二种动静结合分析模式，发现日常生活中如何使用这些话语或术语的过程，了解这些术语在社会建构中如何产生社会影响的方式。第三种为动态分析模式，社会构建的术语系统如何成为社会文化生活的一部分，如何随着历史、文化的变迁而出现嬗变的过程。

第三章

残疾的图像与三个视界

图式理论出现在德国哲学家康德的著作当中,主要反映知识是如何表征出来的,以及关于这种知识的表征如何以其特有的方式有利于知识的应用。哈贝马斯的"生活世界"范式为残疾的图式观察提供新的视角,在其著作《对交往行为概念的阐释》和《交往行为理论》中,他认为生活世界包括文化、社会和个性三个要素,文化是指行动者可随时动用的知识储备并对事物或现象做出的最大限度解释,以典籍、文件和格言等体现出来,社会是指使社会成员间能够保持团结一致的合法秩序,体现在法律规章制度之中,个性是指行动者个人的能力与资格,并通过社会成员间的相互交往以彰显其身份和特征,体现为个体的社会角色和地位。"生活世界"的三要素共同联结起来形成了一个错综复杂的关系网,并运行为某一环境中,这种环境是"受一个论题限制的生活世界的片段"①。本章从"我们认识与理解的残疾是什么"的问题出发,力图从残疾的学术世界、制度世界和生活世界等全面展示对残疾的图像与想象,为下一步我们重新建构塑造残疾的图像与想象提供"基础素材"。

第一节 残疾的学术视界

学术研究包括学与术两个方面的内容,学侧重于发现现象的规律性,术侧重于运用规律指导社会实践。学术是行动实践的先导,指引着

---

① 艾四林:《哈贝马斯论"生活世界"》,《求是学刊》1995年第5期。

行动实践的方向与道路，其深度与广度直接决定着行动实践的自觉性与操作性。从学术视角看待残疾通常围绕着"谁来研究、研究什么、怎样研究"三个维度来展开，下面将全景展示我国学术界有关残疾研究的发展现状。

一 学术的热度

长时间以来，我国的残疾研究处于空白或被忽视的领域，直到中国残联成立和残疾人事业发展研究中心及相关研究基地建立，残疾研究的热度才开始逐渐升温，特别是第二次全国性抽样调查数据的使用与分析，吸引了医学、社会学、文学、教育学、体育学等研究学者参与残疾领域研究的热情。但是与当前残疾人事业发展进步相比，与经济、社会等热门研究领域相比，无论是研究成果数量以及研究水平、平台、机构等都存在明显差距，而且较长时间还将维持这种温度不够、热度不高的局面。究其原因，主要还是因为残疾研究没能从人学的角度回答"多样性的人群何以能够和而不同地生活在一起"的伟大命题。

1. 发表核心的数量

期刊文献与博硕士论文数量直接反映了该领域研究的热度。以知网为搜索工具，以"残疾"或者"残障"为主题词，在2001年至2015年十五年间发表的核心期刊、CSSCI（中文社会科学引文索引）数量对比发现，全网数据库搜索发现仅从2004年核心期刊和CSSCI数量超过了100篇，2008年突破了200篇，2014年突破了300篇，可见以百篇速度增长需要花费4—6年时间。而除自然科学、工程科学、信息学、医学等核心期刊外，发表在哲学人文社会科学核心期刊数量2008年后才突破百篇，之后还有所减少，直到2013年后每年发表的核心期刊才百篇以上，总体表明残疾研究领域的热度较低，基本属于冷门的研究领域，关注残疾领域的学者数量较少，专门以残疾为研究对象的专家学者数量更少，很多学者从事残疾研究都是涉及而不专注。此外，每年毕业的博硕士论文数量基本代表着该学科的发展趋势，数量越多表明该研究领域发展前景越好，结合起来发现，近十年来以"残疾"或"残障"为主题词的博硕士论文数量都呈现显著性增长态势，2007年和2011年这两年增长数量较快，见表3-1。

表3-1　　　　　　　近十年来残疾研究文献数量　　　　　　　（篇）

年份	全网数据库核心期刊文献数量	哲学人文社会科学核心期刊文献数量	博士论文数量	硕士论文数量
2001	53	33	5	47
2002	64	33	4	82
2003	78	36	11	182
2004	107	31	13	231
2005	134	48	19	364
2006	139	53	18	461
2007	165	64	41	682
2008	214	104	33	791
2009	215	91	31	876
2010	193	78	33	988
2011	267	102	52	1123
2012	288	90	53	1229
2013	270	101	51	1350
2014	346	117	59	1468
2015	329	126	44	1431

2. 出版的学术著作

近年来随着残疾人研究事业不断发展，相关的研究著作与丛书数量也开始增多，比较有影响力的包括由人民出版社出版的《中国残疾人事业发展研究系列一》丛书（共5卷，2011年出版）、由北京大学出版社出版的《社会科学视角下的残疾研究丛书》（共4卷，2013年出版）、由中国劳动社会保障出版社出版的《中国残疾人事业发展研究系列二》丛书（共6卷，2014年出版）、由人民出版社出版的《残障与发展系列译丛》（共5卷，2015年出版）等，这些系列丛书在翻译、传播、介绍国内外残疾研究相关进展起着非常重大的作用。此外，除一些专家学者个人发表的著作外，残疾人社会工作领域也翻译、出版了一系列学术著作，特别是第二次全国残疾人抽样调查以来残疾人社会工作的著作明显增多，见表3-2。

表3-2   近年来我国出版和翻译的残疾人社会工作著作

著作名称	著者（编者或译者）	出版年份
《残疾人社会工作》	迈克尔·奥利弗，谢子朴、谢泽宪译	1990
《残障社会工作》	马洪路主编	2007
《残疾人社会工作》	卓彩琴	2008
《残疾人社会工作》	王辅贤	2008
《残疾人社会工作》	Juliet C. Rothman，曾守锤、张坤译	2008
《残疾人社会工作》	Oliver & Michael 等，高巍、尹明译	2009
《残疾人社会工作》	李翠英主编	2009
《残疾人社会工作》	周沛等	2012
《残疾人社会工作》	奚从清、林清和主编	2013

3. 文章发表的刊物

从知识生产的过程链来看，知识生产的最终成果需要在学术刊物上进行体现，这种研究者进行成果交流、思想碰撞的平台有利于形成稳定的学术共同体，容易形成共识的思想观点推动党和政府纳入决策范围。从核心期刊的等级来看，2001—2015年间核心期刊（知网认定的期刊）和CSSCI等发表残疾或残障主题最多的前十名刊物是中国特殊教育（188篇）、中国康复医学杂志（133篇）、中国组织工程研究（94篇）、中国妇幼保健（72篇）、中国矫形外科杂志（65篇）、中国康复理论与实践（59篇）、中国老年学杂志（52篇）、现代预防医学（36篇）、听力学及言语疾病杂志（33篇）、社会福利（32篇），可见除了《社会福利》刊物外都是与医学康复等主题相关，而创刊于2011年《残疾人研究》（季刊）是残疾研究最为核心的全国综合性学术刊物，涉及了残疾的理论研究、实务研究等多个面向，但还没有纳入全国核心期刊范围，导致很多研究成果被迫转移至其他刊物上。此外，创刊更为久远的《中国残疾人》多是传达有关残疾人政策的新闻消息，以及残疾人政策、工作介绍和残疾人事迹介绍，也会刊登一些零星的理论研究成果；其他一些刊物《三月风》等公开出版物和《陕西残疾人》内部出版物等在学术界和社会上影响较小，也多为残疾人政策的介绍或残联系统内部的工作交流，专业的学术研究成果稀少，导致很难吸引专业残疾研究者的关注与投稿。总之，目前我国残疾研究的学术交流载体仍然较少、档次较低，这直接影响着学者们投入关注的目光和研究精力，也影响着残疾研究水平的整体提升。

4. 专门研究的机构

从核心期刊发表的机构来看，2001—2015 年间发表残疾或残障主题文章的机构前十位的分别为北京师范大学（73 篇）、北京大学（72 篇）、华东师范大学（52 篇）、南京特殊教育职业技术学院（43 篇）、中国人民大学（37 篇）、四川大学华西医院（35 篇）、中山大学（35 篇）、北京联合大学（28 篇）、首都医科大学宣武医院（27 篇）、苏州大学（25 篇）等，可见机构大多来源于综合性大学和医学康复性大学，而我国专门研究残疾的学术机构团体成立很晚，多数散见于特殊教育、特殊体育、社会保障、劳动保障、公共政策、人口发展等学术机构，直到 2008 年全国性残疾人事业发展研究社团－中国残疾人事业发展研究会才正式成立。此后中国残疾人联合会注重与地方残联、高校跨部门、跨地区的合作，先后建立依托北京大学人口研究所，成立北京大学中国残疾人事业发展研究中心（2007）；依托中国人民大学劳动人事学院和社会人口学院，成立中国人民大学残疾人事业研究院（2007）；依托山东大学哲学与社会发展学院，成立山东大学残疾人事业发展研究中心（2007）；依托吉林大学哲学社会学院，成立吉林大学残疾人事业发展研究中心（2009）；依托南京大学政府管理学院，成立南京大学残疾人事业发展研究中心（2010）。此后陆续成立了武汉理工大学中国残疾人事业发展研究基地（2012）、四川大学中国残疾人事业发展研究与培训基地（2014）、郑州大学残疾人事业发展研究中心（2014），之后陆续成立了相关研究机构，这些研究中心（基地）在中国残联的指导下以残疾研究为专业方向开展学术研究和科研创新，注重多学科、多领域、多方面的系统性合作，以创新残疾研究理论，培养残疾研究与实务人才，提供咨询决策服务为宗旨推动残疾研究和实务不断向前发展。然而，除此之外相关专业性学术研究机构仍较少，对残疾人实务和政策的理论化思考和总结较为缺乏。

5. 残疾研究的专业

梳理发现，与之相关的专业可分为五大类：其一为医学康复卫生类，包括神经病学、外科学、流行病与卫生统计学、针灸推拿学、中医内科学、社会医学与卫生事业管理、生物医学工程、中西医结合临床、内科学、儿科学、耳鼻咽喉科学、护理学、中医骨伤科学、影像医学与核医学等学科专业。其二为法学与社会学类，包括社会保障、社会学、民商法学、法学理论、行政管理、经济法学等。其三为体育与教育类，包括体育教育训练学、特殊教育学、体育人文社会学、教育技术学、应用心理学、教育经济与管理、马克思主义理论与思想政治教育、课程与教学论等。其四为文学艺术类，包括中国现当代文学、英语语言文学、设计艺术学等。其五为机械工程设计类，包括机械电子工程、控制理论与控制工程、计算机软件与理论、建筑设计及其理论等。这五大类专业与研究方向基本代表着残疾研究的主要学科方向。

6. 专业研讨的平台

专业研讨平台有利于形成浓厚的学术氛围，推动学术研究更好更快发展。2007 年以来中国残疾人事业发展研究会每年主持召开的年会，围绕当年重点主题进行研讨，如残疾人社会保障、预防、两个体系、福利、就业、全面建成小康等。此外各研究中心（基地）也召开专题性论坛，如中国人民大学残疾人事业发展研究中心召开了国际视角下的残疾人事业发展（2011 年）、制度创新与战略规划（2013 年）、残疾人同步小康与农村扶贫（2014 年）等，这些多边国际合作与交流活动对于残疾研究起着强大的推动作用。然而总体上，与热门专业相比，研讨平台不仅数量少、参会人员少，而且国际化体现不够明显，对当前残疾人实务经验总结与提炼仍缺乏足够的理论自觉。

二　学术的关注点

以 2001—2015 年为时间段，按照知网数据库主题词的搜索方法，在全网数据库、期刊、核心期刊、博硕士论文等文献范围内，归纳学术界关注残疾的领域、视角、维度等，以此分析发现学术研究对残疾的认知与理解，从而形成一幅学术理论世界的残疾画像。

1. 关键词呈现

现实生活中我们观察蜘蛛网的结构，会发现从网心向外延展有多条射线，每条射线又与多条以网心为中心的同心圆交叉在一起，形成无数个网结，最终构成一张大网。如果把对残疾的认知也比喻成一张蜘蛛网，那么每条射线相当于残疾认知的不同视角，网结是每个视角下的不同关键词，值得注意的是，蜘蛛网是平面的，而残疾认知的网状结构是立体的、多维度的。

通过以知网数据为残疾知识分析的数据库，从而全面呈现残疾知识的网状结构，其中全网数据库代表着社会全体的认知，全网期刊代表着学术界的认知，核心期刊代表着主流学术界的认知，博硕士论文代表着学术界未来的认知。以近十五年残疾认知的关键词为分析单位，每类数据库选择40个关键词，比较发现不同数据库残疾认知的关键词有明显差异，共同之处都涉及了"残疾人"这个关键词，其次是"康复"和"脑卒中"，表明学术界对残疾的认知更多集中于残疾人康复这一领域，关注导致残疾的影响因素和危险因素，而代表着学术界较高水平的核心期刊除残疾人康复外，则更多关注"儿童"这一主题，见表3-3。

表3-3　　近十五年来知网全数据库残疾研究的关键词比较　　（篇）

全网数据库	全网期刊	全网核心期刊	全网博硕士论文
残疾人（537）	护理（336）	残疾人（113）	残疾人（178）
康复（391）	残疾人（315）	残疾儿童（78）	影响因素（72）
护理（355）	康复（289）	残疾（71）	脑卒中（69）
脑卒中（346）	脑卒中（252）	儿童（55）	预后（68）
残疾（337）	残疾（247）	康复（52）	危险因素（54）
预后（280）	预后（202）	多发性硬化（51）	多发性硬化（43）
残疾儿童（237）	颅脑损伤（174）	特殊教育（47）	史铁生（41）
特殊教育（204）	残疾儿童（174）	预后（41）	残疾（40）
儿童（198）	治疗（168）	国际功能（35）	康复（39）
脑梗死（194）	脑梗死（157）	影响因素（34）	对策（39）
颅脑损伤（191）	儿童（155）	脑卒中（30）	特殊教育（36）

续表

全网数据库	全网期刊	全网核心期刊	全网博硕士论文
治疗（185）	精神分裂症（130）	随班就读（30）	社会保障（35）
影响因素（169）	脑出血（120）	脑性瘫痪（27）	脑梗死（35）
多发性硬化（169）	特殊教育（118）	残疾和健康分类（26）	残疾儿童（32）
脑出血（156）	多发性硬化（118）	治疗（22）	大鼠（31）
精神分裂症（146）	重型颅脑损伤（105）	耳鸣（22）	特殊教育学校（31）
残疾学生（134）	康复护理（97）	残疾学生（21）	现状（29）
对策（127）	残疾学生（94）	精神分裂症（20）	脑出血（29）
危险因素（120）	影响因素（88）	美国（20）	脑缺血（28）
康复护理（109）	国际功能（87）	磁共振成像（17）	临床研究（27）
重型颅脑损伤（108）	新生儿（86）	脑梗死（17）	脊髓损伤（24）
高血压（106）	高血压（84）	学生（17）	针刺（24）
随班就读（99）	疗效（81）	疾病负担（17）	抑郁（24）
国际功能（97）	残疾大学生（80）	流行病学（17）	社会支持（24）
疗效（96）	颅内动脉瘤（79）	生活质量（17）	凋亡（24）
脑性瘫痪（95）	偏瘫（78）	老年人（16）	就业（23）
生活质量（94）	对策（73）	全纳教育（16）	儿童（23）
残疾大学生（90）	生活质量（67）	脑出血（16）	生活质量（22）
颅内动脉瘤（89）	出生缺陷（66）	颅内动脉瘤（15）	类风湿关节炎（21）
现状（88）	随班就读（65）	脑血管意外（15）	社会救助（21）
新生儿（87）	健康教育（64）	苯丙酮尿症（14）	社会工作（20）
偏瘫（86）	老年人（64）	新生儿疾病筛查（14）	全纳教育（19）
老年人（84）	危险因素（62）	教育公平（14）	高血压（18）
史铁生（82）	高血压脑出血（60）	危险因素（13）	缺血性脑卒中（18）
脊髓损伤（81）	预防（59）	残疾大学生（13）	神经保护（17）
就业（77）	流行病学（57）	患病率（12）	残疾学生（16）
出生缺陷（75）	综述（57）	融合教育（12）	随班就读（16）
预防（71）	苯丙酮尿症（57）	智力残疾（12）	患病率（16）
健康教育（69）	诊断（56）	现状（12）	老年人（15）
精神残疾（67）	精神残疾（55）	出生缺陷（12）	电针（15）

除医学康复领域外,哲学人文社会科学更多关注因残疾带来的社会性因素。分析发现,残疾领域研究是关注于残疾儿童、特殊教育,这也与设立特殊教育学科专业有关。近年来,残障概念随着国际交际活动传到我国学术界,成为残疾研究领域的重要分支。比较发现残疾研究领域和残障研究领域有较大不同,残障领域更强调残疾人在社会生活中面临的社会性障碍,对残疾人的定义为因社会性障碍才导致残疾人的发生,这为理解残疾开拓了新的认知视角,见表3-4。

表3-4 近十五年来知网哲学人文社科数据库残疾与残障研究的关键词比较 (篇)

残疾领域	残障领域
残疾人(220)	特殊教育(28)
残疾儿童(135)	残障学生(27)
特殊教育(116)	教育公平(26)
残疾(107)	残障大学生(24)
残疾学生(90)	教育决策(23)
残疾大学生(76)	教育改革(23)
随班就读(66)	教育发展(23)
就业(53)	残障儿童(19)
对策(52)	残障(18)
现状(41)	残障人士(17)
心理健康(40)	残疾人(14)
教育(31)	残障人(13)
影响因素(30)	对策(11)
史铁生(30)	残障服务(10)
全纳教育(29)	现状(8)
特殊教育学校(24)	残疾(7)
体育教学(23)	社会工作(7)
残疾赔偿金(23)	美国(7)
美国(22)	社会保障(7)
教育公平(21)	融合教育(7)
体育教育(21)	体育教学(6)

续表

残疾领域	残障领域
社会保障（21）	普通高校（6）
弱势群体（20）	体育教育（6）
问题（20）	心理健康（6）
学生（18）	特殊教育学校（6）
社会支持（18）	信息无障碍（5）
大学生（18）	残障青少年（5）
融合教育（18）	政策（5）
残疾人体育（17）	残障者（5）
建议（17）	农村（5）
死亡赔偿金（17）	弱势群体（5）
高校（16）	全纳教育（5）
社会福利（16）	残障/障碍（5）
农村残疾人（15）	就业（5）
研究（15）	体质弱势群体（5）
大江健三郎（14）	比较（4）
儿童（14）	日本（4）
社会救助（14）	通用设计（4）
康复（14）	体育参与（4）
态度（14）	香港（4）

2. 关键词归类

学术界在对残疾认知关键词的基础上，进一步对涉及残疾认知的关键词进行归纳提炼，从而更清晰地反映学术界对残疾认知的"蜘蛛网"。归类发现，残疾的关键词共分为五大类，共涉及80个关键词。

第一类：医学康复类。归类发现共涉及残疾医学康复的关键词共37个，其中疾病症状的关键词共16个，主要侧重于脑部的疾病以及苯丙酮尿症等出生缺陷疾病类别；残疾诊断的关键词5个，主要从流行病学、临床研究等进行残疾医学诊断；康复治疗的关键词共7个，主要涉及了康复治理的方式、效果以及康复护理等方面；残疾预防的关键词共9个，主要涉及了疾病筛查、健康教育与预防等，见表3-5。

表 3-5　　　　　　　　残疾的医学康复类关键词呈现

类别	涉及的关键词
疾病症状（16个）	苯丙酮尿症、高血压、脊髓损伤、类风湿关节炎、颅脑损伤、颅内动脉瘤、脑出血、脑梗死、脑缺血、脑性瘫痪、脑血管意外、脑卒中、偏瘫、耳鸣、多发性硬化、抑郁
残疾诊断（5个）	诊断、流行病学、临床研究、凋亡、磁共振成像
康复治疗（7个）	治疗、针刺、预后、疗效、康复、护理、电针
残疾预防（9个）	预防、健康教育、疾病筛查、疾病负担、患病率、出生缺陷、神经保护、心理健康、生活质量

第二类：残疾界定类。涉及残疾界定的关键词共10个，其中涉及残疾标准的关键词有3个，分别为残疾和健康分类、国际功能、参与；涉及残疾概念的关键词有3个，包括残疾、残障、障碍三个概念；涉及残疾主体的关键词有4个，包括残障者、残障人士、残障人、残疾人等。

第三类：残疾群体类。归类发现涉及残疾群体的关键词共14个，其中涉及残疾群体类别的关键词有5个，分别为智力残疾、体质弱势群体、精神分裂症、精神残疾、弱势群体等；涉及残疾主体年龄段的关键词有4个，分别为新生儿、儿童、青少年、老年人等；涉及残疾主体归属领域的关键词有3个，分别为学校、高校、农村等；涉及有影响力的残疾人的关键词有2个，分别为大江健三郎、史铁生等。

第四类：残疾政策类。归类发现涉及残疾政策的关键词共9个，其中涉及残疾政策领域的关键词有3个，分别为无障碍、就业、服务等；涉及残疾政策领域及其价值的关键词有6个，分别为社会支持、社会救助、社会工作、社会福利、社会保障、人道主义等。

第五类，特殊体育类。归类发现涉及残疾人特殊教育的关键词共10个，其中涉及残疾人特殊教育领域的关键词为3个，分别为体育、教育、教学等；涉及残疾人教育方式的关键词共4个，分别为特殊教育、随班就读、融合教育、全纳教育；涉及残疾人教育质量的关键词共3个，分别为教育决策、教育公平、教育改革等。

综上可见，学术界对残疾的认知与理解大体为五个角度，从数量来看医学康复类残疾知识比重较大，除此之外，残疾的界定、残疾人政策、特殊教育等关注度也较高。

三 残疾的知识树

上文的残疾知识树，体现出学术界对残疾的认知与理解，也反映了社会对残疾的认知与理解，进而形成我国话语体系中的残疾知识基础。以下将分析学术的"残疾知识树"，深描学术界和社会的残疾认知与理解画像。

1. 残疾知识的土壤

树木只有扎根于土壤才根深叶茂，而什么样的土壤也将产生什么样的树木。人生三大哲学难题"我是谁？从哪里来？要到哪里去？"其中"认知你自己"是个体和社会意识的基础。

人们为什么会认知到残疾现象的存在？人们依靠感觉、知觉、记忆、想象、思维等认识世界，比如如何认知手中的苹果，通过对视觉信号的读取了解它的色泽，通过对嗅觉信号的读取了解它的清香，通过对味觉信号的读取了解它的味道，通过对触觉信号的读取体验它的质感等，综合其色泽、清香、味道、酸甜、平滑与质感等获得的信息，从而获得手中苹果的综合理解。人们对信息的接收、检测、转换、编码、重建、概念形成等，最终形成对外部世界和主观意识的认知，同时认知又因会受到个体的习惯、偏好、自觉性等因素的影响，导致认知的多样性、偏好性和复杂性，正所谓"横看成岭侧成峰，远近高低各不同"，就是认知世界复杂性的客观体现。遵从认知的科学规律，发现残疾的认知和意识土壤主要表现以下三个方面。

首先，因残疾而显得与众不同。自然规律上残疾是客观存在的，而残疾的社会认知却并非生而存在。从字源上看，"疾"这个字来源于战争且早于"残"字出现，从人类的认知规律上看，人与人相处、人与人比较会寻找个体之间的差异，身体结构与功能缺损的残疾信息在社会互动中更容易被对方获取，也容易形成个体意识中人与人的不同，所以在意识中容易形成残疾人与健全人的分类。

其次，因残疾而产生消极体验。个体间在社会交往中很容易获得残疾的消极体验，比如眼睛看不见、耳朵听不清、断胳膊缺腿、脑子不好使、疯疯癫癫、走路样子不好看、不能干活、不能自食其力、需要他人帮助等，这些消极的体验会继续强化社会对残疾的认知，也影响残疾认知的态度与价值取向。

最后，因消极体验形成刻板印象。如同中医的望、闻、问、切等过程，消极的残疾体验在信息加工后会提炼出普遍性的社会认知，进而形成残疾认知的思维定式和价值判断。如残疾人是命运的可怜人、社会无用的人等，这些由个体的消极体验而造成的思维定式，会提炼出社会的普遍性认知从而形成刻板印象。

可见残疾的社会认知更多来源于个体获得的消极体验基础上的社会偏见意识，通过个体复杂的、多样的体验进而通过知识凝练形成了残疾的问题导向的思维定式，进而形成"共识"。深入分析残疾知识的土壤，应该有高度的自觉性和分辨能力，正确认知"共识"与"真相之间的差异"。

2. 残疾知识的枝杈

通过上文关键词整理后发现残疾的知识树，主要由残疾的医学、界定、政策、教育、群体等五根树干组成，体现出残疾认知与理解的不同层面与维度。

其一为残疾医学。康复归类的80个关键词中占据了37个，成为残疾研究的显学部分。从我国残疾人事业发展历史看，初始时期也更多注重基于残疾人医学康复的工作。由于残疾的问题导向思维定式，导致学术界更容易把残疾基于问题的角度来思考，形成了长期以来残疾研究的医学模式。从学术界关注的内容来看，残疾医学知识更多关注于残疾医学诊断、康复与治疗等，特别是脑部知识尤其受到学术界的广泛关注，如高血压、颅脑损伤、颅内动脉瘤、脑出血、脑梗死、脑缺血、脑性瘫痪、脑血管意外、脑卒中、抑郁等，相对而言对肢体残疾的学术关注却比较少，这也与人类心脑血管疾病成为威胁人类第一大类疾病有关，很多心脑血管疾病最终都容易演变为残疾。

其二为残疾界定标准。对残疾的界定也是残疾知识的重要组成部分，医学模式的自身局限导致学术界关注点放在个体与社会的障碍方面，由此从残疾的医学模式演进成残疾的社会模式，其强调残疾并不仅是个体医学问题也是社会困境问题，是社会的偏见与障碍导致了残疾的发生，从我国新修订的残疾标准可以看出，残疾界定标准不仅包括身体结构功能缺损部分，也逐渐包括了残疾的生活参与与社会参与受限部分。近年来，有关残障研究逐渐成为残疾知识的重要新生力量，而且残障理念随着社会工作的专业化、职业化获得了更多社会认同，但对大多数普通人包括政府行政部门人员，残疾依然是最为熟悉的话语体系，残障理念认同及思维定式较难以改变。

其三为残疾人政策。如何应对残疾问题形成了残疾人政策，也是学术界对残疾研究重点关注的内容，特别是残疾人工作者和政府重点关注的内容。我国现行的残疾人政策主要包括十个方面，分别为残疾人扶贫、康复、教育、社会保障、就业、扶贫、托养、文化教育、无障碍服务、法律维权等，更强调残疾人社会保障福利和人道主义精神等内容。近年来，残疾人扶贫、就业等领域获得了更多学者的关注。

其四为残疾人教育。残疾人教育包括残疾人文化教育和体育教育等两个部分，学术界关注残疾人教育主要是因为开设了残疾人特殊教育和体育教育两项专业，导致吸引更多的学者对此进行关注，特别是对残疾儿童特教领域关注较多，而且全纳教育理念已经成为学术界普遍性的共识。

其五为残疾人群体。学术界对残疾群体的关注主要有四个方面：一是以残疾人作为整个群体进行学术探讨，从而发现与健全人群体、其他弱势群体的差异与不同；二是在整个残疾人群体内部进行细分成不同类型的残疾人，包括视力残疾者、听力残疾者、肢体残疾者、精神残疾者、言语残疾者、智力残疾者等六种；三是在整个残疾人群体内部以年龄段划分为不同类型的残疾人，包括残疾儿童、残疾青少年、残疾老年人等；四是整个残疾人群体内部以区域特征划分为高校、农村、义务教育学校、社区等。

从残疾知识的枝权分布来看，学术界的残疾知识不同于普通人的残疾知识，更多来源于残疾知识的理论化、系统化以及残疾知识的前沿性。从学术轨迹来看，残疾的学术知识基于延续两条道路：一是残疾医学知识，主要从医学诊断、治疗、康复以及预防的角度来思考残疾，把残疾人作为"疾病的有机体"来考量；二是残疾社会知识，主要从残疾的社会性来构建残疾的知识，更多于从健全人的视角提炼残疾的知识，把残疾人作为"困境的弱势群体"来考量。然而还有一些残疾知识主要基于残疾哲学的层面来考量，重点关注人与残疾的关系，以及在此基础上衍生的社会与残疾关系等，这些突破了日常普通人的残疾知识，也是残疾研究赢得未来发展前景的关键点。事实上，在残疾"知识树"里人与残疾的关系一直未得到足够的重视，残疾是生命的一种存在形态，与生命始终形影不离并未获得共识，还一直戴着"恶魔的抽签"的有色眼镜看残疾，这也影响着残疾人事业发展的价值取向。因此，只有首先重建残疾的学术知识，推动重建大众的残疾知识，彻底转变、扭转偏见的残疾认知，才能在更大范围内开拓残疾人事业发展。

第二节 残疾的制度视界

从制度的视角看待残疾有利于廓清我们对残疾的政治设计，也有利于发现残疾话语背后的政治制度因素，回答当前我们"如何认知、理解与应对残疾"背后的文化含义。

一 残疾的政治

政治与权力有关，其含义是指由权力塑造下的不平等关系，表现为权力谱系上一层级对下一层级的控制与规训。我们知道，地理区位能够成为影响国际关系的重要因素，并由此产生了地缘政治的理论与分析视角，受此启发将观察社会生态系统中，残疾如何成为能够影响群体间权力的分配与运作，并进而表现为残疾政治的权力族谱。

1. 残疾的权力

残疾的权力主要探究残疾的身体如何被权力塑造。从残疾的构词发现，残疾与战争、争斗有关，"残"代表刀戈相向导致身体残缺，"疾"代表被箭射中导致卧床休养。从残疾史发展可以了解到，残疾很长时间内并未纳入政治视野，更多被规制在家庭内部或氏族内部，直到大量残疾士兵的出现，如何对待这些残疾士兵关系到家庭和氏族的命运，为鼓励更多人为家族和氏族命运而战，残疾也从身体层面上升到政治层面，残疾被战争塑造为英雄的代名词。后来又由于氏族间、国家间战争导致更多的残疾人流离失所，为国泰民安、仁政治国的政治需要，妥善安置残疾人成为帝王仁政的需要。可见，是身体的政治推动着残疾的政治化进程，从而被塑造成战场英雄、仁政治国的文化标签。

以下将节选我国《残疾人保障法》立法的过程[①]，详细地探究残疾如何政治化和被政治化的过程。

---

① 李静：《六年磨一剑》，《中国社会保障》2009 年第 10 期。

上世纪 80 年代初，中国残疾人福利基金会负责人邓朴方派丁启文前往甘肃定西调研，一副"想都想不到"情景让他至今仍记忆犹新：那是一个由几个残疾人组成的家庭，大人肢残，没有安装假肢，只能在床上躺着，而几个智力障碍的孩子也几乎衣不蔽体，茅草搭的房子，屋顶漏着雨，家里没有一件像样的家具，由于当时政府救济十分有限，一天只能提供两次稠粥。为了避免残疾人因为饥饿而将两顿粮食一餐吃光，生产大队每天不得不将粮食分成两次发放，"当时他们连最基本的温饱都无法解决"。在做了更广泛的调查之后，他发现了一个"规律"：在全国各地，哪里房子最低矮破旧，哪里就会有残疾人，而与一些部门沟通时常常感到"师出无名""说话没有依据"。在国内一些残疾人积极分子响亮地喊出了"'废'字与我们无缘，自强是我们的主旋律"，于是社会氛围迫切需要一部法律来推动这种现状的改变。

1987 年初，北大法律系拿出了残疾人立法的第一稿，却没有被提上立法审议的台面，因为就连残疾人数量这一最基本的情况也不知道，导致立法起草工作很难推进。由国务院牵头，民政部、国家统计局、计委等 10 个单位筹划的首次实施全国残疾人调查工作，明确了残疾人的定义、分类和标准后赴全国各地入户调查，调查结果发现全国残疾人有 5164 万，占全国人口的 4.90%，其中还不包括麻风病、侏儒等其他类别的残疾人。政府高层意识到，残疾人是数量相当庞大的一个群体，于是残疾人权益保障问题被提上政府工作日程。同年 3 月中国残疾人联合会成立后，中国残疾人事业进行广泛宣传，加之"助残日""残疾人活动日""红领巾助残活动"等一系列活动让越来越多的人认识到残疾人发展事业。

1990 年 6 月的北京，西直门 172 号总政招待所里，诸多残疾人摇着轮椅，拄着盲杖，打着手语进进出出；残联内部教育、就业、康复、文体等业务部门的主任跑前跑后；教育、劳动、卫生、体育等部门的同志几次三番被请来请去。这里，正在进行着一场残疾人保障法二次起草的百日大会战。"打不完的架，做不完的工作"，沟通与磨合、坚持或妥协，每一条法律条文，都要经过多次的说明解释、讨论、协商和修改，尤其是在与涉及最多的教育、卫生、劳动和民政等部门进行深入交涉。争议的焦点主要集中两点，一是是否在"人道主义精神"前冠以"社会主义的"这五个字,二是要不要设立专门协调机构问题,最后为保险起见在人道主义精神前加上了"社会主义的"五个字,1993年9月,成立了国务院残疾人工作协调委员会(后改称为"国务院残疾人工作委员会")。

立法期间,邓朴方摇着轮椅和同事们对立法委员们逐个拜访,每一次访问都秉承着:绝大多数人的心都是善良的,不是不人道,而是不知道;只要工作做到家,总会感动"上帝"的。具体立法会议过程中,由起草组印的几份与会议"不相干"的材料,描述了残疾人的疾苦,反映了广大残疾人平等参与社会生活的强烈愿望,介绍了《残疾人世界行动纲领》的具体内容和国际社会有关经验,邀请委员们还观看了一部名为《残疾人基本状况》的纪录短片,那些淋漓尽致地再现残疾人悲惨生活境遇的生动画面,深深地刺痛了各位委员代表的神经细胞。残疾人要求基本保障、自强自立、平等参与的渴望和呐喊震撼了委员们的心灵。1990年12月28日上午10点,人民大会堂掌声雷动,《残疾人保障法》在七届全国人大第十七次常委会上获得全票通过。

可见,残疾的政治化是一个逐步建构的过程,一方面残疾人和残疾人事业不断被政治权力所了解和接纳,"不是不人道,而是不知道",以邓朴方为首的残疾人事业开拓者,在人道主义旗帜下积极推动残疾人事业纳入政治视野,推动国家立法。事实上,残疾的政治化根植于健全人和残疾人之间的权力不平等,必须通过国家立法才能扭转极度倾斜的天平。这个过程与我国妇联发展轨迹基本相一致,长期以来我国主流社会要求女性"三从四德",身份性别特征导致女性受男性权力压制,只有通过国家立法才能扭转权力不平等的现状,这也是实现女性身体政治化的过程,男女平等才能成为身体政治的"理想国"。

2. 残疾的教科书

教科书是课程教学的核心材料,是精选的社会文化中被视为法定传授的知识,以此规范着受教育者的观念和思维模式[①],其内容是意识形态

---

① 张计兰:《我国当下小学语文教科书对残疾人关注的研究》,硕士学位论文,南京师范大学,2008年,第1页。

建构的底层要素,体现着鲜明的政治与社会意识形态,体现着教科书制定者对事物的认知、理解与价值认同。残疾作为生命的多种存在形态,教科书尤其是小学教材里的残疾教学直接反映着国家对残疾的价值取向。

在我国小学人教版教材《品德与社会》中,涉及了残疾主题的相关内容,旨在让孩子们了解体会残疾人生活的不便与困难,以及他们为克服困难而做出的努力,以培养学生对残疾人理解、尊重和关爱之情,丰富学生的情感体验与人格成长。下面将对不同主题进行内容分析,从中体现我国主流社会对残疾的政治权力与意识形态。

第一个主题是走近残疾人。教材中提到:"有些人因先天和后天的原因,不能像绝大多数人一样拥有健全的身体,这给他们生活带来许多不便。为适应现实生活,他们需要比常人付出更大的努力。"内容分析发现,教科书对残疾的建构主要突出"缺乏健全身体""生活很不方便""不如普通常人""需要他人关爱"等内容,并通过眼镜、手语、轮椅等信息强化残疾带给人生活方式的不便和常人不同。

图 3-1 人教版教材《品德与社会》书影(1)

第三章 残疾的图像与三个视界 / 73

在突出残疾人与健全人不同的同时，文中重点突出残疾人的自强精神，讲述了轮椅篮球运动员、盲人按摩师、用脚写字等自强残疾人以及张海迪的故事，表达残疾人虽然身体与健全人不同，但是可以"做一个对社会有益的人"。"他们真了不起"是残疾主题想表达的核心精神，身残志坚、有志者事竟成等更完美诠释了"了不起"的文化内涵。

图3-2　人教版教材《品德与社会》书影（2）

第二个主题是如果我是他（她）。该主题用一个残疾人的心里话把残疾人置于叙事的主体，文中写道："一场重病之后，我的听力出现了障碍，原本热闹的世界安静多了，上学以后常常因为听不清同学的谈话而答非所问，为此遭到同学们的嘲笑。一次我隐约听到后边有声音，回头一看原来是身后的同学们对我大笑，我问他们笑什么，一个男生笑嘻嘻地对我说，'你这个大聋子，我们叫了你好多声你都听不见'，其余的人又大笑起来，顿时我的脸涨红了，眼泪在眼眶中打转，我确实是个聋子，他说得没有错，但我的心被刺痛了，从此我沉默了。当我听到贝

74 / 建构中的知识——残疾的社会学研究

多芬失去听力的情况下,还创造出美妙乐曲的时候,我深受鼓舞。我相信只要我努力我也能做好。只是我多么希望同学们不再取笑我,让我能够和大家一起欢笑、做游戏。"从这段主体叙事发现,整段文字的话语逻辑是"重病-听力障碍-听不清别人的话-受到嘲笑-眼泪-认为自己是个聋子-沉默"。此外,文中还配图小朋友对视力残疾者嘲笑瞎子、扔泥巴、学残疾人走路等,表现人由于残疾所引发的日常生活障碍。

图3-3 人教版教材《品德与社会》书影(3)

第三个主题是生活中还有这样一些人,第四个主题是社会是个温暖的大家庭。在文中用盲道、哑语等图片信息,表达因为残疾人正遭受来自我们和社会的障碍,所以对残疾人应该关心爱护、力尽所能帮助他们,从而升华社会是需要人人相互帮助的温暖大家庭的主旨含义。

图 3-4 人教版教材《品德与社会》书影（4）

从小学教科书涉残主题的内容分析来看，首先在如何认知残疾社会现象上，教科书把残疾人塑造成"不同于我们普通常人的一群特殊人"，他们有着"不健全的身体""不方便的行动""是需要他人和社会提供帮助"，同时另一方面精神上可以和普通常人一样身残志坚，做对社会有益的人，也可以做"社会了不起的人"。在理解残疾社会现象时，教科书运用主体置换的方法把常人置于残疾人的主体地位上，把残疾人遭受的痛苦苦难以及来自社会上的障碍移情到普通人身上，从而让普通人了解残疾人内心世界的苦恼。在应对残疾社会问题时，教科书通过场景置换和移情投射，表达社会需要创造提供接纳、包容、关爱残疾人的社会环境。可以看出，塑造残疾的逻辑链条是因为残疾人的身体残缺和行动不便，导致与普通常人难以进行正常社会交往，所以把残疾人置于普通常人的对立面和"他人"角色，在对立的角色场景下通过社会提供关爱帮助，促进残疾人身残志坚做社会有益的人，从而促进社会更加和谐温暖。这表明残疾政治固化不平等的权利关系，而没有把残疾作为生命的多样性存在形态来考量。

另外，有学者更详细地对我国小学教科书中的残疾信息进行分析①，通过对人教版、苏教版的残疾人形象进行归纳发现，残疾人物的数量占总人物数量的 5.6%，肢体残疾人数量占残疾人总数量的 68.4%，其余为听力残疾者、视力残疾者、多重残疾者，最主要体现出的是残疾人的不屈不挠、自强奋斗和社会关爱三大主题。《人民日报》作为中国共产党中央委员会机关报，在宣传残疾人事迹和残疾人工作时，也基本遵循着教科书式的宣传路径和采编方式，在 2015 年 10 月 1 日至 2016 年 10 月 1 日的搜索时间范围内，共检索 293 篇全文中提及残疾的文章，除相关残疾人政策的报道外，绝大多数是残疾人或残疾人家属自立自强的"伟光正"报道，与教科书一样对残疾人的关注明显缺乏厚度，一方面对残疾群体内部的多样性、复杂性缺乏足够敏感，更多的是把残疾人作为自强不息人物进行形象塑造；另一方面在写作时更突出残疾人的英雄主义和关爱情怀。总体上看，教科书对残疾的意识形态传播体现出对残疾人俯视基础上的社会关爱，同时对残疾作为生命的多样性形态缺乏正确认识，更多把残疾作为常人的对立面和参照系进行英雄式的塑造。

二 残联的制度

1988 年 3 月成立的中国残疾人联合会，是我国残疾政治化进程最重要的成果，它把残疾人从人群中分离出来，用政治制度性保障残疾人的平等权益。

1. 残联的历史

残联的成立最重大的历史意义是改变人们对残疾的认知与理解，也改变大众对人的多样性的偏见，从而推动人们对生命的尊重、对人的尊重。在中国残疾人联合会的大事记中，1988 年大事记记载着这个里程碑式的历史时刻：

> 1988 年 3 月 11 日至 13 日，中国残疾人联合会首届全国代表大会在北京召开。来自全国各地推选的各族残疾人和残疾人工作者代

---

① 张计兰：《我国当下小学语文教科书对残疾人关注的研究》，硕士学位论文，南京师范大学，2008 年，第 30 页。

表500余人出席会议。党和国家领导人赵紫阳、李先念、李鹏、乔石、胡启立、乌兰夫、万里、田纪云、李铁映、杨尚昆、宋平、杨得志、张劲夫、胡乔木、黄华、黄镇、朱学范、阿沛·阿旺晋美、荣毅仁、宋健、赵朴初等在中南海接见了全体代表，并照了相。李鹏、乔石等出席开幕式。乔石代表党中央、国务院向大会表示祝贺并讲了话。中国残联筹备领导小组组长邓朴方作了题为《团结奋斗，开创残疾人事业新局面》的工作报告。代表们审议了工作报告，讨论通过了章程，选举了领导机构——中国残联主席团。第一次主席团全体会议一致选举邓朴方为主席、执行理事会理事长，黄乃、李石涵、谢晋、刘小成、江亦曼为主席团副主席，吴庆彤为评议委员会主任，钱信忠、甘柏林、戴目、谢良为副主任。同时，分别选举了各专门协会主席、副主席。

从这一刻起，残疾人工作从过去的慈善救济转变为残疾人全面发展的道路上来，从自发的社会行动转变为自觉的国家行动——明确的发展目标、清晰的组织机构、完善的保障措施、系统的配套机制。正如中国残疾人联合会章程总则中明确表明残联的政治性：

第一条　中国残疾人联合会（简称中国残联）是国家法律确认、国务院批准的由残疾人及其亲友和残疾人工作者组成的人民团体，是全国各类残疾人的统一组织。

第二条　中国残联的宗旨是：弘扬人道主义思想，发展残疾人事业，促进残疾人平等、充分参与社会生活，共享社会物质文化成果。

第三条　中国残联具有代表、服务、管理三种职能：代表残疾人共同利益，维护残疾人合法权益；团结教育残疾人，为残疾人服务；履行法律赋予的职责，承担政府委托的任务，管理和发展残疾人事业。

翻开中国残联发展过程史①，可以形成一个大体的发展脉络：在国

---

① 李静：《六年磨一剑》，《中国社会保障》2009年第10期。

外，随着美国人权运动，残疾人权利开始受到世界广泛的关注，也形成国家之间人权状况参照系；在国内，由于"残疾人真苦、残疾人真穷、残疾人真可怜"的社会现象还未被大众所认知，残疾人自身也没有自觉意愿和有效渠道表达声音，残疾逐渐成为区分人与人之间的一个评价标准，回到我国残联因何而设立的问题，主要原因有：其一是主流大众的残疾敏感性撬动着残疾的政治化，特别是人道主义的精神旗帜为残联成立提供思想基础；其二是"残疾人真苦、残疾人真穷、残疾人真可怜"的残疾形象被社会所认知，为残联成立提供了社会基础；其三是全国第一次残疾人抽样调查数据结果为残联成立提供了技术支持。也由此，通过邓朴方等残疾人事业开拓者们的努力，推动着残疾的政治化向残联的制度化，通过残联组织机构成立改变了主流社会对残疾的认知、理解和应对行为，这在人的解放道路上具有重大的历史意义。

2. 残联制度的运行

此处无意全景描述我国残联机构的具体运作过程，仅以对陕西南部的一只"小麻雀"进行剖析，以此发现残联工作是如何改善残疾人生存处境以及改变人们对残疾的认知与理解。

"小麻雀"基本情况介绍：SL市（地级市）位居陕西南部，总人口251万人，2014年全市生产总值576亿元，财政总收入42亿元，属于国家集中连片贫困地区。全市共有残疾人16.7万，占总人口的6.6%，表现为贫困残疾人多，占总残疾人数62.87%；无劳动能力残疾人多，占总残疾人数24.55%；重度残疾人多，占总残疾人数31.74%。残联挂市人民政府残疾人工作委员会办公室牌子和市残疾人康复工作办公室牌子，残联机关内设康复就业科、维权宣文科、办公室（组织联络）；编制10名，其中行政编制4名，事业编制6名（含工勤编制2名），设理事长1名，副理事长2名。下设市残疾人就业服务中心，全额拨款事业单位，但没有市残疾人康复中心机构和人员编制设置。

在2016年24项主要工作中重点工作包括11项，分别为编制出台全市《加快残疾人小康进程规划纲要》，做好残疾人特惠保障工作，开展残疾人就业服务机构规范化建设评估和居家托养残疾人服务工作，提升残疾人教育、贫困儿童教育和特殊教育工作，提高残疾人就业机会、就业能力和辅助就业机构建设，推动重度残疾人家庭无障碍改造，加大康复机构建设，实施辅具适配、残疾儿童抢救性康复救助项目，做好重要政策、重大活动、重点工作的舆论宣传、舆情引导，加快12385残疾人服务热线和残疾人信访信息化建设，对持证残疾人动态管理，加强二代证的核发管理和监督，落实县域残疾人综合服务能力提升计划，使残疾人工作者得到培训等。

其余13项一般工作分别为召开全市第五次残疾人事业工作会议落实任务，及时更新贫困残疾人建档立卡数据库，抓好农村残疾人精准扶贫试点工作，做好农村残疾人扶贫脱贫工作，健全完善残疾儿童康复救助体系，推进0—6岁残疾儿童筛查和康复救助，逐步建立市、县两级残疾人辅助器具服务中心，并开展辅具适配工作，建立健全活跃残疾人文学艺术的促进机制，加强残疾人运动员筛选储备工作，实施残疾人自强健身工程，配合市人大做好《残疾人保障法》执法检查，推进政府购买服务工作，开展"两学一做"学习教育，扶持建立智残协会工艺品生产基地和专门协会编集残疾人工作信息，人大代表、政协委员换届增强残疾人及其亲友、残疾人工作者的比例等。

此外据市残联理事长向残联主席团的报告，当前市残联工作面临的突出困难表现为基层工作力量薄弱，专职委员待遇低，积极性不高；残疾人社会保障水平低，省级补助人数和资金量少，市、县级财政压力大；残疾人在康复、就业、就医、住房、增收等方面的实际需求，由于残疾人服务机构不完善、服务能力和水平有待提高导致实际需求难以满足；等等。

以上基本反映了基层地级市残疾人工作具体运行情况，以下将细致地分析我国制度下是如何应对残疾社会问题的，其制度设计的出发点和价值理念目标指向何处？

首先，残联如同残疾人工作的"小政府"。从组织机构设置来看，残联虽然是残工委领导下关注残疾人的群团组织，但实际上所有与残疾人相关的工作基本上由残联代职，政府在决策残疾人工作时也首先会考虑由残联承担；从机构编制看残联既有行政编制又有事业编制，包括下属的劳动就业、辅具康复等事业单位；从机构内部设立看，包括康复、就业、维权、宣教、文体等科室，涉及了残疾人所有的重点工作领域。可见，我国的残疾人工作基本倾向于以行政性思维应对残疾人社会问题，这与西方小政府、大社会的制度安排完全不同，旨在通过政府行政的制度设计以满足残疾人需求。

其次，残联工作主要服务于残疾人的生存性需求。从其年度的工作安排部署来看涉及了残疾人需求的方方面面，重点工作主要包括制定规划、教育、康复、无障碍服务、扶贫、托养、信访、培训等，这些都指向于当前残疾人最主要、最迫切的生存性需求，指向残疾人群体当中最贫困、最弱势群体，而发展性需求、自我实现性需求则不是重点考虑的内容，这也与政府最大限度满足人民群体的基本需求为前提的理念相一致。

最后，残联工作是系统化改善残疾人的生存环境。从工作流程来看，残联工作先从残疾人口管理入手，以持证残疾人的管理服务为目标，动态精准化地管理残疾人证；从服务对象看，紧扣最贫困、最弱势群体，以农村、儿童、贫困、中重度等为重点服务对象；在此基础上以社会保障、公共服务为抓手把工作引向深处，一方面为残疾人编织更立体、更紧密的社会保障网，另一方面为残疾人提供更多元、更丰富的公共服务。此外，除为残疾人提供尽可能多的保障服务外，加强残疾人协会、自组织以及加强残疾人发展规划、残疾人工作者培训都是残联工作的重要内容，以此，旨在打造一个更有人权、更有人类生活尊严、更符合残疾人全面发展的社会生存环境。

从基层残联工作情况可见一斑，残联制度设计的价值和终极关怀是以最大限度满足残疾人生存与发展的需求，"让更多残疾人过上好日子"是残联制度设计的初衷，这是在邓朴方相关文章传记中也经常提及的。如何让更多残疾人过上更好的日子，残联制度顶层设计从原来的民政部门脱离出来，把保障服务残疾人的职责（而不是职能）归结于残联，是把残疾人从服务于老人、贫困人、儿童的民政部门等单独出来，相当于计生部门从过去处室变成一个部门一样，有利于资源整合和职能合并；同时在保障服务残疾人的制度设计中，关注于残疾人群体中更贫困、更弱势的残疾人，更多关注于残疾人生存性的保障服务需求。从这点上看残联制度设计是为了让残疾人和健全人一样过上有尊严的生活，然而这基于"残疾人不如健全人"为制度设计前提，不可避免地强化了人们对残疾人可怜、悲剧的负面形象，也强化了残疾是悲剧的生命存在形态的认知理解，有如"努力爬出深渊又掉进自己设计的陷阱里"，这也是许多残疾人不愿意成为持证残疾人的根本原因，也只有靠残疾人自强自立消弭身份造成的差距，从而使残联的职责消失在历史的长河之中。

三 残疾人政策

政策是制度期待下人的理性自觉行动，是规划蓝图到落地实现的行动实践，不同的残疾认知与理解将体现出不同的残疾人政策。本处不准备对残疾人政策的细节展开描述，只将关注焦点对准残疾的认知理解与残疾人政策的局限不足。

1. 人口管理政策

先看来自 2014 年全国残疾人口基础数据库的数据简报，"中国残联 2008 年启动建设全国残疾人人口基础数据库，结合第二代残疾人证核发工作进行持证残疾人的人口基础信息的收集与管理，并通过与公安部的全国公民身份信息服务系统进行身份认证。截至 2013 年底，全国残疾人人口基础数据库中共收集 4020 万残疾人数据，其中包括 2811.5 万持证残疾人信息和 1208.5 万非持证残疾人数据。按照全国残疾人口 8502 万计算，持证残疾人证比例为 33.1%"[①]。

应对残疾人社会问题首先要掌握残疾人人口基础信息，但是当前残疾人口现实中有几种不同的统计口径，经过抽样调查推算出来的残疾人口、没有持残疾人证的残疾人口以及持证残疾人人口，实际政策运行与落地过程中只针对持证残疾人口，这也表明部分残疾人并未纳入政策范围体系内。而按照已经确定的残疾人核定标准，只要符合一系列残疾认定标准的人口就能核定为残疾人，而那些没有持证的残疾人却不属于政策意义上的残疾人，这也反映了社会对残疾人的认知与理解有着不同的标准与规则，统计学的残疾人、符合标准的残疾人和持证的残疾人等不同含义，在不同情境下有着对残疾的不同理解与认知。可见，残疾本身不仅是生理现象，也是文化和政策现象，在不同的文化情境和话语体系下对残疾的认知与理解会有明显的不同。

---

① 中国残疾人联合会：《2014 年中国残疾人事业统计年鉴》，中国统计出版社 2014 年版，第 23 页。

2. 社会保障政策

社会保障政策是让更多人平稳应对社会风险的现代性手段，按照保障水平一般包括社会救助、社会保险、社会福利三个不同层次，其中社会救助服务于社会底层弱势群体，社会福利更多服务于更体面的生活，而在残疾人社会政策中关于社会保障的政策占多数。简单梳理残疾人社会保障政策，"普惠＋特惠"政策是残疾人区别于其他群体的显著特征。普惠的社会保障政策覆盖全体社会人员，而针对残疾人的特惠政策主要体现在以下三点。

其一为社会救助的特惠政策。如靠家庭供养的成年重度残疾人单独立户的，按规定纳入最低生活保障范围；对纳入城乡医疗救助范围的残疾人，逐步提高救助标准和封顶线；精神障碍患者通过基本医疗保险支付医疗费用后仍有困难，或者不能通过基本医疗保险支付医疗费用的，应当优先给予医疗救助；等等，都表明社会政策对残疾人群体享有特殊的优先对待。

其二为社会保险的特惠政策。如帮助城乡残疾人普遍按规定加入基本医疗保险和基本养老保险；逐步扩大基本医疗保险支付的医疗康复项目；完善重度残疾人医疗报销制度，做好重度残疾人就医费用结算服务；等等，表明残疾人在保险费缴纳、医保费用报销等方面享有区别普通群体的特殊政策。

其三为社会福利的特惠政策。如建立困难残疾人生活补贴制度和重度残疾人护理补贴制度；落实低收入残疾人家庭生活用电、水、气、暖等费用优惠和补贴政策；各地在实施农村危房改造时，同等条件下要优先安排经济困难的残疾人家庭；等等，反映出区别于普通群体对残疾人附加有特殊的社会福利。

以上从《国务院关于加快推进残疾人小康进程的意见》（国发〔2015〕7号文）简单中罗列了一些残疾人的社会保障政策，体现了文件中坚持普惠与特惠相结合的残疾人社会保障原则，既要通过普惠性制度安排给予残疾人公平待遇，保障他们基本的生存发展需求；又要通过特惠性制度安排给予残疾人特别扶助和优先保障，解决他们的特殊需求和特殊困难。可以看出，残疾人社会保障体现出残疾人作为"特殊社会人"的特征，既与普通群体相同又附加更多专门性的特殊政策，在应对残疾社会问题过程中也强化残疾人区分于普通人的特殊性。

3. 公共服务政策

当前，残疾人公共服务政策当中，更多体现了残疾人社会融合的特点，如推行全纳教育，建立随班就读支持保障体系；制订实施国家手语、盲文规范化行动计划，推广国家通用手语和通用盲文，完善残疾考生考试辅助办法；公共文化体育设施和公园等公共场所对残疾人免费或优惠开放；加快推进政府机关、学校、社区、社会福利、公共交通等公共场所和设施的无障碍改造，逐步推进农村地区无障碍环境建设；等等。

可以看出，残疾人的公共服务政策与健全人的公共服务政策有较大不同，特别是在残疾人无障碍服务、残疾人就业、残疾人康复等主要三大领域，更突出了残疾人因身体特征而导致政策设计初衷的不同。回到探讨的主题"从公共服务政策看社会如何认知与理解残疾"，发现残疾人公共服务政策主要目的是弥合残疾人与健全人之间的差距，从弥合的手段上看大致有身体的弥合（康复）、角色的弥合（无障碍）、地位的弥合（就业），而政策认为这些差距是由于残疾社会问题导致的，所以在政策设计上会采取措施消除因残疾而带来的问题，以消除两者的差距，进而促进残疾人与健全人之间的社会融合。从这点看，政策对残疾的认知与理解更多基于"残疾是导致残疾人问题的首要原因"，因为残疾是个问题，所以政策通过多种手段多管齐下，旨在最终消除残疾人与健全人之间差距而带来的不平等，这就是残疾人公共服务和配套政策设计的出发点与最终目的。

以上从残疾人人口管理、社会保障、公共服务等方面，简单呈现了残疾人社会政策的内容，从应对残疾社会问题和残疾的认知理解关系来看，现有残疾人社会政策的出发点与价值基础，是基于残疾人与健全人不同的特殊性，因为这种特殊性导致残疾人与健全人之间存在着不同，但同时也在强化着对残疾认知与理解的负面文化含义，残疾人政策与对残疾的认知相互促进、不断深化，进而形成"美妙的毒酒"，温情的背后是无底的深崖，也只有文化的自觉才能像麦田里的守望者，去揭开政策背后的痛苦逻辑，从而塑造对残疾的文化理解与积极内涵。

第三节　残疾的常人视界

本节将从个体日常生活体验的视角出发，从微观生活世界展示普通人眼中的残疾图像，以期发现残疾的生活世界与制度世界、学术世界的异同，进而展现不同残疾世界图像的多样性、多层性和游移性，也将为进一步重建残疾的话语与图像提供积极的理念与视角。

一　残疾的隐形

在日常残疾研究的经历中，经常被人问到"中国的残疾人去哪了""为什么中国大街小巷很难见到残疾人"这样的问题。下面将抛开我们日常经验的迷雾，去探究全国约 8500 万残疾人都去哪儿了？其隐形的原因与表现特征具体体现在哪些方面？

1. 社会上显形的残疾人

显形残疾人与隐形残疾人相对，是指日常生活中接触观察的残疾人以及大众媒体、政府施政描绘的残疾人，也即指普通日常生活中可感知的残疾人。具体来看，日常生活中能够被大众感知其存在的显形残疾人主要包括以下类别。

一是明星残疾人。这类残疾人在社会上拥有较高的知名度，并通过大众媒体广泛传播被大众所知晓。如我国残疾人联合会创始人邓朴方、文学家和现今残联主席张海迪、人生舞者邰丽华、天体物理学家霍金等，以及人大代表、政协委员和残联机构的残疾人，还有依靠体育竞技获得荣誉的残疾人，这些残疾人在各自领域创造出杰出成绩而被大众所熟知。

二是自强残疾人。这类残疾人大多通过自强不息的努力奋斗，成就了一番常人难以企及的事业，这也是官方媒体经常以事迹为主题进行报道的内容。如广西上林县残联办公室主任黄立温，"虽然失去双手，扶贫却是好手"[①]，江苏苏州市姑苏区桃花坞街道精神卫生日间康复站站长王

---

① 谢振华、蓝洲、李道永：《黄立温：虽然失去双手　扶贫却是好手》，《人民日报》2016年1月11日第4版。

良玉①，左臂装着义肢的她成了社区康复站里顶梁柱；等等，通过媒体特别是受到残联系统的表彰而被大众熟知。

三是老年残疾人。日常生活中经常会在社区看到坐轮椅晒太阳的残疾人、拄着拐杖的老年残疾人，还是有公共场所轮椅上被人推着的老年人，等等。

四是其他残疾人。如在大街上自言自语的残疾人、在街边唱歌表演的视力残疾者、肢体残疾者，等等。

上述列举这些都是我们日常经常看到的残疾人类型，当然还有一些并没有列举的残疾人群体。从类型上看，在这些显形的残疾人中一些是我们日常生活所感知的残疾人，一些是通过大众媒体感知的残疾人；从社会分层来看，他们既有居于社会地位高层的残疾人，也有游离在社会最底层的残疾人，呈现出类型多样、形态各异、分层明显的结构特征。然而除了这些我们能感知的残疾人之外，还有大量残疾人被我们忽略，大量残疾人隐身社会角落，游离于普通人的视野范围之外，成为"沉默的大多数"。所以残疾研究除关注我们能发现的残疾人之外，还应该把目光自觉地发现、寻找这些隐形于"黑洞"之中的残疾人群体。

2. 残疾人隐形的原因

日常经验告诉我们，实际上仅有极少比例残疾人出现在小区里，还有广场、汽车站、火车站等公共场所，我们能够看到的残疾人少之又少，为什么这么多的残疾人"消失"在我们在视野里？是我们社会彼此之间冷漠残忍吗？深入分析主要有三个方面原因。

其一是残疾人出不去。按照2012年6月13日国务院第208次常务会议通过的《无障碍环境建设条例》，国家和社会在无障碍设施覆盖、改建，以及公共空间主管单位对无障碍设施的使用和管理意识都有了明显增强，但现实情况残疾人无障碍服务与建设却并不乐观。据2015年8月3日国新办就《无障碍环境建设条例》实施三周年情况发布会提到②，只有不到100万户的残障人士家庭完成了无障碍设施改造，仍有将近800万

---

① 姚雪青：《王良玉：康复站里顶梁柱》，《人民日报》2014年11月25日第17版。
② 国务院新闻办公室：《无障碍环境建设条例》实施三周年情况发布会，http：//www.china.com.cn/zhibo/2015 - 08/03/content_ 36196449.htm。

户贫困残障家庭的设施未被改造；在目前已经建成的无障碍设施中，配套性、系统性不够，管理维护不到位，使用中损毁、挤占无障碍设施等情况均不同程度存在；多数省、市、县出台的相关法规或规范性文件，均属倡议和鼓励性质，缺少强制性和惩处措施；对于地方政府投入无障碍建设的资金规模亦无强制性要求。无障碍设计的严重奇缺与不足，导致大多数残疾人"出不了家门、晒不了太阳"，一些常人很容易完成的如沐浴、如厕等也因无障碍设施不够导致生活行动困难。此外，常人最熟悉的盲道等无障碍设施，或盲道上停汽车，或前面是死胡同，或前面是个树桩陷阱等，仅成了社会的装饰品和文明遮羞物，有学者称之为是"健全人的盲道"，从政府、国有企业、私营企业到普通民众都"熟视无睹""无动于衷"[①]。

其二是残疾人无处去。即使残疾人无障碍硬件设施完善，较多的残疾人也面临着无处可去的境地。就业是促进残疾人融入社会的重要措施，当前政府通过多种方式安排残疾人就业，包括按比例促进残疾人就业条例的出台，但还有很多的残疾人无法出门就业，一些企业负责人表示残疾人在人力资源竞争上存在明显劣势，一方面企业无意愿增加投资改善残疾人就业无障碍环境，投入与收益在没有政府补贴情况下完全不对等；另一方面企业在人力资源管理、技能培训、员工间交往等方面，难以做到与常人一样，所以很多企业在支出收益比之下会选择宁愿多交残保金也不愿意接纳残疾人就业，实际导致无法促进更多残疾人就业只能宅家里。

其三是残疾人不愿去。如果说因无障碍环境和无法就业等导致残疾人隐形是被动的，那么社会扭转的歧视与排斥导致残疾人隐形却是主动的。现实生活中排斥残疾人、歧视残疾的现象，如语言用词、日常行为、社会政策等大量存在，总觉得残疾人是"可怜人""低常人一等"，这种观念长期以来形成惯性和思维定式，导致残疾人无法融合到社会中，无法正常参与社会生活和社会交往，导致很多残疾人不愿意出门、不愿意与人接触，久而久之也让残疾人隐形于常人生活之外。从社会心理学角

---

① 葛忠明、张忠海：《"健全人的盲道"：关于盲道占用的社会排斥研究》，《中国海洋大学学报》（社会科学版）2016年第1期。

度看，很多残疾人内心不自信，害怕与外人交往与沟通，害怕被人用异样的眼光审视自己，通过把自己封闭起来的心理防御机制，使自我形成内心与外界的平衡。

可以看出，残疾人隐形是多方面因素造成的结果，也是客观条件与主观意愿相作用的结果。"隐形的力量"将直接导致残疾人主体的失位，也导致其公共空间话语的失语，这也是为什么我国残疾人事业初期很多人表示不理解、不重视残疾人工作的直接原因。

二 残疾的体验

残疾带给人们的日常经验通常是痛苦的灾难，这种日常经验的传承导致残疾被附上沉重的阴霾，影响残疾人的心理重建和社会对残疾人的正确评价，这种错误的惯习和偏见不断地被强化，以至于人们无法正确去认识与理解残疾的社会现象。

1. 残疾的心理

个体的心理健康通常表现为智力正常、积极情绪、健康意志品质、人际关系和谐、能动适应环境、人格保持完整、符合年龄特征等。日常观察与调研了解到，残疾人普遍存在的心理健康问题主要有以下几点。

其一为孤独感。人需要进行集体性的生活和群体性的社会交往，残疾人由于活动场所太少、社会交往有限，更容易导致心理的孤独感并且随着年龄的增长而不断增强。

其二为自卑感。残疾人在学习、生活、就业、婚恋和社会交往中会遇到诸多困难，也得不到足够的家庭和社会支持，甚至遭到他人的歧视和社会排斥，容易产生不如他人的自卑心理。

其三为较敏感。由于自卑导致残疾人的心理情绪不稳定，对他人的态度和评价敏感多疑且反应强烈，一些带有歧视、贬义和不恰当的称呼和行为会引发强烈的情绪反应和冲突行为。

其四为较固执。由于残疾形成的负面心理情绪，导致残疾人在行为方面更容易固执偏见，不容易相互妥协和协调。

其五为同理心。残疾人往往会对自己遭遇的同伴表现深厚同情，同病相怜的情感使残疾人之间、弱势群体之间更容易产生心理依赖并形成相互支持网络。

通常孤独与自卑是残疾人群体性格的普遍特征，但不同类别残疾人所表现的心理特征存在明显差异，如视力残疾者通常比较内向、温文尔雅，内心世界丰富，情感体验深刻而含蓄，很少爆发式地外露情感，善于思考探索；听力残疾者比较外向，情感反应比较强烈，豪爽耿直，看问题容易注意表面现象；肢体残疾者主要表现为倔强和自我克制，他们具有极大的耐心和坚强的意志；智力残疾者由于整体心理水平较低下，难以塑造完整的性格特征。此外，残疾的心理补偿也是非常值得探索的问题，如某一身体结构功能缺损时，另一些身体结构功能会出现强化弥补的生理补偿现象，同时一些残疾人也会出现心理补偿现象，在生命意志、精神品质上极度专注投入，力图做出值得他人认可尊重的事业。现实调研中很多成功残疾人反映，"自己虽然残疾人，但不一定就比他人干得差，只有比别人干得更好了，才会改变别人对你的看法"。

2. 残疾的体验

体验是微观生活用语，指个体通过亲身经历来验证事实的积极情绪或消极情绪，不同体验的结果会产生不同的行为反应。残疾的体验通常包括残疾人对残疾的体验和健全人对残疾的体验。

一是残疾人对残疾的体验。实地调研发现，残疾人对残疾的体验表述最多的词汇是"不能""不会""不行"等否定词汇，如眼睛看不见、腿脚不好、听不见别人说话等，另外一些是"可怜""悲剧""灾难""痛苦"等负面词汇，如"实在活不下去了""当初自杀的念头都有""简直是世界末日了"等。笔者与残疾人访谈时，明显感受到一些残疾人不愿意过多对外人诉说，表露出较多的负面情绪，这些强烈的负面体验在后天残疾人身上体现更为明显。

此外，残疾人对残疾的体验还包括对健全人的残疾体验的体验。大多认为社会上健全人对残疾人的歧视，如"对我一点都不尊重""总是瞧不起我""走到我旁边都绕着走"等，对"看不起自己"的排斥情绪反应较大，同时还认为健全人与残疾人之间存在着无形的"隔挡"，如"你能看到街面上有多少残疾人""路两旁盲道上有几条是能走通的"，一些受访残疾人表示，虽然现在的残疾人社会政策很好，但是时刻都能感受到"他们对我们这些残疾人有自上而下的优越感"，总觉得自己是他们中的"异类"和"不受待见的人"。这些负面体验也直接影响了残疾人自身对残疾的负面体验。

二是健全人对残疾的体验。对绝大多数健全人而言，残疾的体验较为"不适"甚至非常恐惧，"有如阳光生命的终结"，也表示"不愿与残疾人在一起""看到残疾人感到害怕"等，如向周边健全人阐释"人一生中某个时刻一定会出现残疾"的时候，大多数人都表示接受不了这种事实，对残疾的排斥心理导致很难对残疾有正确的认知。

3. 残疾的效应

效应是指在特定文化环境下一些因素和结果共同构成的因果现象，多用于对自然现象、社会现象和心理的概括描述，从结果来看效应既有积极的效应也有消极的效应，而积极的效应对人们日常生活和社会交往有着非常重要的价值与意义。残疾的效应大致归类以下。

一是残疾的刺猬效应。刺猬效应（Hedgehog Concept）来源于人们对刺猬生活习性的观察，寒冷的冬天刺猬们为了取暖会相互靠拢，因为忍受不了彼此身上的长刺又会各自分开，可天气实在太冷它们又不得不靠在一起取暖，最后刺猬们找到既可以相互取暖又不至于被刺伤的适中距离，这种距离被概括为社会交往中"亲密有间"的心理距离效应。现实中观察发现，残疾人社会交往较难以发现"勾肩搭背喝酒""手挽手逛街"的现象，如有刺猬的长刺横亘在残疾人与残疾人、残疾人与健全人之间，这种"明显有间"的残疾社会现象不仅是身体的社会距离，更是心理的社会距离。

二是残疾的马太效应。马太效应来源于《圣经·新约·马太福音》中的一则寓言：国王交给三个仆人每人一锭银子去做生意，且命令"凡是挣得少的就连我给他的也要夺过来，挣得多的不仅不要我给他的而且还要多多给他"。现实生活中人们也发现，生活过得好的人会过得越来越好，而过得差的人会过得越来越差，后来人们把这种"赢家通吃、弱势叠加"的现象概括为"马太效应"。残疾的马太效应一方面体现为残疾人家庭更容易遭受更多的家庭和社会风险，更容易导致疾病、贫困和地位低下；另一方面残疾人更容易滑向社会救助体系框架下，置于被救助和扶贫的地位，残疾更容易导致个体"弱势的负向叠加"。

三是残疾的青蛙效应。19世纪末美国康奈尔大学进行过著名的"青蛙试验"：将一只青蛙放在煮沸的大锅里，青蛙会触电般立即蹿了出去，而把青蛙放在装满凉水的大锅里慢慢加热，青蛙因没有明显感觉到刺激会继续待在水里，而当水沸腾之后青蛙已经没有能力从水里逃出来，从心理学上表明持续的弱刺激会使行为者失去本能的反抗力，只有高度的自觉性才能摆脱本能的控制。残疾的青蛙效应体现最为明显的是，有些后天残疾者会因为一点一滴的社会救助，逐渐失去自主独立的自觉意识和行为习惯，这在社会保障救助政策时也会时常遇到这种现象，也表明依赖并不是行动者固有的，而是逐渐累加强化并不断固化的结果。

四是残疾的蘑菇效应。自然世界里，蘑菇长在阴暗角落里没有阳光也没有肥料，只有长到足够高的时候才会开始被人关注，但此时它已经能够自己接受阳光了。现实生活中发现，我们能看到的、能想到的都是已经能够"阳光下生活"的残疾人，这些明星残疾人自立自强并做出了一番事业，而更多的普通残疾人却被我们遗忘、忽略，有如"冰山下的大多数"通常会被遗漏一样。

五是残疾的刻板效应。人们对残疾的认知通常会被表面现象所蒙蔽，与性别、肤色、高矮胖瘦、语言等相同，残疾的第一印象会严重影响他人对其的整体评价，当人们对残疾形成固定印象时，往往会产生偏见忽视个体的差异性，容易形成刻板印象的标签化，当人们对残疾形成固定印象时会产生认知期待，这些偏见的残疾认知会影响着人们对残疾的知识建构与理解。

可以看出，残疾容易让个体形成负面的依赖惯习，从心理上丧失独立意识和能动行为，然而残疾并不总是灾难、痛楚的代名词，残疾的心理补偿效应提醒着我们，那种强烈专注于某件事情获得成功的精神力量是多么巨大。

三 余秀华现象

湖北钟祥的农村妇女余秀华出生时因缺氧造成先天性脑瘫，这让她走路不稳、手发抖、说话口吃，这给她学习、工作和婚姻都带来了严重的影响。2015年初，因为她写的《穿过大半个中国去睡你》诗歌引发了舆论广泛关注，呈现了由女性、脑瘫患者、诗歌创作、农村情怀等构成的"余秀华现象"。以下将重点从残疾的视角去观察分析这起舆情背后的文化因素，探讨残疾是如何建构、推动这起舆情热点的发展走势与内在机理。

1. "余秀华热"

2014年底，《诗刊》杂志社的微信公众号以"摇摇晃晃的人间——一位脑瘫患者的诗"为题，刊发了湖北钟祥市石牌镇横店村女诗人余秀华的诗作，其中一首名为《穿过大半个中国去睡你》的诗被大量转载并迅速蹿红。这位生活在农村的脑瘫病人、农妇余秀华，以惊人的毅力坚持写诗15年，创作了诗歌达两千多首，《诗刊》编辑发现并欣赏她的诗歌，"诗刊社""读首诗再睡觉"等微信公众号也对她的诗歌进行推广，数篇赞扬与批评她的文章在微博、微信朋友圈的大量传播，形成了红极舆论一时的"余秀华热"。蹿红后的她迅速成了大众网络媒体追逐的对象，有时一天内接受采访的媒体数就达数十家，堪称享受了娱乐明星般的高规格"待遇"。出版的两本诗集也以极快的速度面世，《摇摇晃晃的人间》诗集首印1.5万册当天断货不得不加印，《月光落在左手上》诗集四次加印销量突破10万册，成为20年来中国销量最高诗集，在当前许多诗集只能印一两千册甚至需要自费出版的情况下，余秀华诗作热销堪为诗歌界的奇迹。这种现象被舆论称之为"余秀华现象"，她也被誉为"中国的艾米丽·迪金森"（一位孤独症患者）。

分析引发"余秀华热"背后的原因偶然性因素居多，如《诗刊》编辑的大力推介、多个微信公众号的推广、赞扬与批评文章同时出现、两性话题的渲染、农村脑瘫妇女诗歌创作、农历新年前直抵灵魂深处、关注底层弱势群体、网络大众平台成熟等，把人们日常意识中认为不可能一起发生的事件关联起来，这些多重矛盾复合体为事件热度不断推升提供了无穷的张力，也为大众提供了猎奇、探寻、追索、拷问等提供想象的空间。因此，可以说"余秀华热"有其必然因素，但更多是偶然性因素居多，体现为多重矛盾在统一时间、空间上的交叉汇集，形成了一股强大的力量反衬着社会的多个方面，所以对余秀华本人来说也是非常幸运的，但是也是短暂的。

2. 残疾的张力

本处无意探讨"余秀华现象"体现出的文学性和艺术性，更关注残

疾的社会认知。她本人在接受媒体采访时是这样叙述的①:

> 我不喜欢别人给我贴标签,"脑瘫诗人""农民诗人"等,任何标签都有局限性,而每个人都是丰富的,写的诗也是不一样的。我不回避"脑瘫"的事实,但希望人们更多去关注我的诗。把身体(残疾)推到前台,把苦难放在诗歌前面是不对的,本末倒置了。
>
> 我不认识艾米丽·迪金森,自己的身份顺序应是女人,农民,诗人。任何身份的标签都不能凌驾于诗歌本身之上。如果在读我诗歌的时候忘记问我所有的身份,我必将尊重你。
>
> 我的残疾是被镌刻在瓷瓶上的两条鱼/狭窄的河道里,背道而行。

有舆论认为,如果没有"脑瘫""农民"的标签,余秀华的出名起码没这么快,社会关注度也不会有这么高;"脑瘫患者""农民"这些与诗无关的标签,事实上在她出名的过程中确实帮了她;她的诗好是一方面,更多的应该是因为她的身份,可能都觉得脑瘫写诗且写出好诗是一件很神奇的事。对比余秀华自我叙述与媒体评论发现,她自己一直在抗拒和抵触用残疾标签化她自己,在她自己身份顺序中除了女人、农民、诗人三者身份唯独缺少了残疾的身份,而媒体评论认为"脑瘫"、农民和诗人三者只是她的身体标签,残疾扩展了人们对诗歌的想象,放大了与诗歌创作的张力,也正是因为人们对残疾的想象才促使成为舆情的热点。

可见舆论对残疾知识的构建通常是具有选择性的,如大众媒体和余秀华对自我形象的构建是不一样的,余秀华本人更愿意社会大众把她作为普通的女人,而社会大众更倾向于把她构建为残疾诗人,两个身份之间存在着冲突。

---

① 刘洋:《我的身份顺序是女人、农民、诗人》,《南方都市报》2015年1月18日。

第 四 章

残疾的身份与社会互动

身体的符号既包括我们日常外露的身体表象,还包括身体社会化的象征意义。人们在社会互动过程中,往往通过身体的外在表象赋予身体的社会意义,从而完成身体的社会身份建构过程。残疾作为一种身体符号,其赋予的符号意义和社会标签是如何产生的?本章将透过微观的残疾符号世界,细致地发现残疾的符号系统,从而揭开被我们所遮蔽的残疾真实世界,也只有此才能真正地实现残疾文化的现代化。

第一节 残疾的标签与建构

标签原本是指系在基督教主教帽上的一根布带或条带,是宗教权力和仪轨标识的象征,后来广泛运用于印刷品行业,用于标识商品的分类信息以查找定位。这种信息检索方法也适用于社会认知领域,当人们面对纷繁复杂的信息时,会自觉地加工成为更简单、更容易表达的概念符号,用最少的文字标识事物与对象的性质与特征,这个概念符号就是以语言表达形成的标签(Label)。用标签描绘事物一方面能够使人们快速了解事物的性质和属性,另一方面这种以偏概全的标签认识方式会导致灾难性后果。本节将重点探讨社会对残疾的标签。

一 残疾的标签过程

近年来,给特定人群贴上标签已经成为司空见惯的媒体传播现象,如对老年人贴上"疾病""痴呆""无价值""怪脾气""不能自理""机能衰退"等标签①，对有钱人家孩子贴上"富二代""为非作歹""败家子""纨绔子弟""举止张狂"等标签，对生活在城中村的大学生和外来低收入者贴上"蚁族"的标签，对留守儿童贴上"乱花钱""不三不四""纪律坏""无法无天""不务正业""成绩差""爱上网"等标签。

对残疾人标签化的过程，也是对残疾的建构过程，学者认为残疾建构过程就是"将主观的看法、概念客观化的过程"，从而标签出残疾人是个"累赘的人""奇怪的人""没法说的人"②。事实上，我们只要深入了解一下残疾人，残疾人形象并不只是标签化的形象，从建构意义上来讲，残疾标签化的结果是话语权力制造的产物。

1. 贴标签的主体

是谁给残疾人贴上"有病的人""没用的人""麻烦的人""奇怪的人"的标签？残疾人如何反抗这种标签的暴力？标签理论认为，弱势群体的缺陷往往不是他们所固有的，而是垄断社会资源和话语权的强势群体给弱势群体"标签化"的结果。③ 由此可见，给残疾人贴标签的主体应该是掌握社会资源和话语权的健全人群体，而这种贴标签的方式也形象地被称为健全人对残疾人单向度的定向能武器。综观残疾标签的构建主体大约包括三大类群体。

其一为日常居民。日常社区生活与残疾人接触最多的是普通居民，他们在与残疾人群体社会互动的过程中，会逐渐形成对残疾和残疾人印象的直观化表达，这些印象更多是具象化的、口语化的、零散的话语表达，如眼睛看不见、没有了胳膊、脾气不好、不与人接触、难以沟通等，或者对具体的残疾人冠以某种口语化的称呼，如瞎子、瘸子、疯子等，这些词汇早期没有过多的负面意义，就如同称呼某人张三李四等一样，但是这些日常用语形成残疾标签后赋予价值判断之后进一步抽象化，这也完成了具象的初步标签化过程。可以说，是因为陌生导致了残疾和残疾人的标签化。

---

① 谢立黎、黄洁瑜：《中国老年人身份认同变化及其影响因素研究》，《人口与经济》2014年第1期。
② 葛忠明：《他者的身份》，山东人民出版社2015年版，第161页。
③ 王建民：《"逆向标签化"背后的社会心态》，《北京工业大学学报》（社会科学版）2012年第4期。

其二为大众媒体。与社区公共空间话语讨论不同,大众媒体深刻塑造着人们认知世界的方式,通过报纸、广播、电视特别是网络媒体,原有相互独立社区空间被拟合在同一个公共空间里,人们对不同群体间的认知更倾向于区分不同群体的明显特征,例如我们对太平洋某个岛屿上居民的印象更容易关注与自己不同的特征,包括他们的肤色、衣着打扮、饮食起居、文化信仰等,如果是相同的信息就非常容易被过滤掉。对残疾人印象也是一样,身体的残疾特征是最容易被认知的。而且,由于媒体的天然属性要求追求新奇独特、满足读者阅读口味,在议题设置和报道倾向上更容易迎合读者的想象,比如在对自强残疾人、普通残疾人、精神残疾人的媒体报道中,大多数读者更愿意阅读精神残疾人新闻报道。可以说,是因为新奇推动了残疾和残疾人的标签化。

其三为社会政策。由于大众媒体形成了对残疾和残疾人的公共认知,政策要容易延续人们的公共认知,并在理念、目标、路径上进一步强化。比如,社区生活中残疾人生活贫困的形象形成了"残疾人是可怜的"标签,大众媒体更容易设置因贫困导致残疾人自强的新闻报道,政府也会选择残疾人福利保障的政策路径。可以说,是因为制度促进了残疾和残疾人的标签化。

可见,对残疾和残疾人的标签化过程,包括政府、媒体和普通居民共同制造了残疾人形象的标签和刻板印象。而以残疾人为主体的报纸、杂志、广播、学术期刊屈指可数,而且市场发行数量很少,市场零售报刊摊位上完全看不到,国内也没有专门的残疾人报纸、广播、电视台,残疾人互联网平台和论坛贴吧总体还不活跃,残疾人新闻报道"边缘化"现象十分突出。① 可见,残疾标签化过程本身是权力塑造的过程,形成了健全人对残疾人单向度的"压迫"。因此,要打破残疾的标签化最核心的任务,是通过残疾人主体自觉和社会文明进步,消除残疾人和普通人在社会生活中明显差距,打破健全人与残疾人不平等的关系,形成"残疾人只是特殊的正常人"的社会意识,也只有这样才能真正改变残疾人的命运。

---

① 穆小琳:《残疾人报道"边缘化"的困境与对策》,《中国记者》2012 年第 3 期。

2. 贴标签的方式

对残疾人群体制造标签的方式和传统"以偏概全"的手法基本相同，通常以局部代替整体、以个体推论总体，或者以整体代表局部、以总体推论个体。有学者归纳贴标签常用的手段和策略是"特殊个案普遍化""具体事实想象化"①。具体贴标签的方式有以下两种方法。

一是标签归纳法。对残疾现象和残疾人相关事件的信息进行增加、删减、歪曲等的加工，使加工出来的信息符号代表残疾的特征或残疾人群体，这就是"残疾个案普遍化"的过程，通常加工后的信息与健全人群体特征有明显的区别。比如对视力残疾者贴标签，通常会以眼睛看不见为主要表象特征进行标签化，"睁眼瞎""阿炳"等是较常见的标签词汇；对肢体残疾者贴标签，通常会选择缺胳膊缺腿为主要身体特征进行标签化，"拐杖""轮椅""行动不便"等是较常见的贴标签词汇；对精神残疾者贴标签，通常会以"脑子不好"为主要表象特征进行标签化，"疯癫""脑子不好使"等是较常见的标签词汇；等等。通常在对残疾特征和残疾人群体进行贴标签时，会更多使用有关身体缺陷的词汇以区别其他群体特征，从而把残疾人群体和正常人群体以最快的速度区分开来，那些不能反映残疾人明显特征的信息会被主动忽略与舍弃，而且也通常不会考虑残疾人内部的差异性和多样性，这样一来信息加工后的标签符号就剩下与健全人不同的身体符号了，而且也忽略了同一标签符号下群体的多样性和分层性。对肢体残疾者的标签化符号，如"缺胳膊""没有腿""拐杖""轮椅"等，是与四肢健全者为参照群体而标签化的符号，没有考虑肢体残疾的程度和残疾部位，同时也会因"行动不便"的标签化符号赋予社会价值的评价。

二是标签演绎法。当人们接收有关残疾的信息并需要做出解读时，会选择脑海中原有的残疾标签符号，例如当看到有关残疾的信息，首先会冒出有关残疾标签化的符号词汇，如"眼睛看不见""耳朵听不见""四肢不全""脑子不聪明"等，这些残疾的想象会不自觉地运用到对现实信息的解读中。由于标签化过程中归纳法固有的明显局限，导致演绎

---

① 王建民：《"逆向标签化"背后的社会心态》，《北京工业大学学报》（社会科学版）2012 年第 4 期。

时会扩大原有的局限与偏见,价值判断也会延续在标签符号中。

上述是从逻辑关系分析标签化的过程,也可以从信息加工的手法分析贴标签的方式。人们对越简单概括的信息越容易接收并理解,越具象化特别是负面冲击力越大的图像越容易记忆深刻,比如暴恐、战争、鲜血等,以健全人角度看待残疾人最容易分辨与区别的首先是身体的图像,人们对残疾身体图像的语言归纳概括的同时必然会涉及价值判断等。因此,贴标签的过程既包括对事物和群体特征的知识概括,也包括知识背后的价值判断。对残疾贴标签既有对残疾生理特征的知识概括,更有残疾文化背后的价值判断,以健全人为参照群体,以健全人价值审美为标准,很容易落入以偏概全的认识误区,应该慎重使用"残疾的标签"。

二 残疾标签的价值判断

对某群体或对象的制造标签,是大众传播和社会交往中的普遍现象,有利于快速地让其他群体了解和理解他者群体或对象,然而在社会不平等条件下对他人标签化的过程会产生严重的负面后果,而且其后果往往需要被标签化的群体承担。污名理论为分析残疾人标签现象提供了有力工具,通过医学诊断、人性贬低、道德审判等手段,导致残疾人丧失健全人的完整身份和正常角色。

1. 污名与污名化

污名(Stigma)据学者语义学考证,认为最初是指用灼热的烙铁在侍奉神的人身上留下记号,后来转变为用刺或者烙的方式在奴隶或罪犯的躯体上留下记号,以标示其社会等级、身份地位的低下。[①] 1963 年,美国社会学家戈夫曼(Goffman)首次从微观互动层面对污名社会现象进行分析,认为污名是在社会规则和公共秩序下,某个人或某类群体被贴上低劣性、不名誉的标签,受损的身份导致破坏了主体完整性成为不完整的人(not quite human),甚至被视为坏人、危险分子或者废物进而遭到歧视与不公平待遇。[②]

---

① 郭金华:《污名研究:概念、理论和模型的演进》,《学海》2015 年第 2 期。
② [美] 欧文·戈夫曼:《污名:受损身份管理札记》,宋立宏译,商务印书馆 2009 年版,第 23 页。

然而，学科关注视角不同对污名的概念定义差异较大，从个体主义与社会主义出发，心理学从个体主义和社会认知论的视角关注污名的微观关系，历史学从历史维度与权力关系的视角关注污名的历史流变，社会学从权力、结构与不平等的视角关注污名的社会性，人类学从我者与他者、跨文化视角等关注污名的文化性。有学者认为污名产生的标志是某个群体（通常是主流群体）能够左右公众对被标签群体的态度[①]，存在着贴标签、刻板印象、地位丧失和歧视同时发生的情况，并判断污名现象产生必须同时具备五大要素：其一，主流群体用标签区分被标签人的差异；其二，主流文化观念将被标签人与不受欢迎的特征相联系；其三，主流群体将被标签人置于独特的类别以区分"我者"和"他者"；其四，被标签人经历着不公平的社会处境，丧失了地位和遭到了歧视；其五，被标签人受污名的程度关系到社会、经济和政治权力的情境。

德国社会学家埃利亚斯在污名概念的基础上提出了污名化的概念，认为污名化是"一个群体将人性的低劣强加在另一个群体之上并加以维持的动态过程"[②]，将人性的低劣评价强加到受污者并加以维持，使其负面特征典型化、刻板化并形成排斥性社会关系网络。有学者认为污名化的过程总共包括六个阶段[③]：第一阶段为贴负面标签阶段，施加污名者以此区分与承受污名者之间的显著差异；第二阶段为"他者化"阶段，承受污名者通过被贴上负面标签后从"我们"被分离成"他们"，并在文化和心理上形成社会偏见和思维定式，污名就此产生；第三阶段为主流隔离阶段，"他者化"后上升到主流文化和社会制度导致社会隔离；第四阶段为地位丧失阶段，承受污名者由于被隔离后丧失了完整意义身份和社会地位，也被主流社会区别对待；第五阶段为污名固化阶段，被主流社会区别对待后由此产生了社会歧视并得到主流的强化；第六阶段为污名内化阶段，承受污名者由于社会歧视和污名固化，由此强化自我污名意识和负面自我评价，导致更多的自我贬损、自尊效能下降和甘于命运安

---

① 张宝山、俞国良：《污名现象及其心理效应》，《心理科学进展》2007年第6期。
② ［德］诺贝特·埃利亚斯：《个体的社会》，翟三江、陆兴华译，译林出版社2003年版，第122页。
③ 管健：《污名的概念发展与多维度模型建构》，《南开学报》（哲学社会科学版）2007年第5期。

排的心理安慰。从污名产生机制过程可以看出，污名是被贴负面标签、形成刻板印象、丧失平等地位和产生社会歧视等相互交织、不断强化和内化的过程，主要包括刻板印象、偏见和歧视三部分。近来有学者提醒虽然现有污名研究的范围不断扩大、研究方法不断更新，但现有污名研究还应避免"以污名化解说污名化，以污名化对抗污名化"的倾向，一些污名研究反而在一定程度上促进了污名和歧视的文化再生产。①

2. 污名的技术

残疾污名的技术体现在污名产生机制的全过程（见图4-1），既体现在日常社会生活当中，也体现在政策干预当中。技术策略从污名程度由浅至深主要包括四个方面内容。

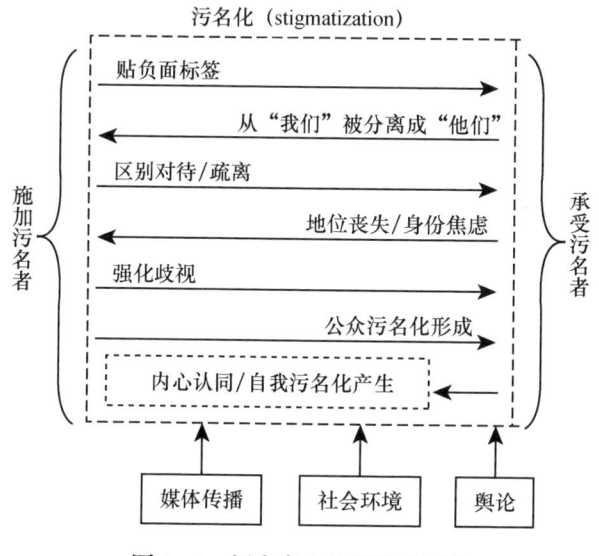

```
              污名化（stigmatization）
   ┌─────────────────────────────────────┐
   │  贴负面标签 ──────────────────→      │
施 │  ←────────── 从"我们"被分离成"他们"  │ 承
加 │  区别对待/疏离 ──────────────→      │ 受
污 │  ←────────── 地位丧失/身份焦虑      │ 污
名 │  强化歧视 ────────────────────→    │ 名
者 │  ←────────── 公众污名化形成         │ 者
   │  ┌─────────────────────────┐        │
   │  │ 内心认同/自我污名化产生 │←       │
   │  └─────────────────────────┘        │
   └────────↑──────────↑────────↑────────┘
       ┌────────┐ ┌────────┐ ┌────┐
       │媒体传播│ │社会环境│ │舆论│
       └────────┘ └────────┘ └────┘
```

图4-1 污名产生机制的过程②

其一为医学诊断。对残疾的污名首先要对残疾贴上负面的标签，以显示与正常人的明显不同。按照"身体异常－医学诊断－病人身份"的建构思路，对残疾的认定首先划定医学诊断标准，如视力残疾按照有无

---

① 郭金华：《污名研究：概念、理论和模型的演进》，《学海》2015年第2期。
② 郭金华：《污名研究：概念、理论和模型的演进》，《学海》2015年第2期。

光感和视野半径，听力残疾按照听力损失分贝程度，言语残疾按照语音清晰度和语言表达能力，肢体残疾按照四肢缺损程度，智力残疾按照发展商（DQ）、智商（IQ）、适应性行为（AB）、WHO‑DASⅡ分值（WHO Disability Assessment Schedule）等得分情况，精神残疾按照 WHO‑DASⅡ的评测分值，按照这些医学标准残疾被细分为不同的等级，一级残疾最为严重，二级残疾次之，其他依次减缓。可以看出，只要进入了医学诊断程序，残疾就获得了不同于正常人的医学标签，这就是残疾污名的开始，也是残疾身份建构的开始。

其二为行政归口。当拥有了医学认定标准下的残疾身份，残疾人群被归口相关职能部门的职责当中。现实生活中按照"扶残助残"的政策思路，残疾人社会福利制度和助残组织把残疾人分离成为"他们"，社会救助制度、福利保障等社会政策也附着在残疾人群身上。这种现实行政力量使残疾医学身份显现并隐形归类化。实地调研中经常听见基层残疾人工作者诉说，政府只要认为与残疾人有关的工作都统统归口至残联，这种行政力量不断强化了残疾的社会身份。

其三为文化规制。残疾的文化知识生产从现实层面进入了社会意识层面，贴上负面的标签是文化规制的重要手段，也使得残疾的他者身份进一步强化，一方面在经济上刻意放大因残疾而导致的经济贫困，从而呈现残疾人依附者的文化含义；另一方面用身体的残缺形象隐喻命运的安排，媒体宣传报道更多反映残疾人生活艰辛、自立自强以宣示残疾人正常化的想象，隐喻残疾人需要照顾的弱者含义。

其四为社会排斥。文化规制导致残疾污名日益渗透进社会日常生活，如用口语化的语言和日常生活排斥残疾人，在社区生活空间中无形地形成"他者"群体，并用"可怜人""需要帮助人"等塑造社区日常交往形态。一旦污名的成立，那么相应的身份与社会地位也将附带污名。

可见，残疾污名的技术是成套体系化的，既包括技术化的也包括文化性的，一是用现实化的标准和技术界定为或者身体或心理有残缺的人；二是用无处不在制度化力量归口管理，放置在社会污名化的群体之中；三是社会媒体、社区生活和文化习俗用无形力量贬损破坏形象的完整性，从而把受污者群体排除在主流之外的构建技术，就是残疾污名的全部密码。

3. 污名的后果

污名将对个体、家庭和社会群体产生严重的负面后果，从类型上看残疾的污名包括公众污名、自我污名以及连带污名等三大类，具体表现形式为残疾的刻板印象、偏见和歧视。①

残疾的公众污名是指社会公众包括媒体和政策制度等对残疾和残疾人群体的负面行为反应，如形成残疾的刻板印象、社会歧视与排斥等。具体表现为公众与残疾人之间形成一堵"无形墙"，只要与残疾有关的话语、个体和群体都被推向了公众的对立面，从而降低社会对残疾和残疾人的接受度。如残疾人外出可能会遭人耻笑、长时间注视或有意躲避，就职时有意提高标准拒绝残疾人就业、接受公共服务时会遭到刻意的遗漏或躲避、戏谑时会用与残疾相关的语言调侃自己等。对公众来说，残疾被污名化为一种可怕的灾难，它会直接影响残疾人群体向上社会流动的机会。

残疾的自我污名是指残疾人对主流刻板印象的认同并心理内化的过程。相比于公众污名，自我污名对残疾群体的伤害更大，会破坏残疾群体的自我保护机制，甚至出现自我歧视的行为。② 具体表现为残疾人因社会互动中难以承受的羞耻感和罪恶感而降低自我评价和社会效能，不仅加重残疾人的心理负担，还会丧失残疾人群体的归属感。有研究发现，自我污名与求助意愿、个体残障程度、社会交往、自我评价、社会效能之间存在相关关系③。自我污名程度越高，求助意愿、社会交往、自我评价、社会效能越低，而个体的残障程度也越高。因为污名造就"不是一个完整意义上的人"的概念，将直接导致个体自我形象的崩塌与自我矮化，影响残疾人生产生活、社会交往、社会认同等，甚至出现"发展极化"现象，包括情绪极端、行为极端甚至反社会现象。也正因此，一些残疾人为刻意回避残疾的社会标签，逃避政策设计的"螺旋陷阱"，选择

---

① 谢文澜、张林：《残疾群体的污名效应及其社会影响》，《中国健康心理学杂志》2013年第10期。

② 谢文澜、张林：《残疾群体的污名效应及其社会影响》，《中国健康心理学杂志》2013年第10期。

③ 陈福侠、张福娟：《国外残疾污名研究及对我国特殊教育的启示》，《中国特殊教育》2010年第5期。

不领取残疾人证。

残疾的连带污名是指残疾人家人、朋友、恋人、服务人员和专业工作者因残疾的污名而遭受社会歧视。因为残疾受到污名导致与残疾人周围相关人员也被社会所排斥。实地调研中，残疾人工作人员提及"天天跟残疾人打交道，对象都不好找"时的一脸无奈，表明残疾的连带污名是客观存在的社会现象，似乎带有社会警告寓意。

可见，残疾污名所带来的一系列负面效应，不仅对残疾人群体自身，也包括与残疾人相关的周围群体。残疾的污名不仅导致残疾人自尊和效能的显著下降，破坏其人格的完整性，更导致残疾人和健全人之间构建了无形的屏障。因此发展残疾人事业不仅要改善残疾人生存发展等外部条件，更重要的是要改变残疾的文化氛围与形象标签，改变社会对残疾和残疾人的认识与理解，最大限度消解残疾所带来的污名效应。

第二节 残疾的符号与互动

符号互动理论认为，残疾"不美""无能""无用"等标签不是来源于残疾自身，而是在社会互动中产生并不断强化的结果，而且会因不同社会互动情境和文化参照标准而不断调整。符号互动理论作为社会学理论体系中的经典理论，不仅为残疾符号意义构建提供了有力的理论解释，也为我们重新认识与理解残疾社会现象开阔了视野。

一 互动中的残疾符号

通常，人们认为残疾是有缺陷的，拥有残疾特征的人群是需要社会帮助的群体，然而符号互动理论能为我们展现更为真实的残疾文化意义建构过程，发现残疾的意义并不是与生俱来的，我们熟悉的残疾常识也不一定是正确的，其本质是社会权力压制的产物。

1. 符号互动理论

符号互动理论发源于美国社会学研究，侧重于个人和小的群体而非宏大的社会结构，重点研究"人们在日常生活中如何交往，以及如何使这种交往产生实质性的意义"，从而鼓励人们去探索互动的动机、目的、目标以及理解世界的方式。① 在符号互动理论发展过程中，思想渊源可追溯到18世纪的苏格兰道德哲学，而美国早期社会学家和心理学家威廉·詹姆斯、霍顿·库利、乔治·米德等人对理论的诞生与发展发挥了重要作用。如詹姆斯提出的"自我"概念，强调"自我"存在的多面性，是与他人关系互动的产物；库利的"镜中我"概念，强调个体"自我"产生于别人对"我"行为的认识，他人行为是"自我"的镜子；伊萨克·托马斯提出"情境定义"概念，强调只有在特定的情境中才能理解符号的含义，不同情境的行为将赋予不同的意义解释等，都为符号互动理论的诞生与完善奠定了良好的基础。

乔治·米德对推动符号互动理论发展具有奠基作用，在总结前人有关符号互动理论基础上，1934年发表了《心灵、自我与社会》的理论标志性著作，形成了符号互动论较为完善的理论体系，并成为当时社会科学领域理解世界的范式之一。乔治·米德认为，在整个理论体系当中符号是理论体系与概念的基石，是在特定情境下赋予特定意义的事物，这个事物可以是语言、文字、动作，也可以是物品或场景。乔治·米德特别强调符号的意义不是来自符号的本身，而是来自特定情境下的社会互动结果，并在此前提下形成了三大理论假设，分别是人们依据对事物的意义而对其采取社会行动，人们赋予事物的意义来源于社会互动而非符号本身，行动的意义与行动之间需要个体进行自我的阐释与修正，同时他还指出心智、自我与社会是密切关联的结构系统，其形成、维持与发展都是依赖于符号及其符号间的相互作用来实现。从社会学理论发展的历史脉络来看，由乔治·米德奠基的符号互动理论遵循并发展了社会学的解释主义理论范式，并打破了由帕森斯构建的结构功能主义主流范式，成为解释微观社会的社会科学学科理论基石，形成了20世纪六七十年代西方社会科学理论的主流思潮。

继乔治·米德提出符号互动理论框架后，赫伯特·布鲁默和曼德福·库恩继续推动符号互动理论的发展，形成了芝加哥学派和爱荷华学派的符号互动论学说，两派都强调人类运用符号的能力以及发展思维、

---

① ［美］戴维·波普诺著：《社会学》，李强等译，中国人民大学出版社1999年版，第142页。

确定意义和自我反省的能力，但在对人类个性的结构与稳定性程度的看法上存有很大的分歧。芝加哥学派强调互动是对他人和群体角色的领会过程，他人和群体是情境的客体；而爱荷华学派则强调互动依赖于角色领会的过程，他人的期望和情境的规范有助于情境定义等，体现了两派在符号、互动、角色领悟、情境解释等符号互动理论关键要素的强调侧重点。① 此后，符号互动理论又发展出一系列的经典理论，如加芬克尔的民俗方法论、拉尔夫·默顿的社会角色理论、艾文·戈夫曼的戏剧理论、乔治·霍曼斯的社会交换理论、海曼的参照群体理论等，从不同角度对其符号互动涉及的角色、情境、形式、规则等进行重点分析。总体上，符号互动理论围绕着符号意义的产生与演变进行微观剖析，放弃了原有社会理论追求宏大、结构化的理论倾向，强调社会主体的主观能动性与情境理解，深化了社会理论的解释主义人文传统范式，也为残疾的微观考察与社会互动提供了新的视角与分析工具。

2. 残疾意义构建要素

当我们观察远古时代、近代和现代的残疾观，包括残疾的个体视角、社会视角和互构视角，都可以发现不同历史时期的残疾意义有所不同。为什么会有不同呢？符号互动理论指出，残疾的意义并非来自符号的本身，而是来自互动过程中的意义构建并被制度化的结果。

库利"镜中我"理论为解释残疾符号的意义建构提供了非常好的理论视角，该理论认为自我认知是通过与他人的社会互动形成的，他人的评价与态度是自我的"镜子"，个人通过"镜子"来认识和理解自己，例如，甲投射的符号刺激被乙接受并做出反应，乙是甲的"镜子"，承担着甲自我认知的功能。那么残疾的符号意义是如何建构的呢？按照符号互动理论的观点，残缺的身体符号投射给他人，他人接收到残疾的符号信息后做出了反应，"身体残疾的客观事实＝他人对残疾的主观反应"形成了残疾的符号互动，这样行动者之间的互动使残疾的符号意义就被建构起来了。仔细分析残疾的符号互动系统，有三个关键点决定着残疾符号的意义构建过程以及建构意义的符号取向。

关键点1：残疾的客观事实是否被他人所接收到。作为身体残缺与功

---

① 毛晓光：《20世纪符号互动论的新视野探析》，《国外社会科学》2001年第3期。

能受损的客观状态，是可以用医学标准衡量的客观事物，如对残疾人的残疾程度划分为七大类别，每个类别划分为四个等级，但是残疾的符号互动系统存在的前提，取决于他人对身体残疾的符号是否关注，以及所关注的程度。例如两个同样肢体残疾人，对肢体残疾的符号并不会特别在意；坐在座位上的残疾人同样不容易被他人关注其腿部的残疾；长期与残疾人打交道的人也对残疾的符号并不会特别关注；等等。这些都说明了残疾的符号在他人主观信息接收时会存在着被扩大或被忽略的特性，而是不印制模型一样原本的客观反映。

关键点2：他人接收到的残疾事实是如何理解的。他人接收到残疾的符号后，如何理解残疾的符号意义是残疾符号互动的关键。在微观层面，残疾的符号意义存在着被放大、缩小，也可以被忽略，如物理学家霍金，可以认为是一个伟大的物理学家而忽略其残疾的特征。同时对残疾的理解也有不同的意义取向，如一个社会成功人士，残疾被理解为身残志坚的价值意义，而对一个贫困的残疾人，残疾会被理解为弱者的标签。值得注意的是，对残疾符号的意义理解有着参照系或参照标准，是站在他人的参照下去理解残疾符号的意义，像是一个"哈哈镜"而非"简单的印模"，在宏观层面这个参照系更多为社会主流群体的健全人，是健全人通过"哈哈镜"反射着残疾的意义，并随着大众传媒等的刻板印象管理，形成了固化的残疾符号意义。因此，他人如何理解残疾符号的意义，取决于谁是参照系、取决于参照群体的价值观念。

关键点3：自我接收他人残疾符号意义后的认同。他人赋予残疾符号的意义并做出行动之后，自我存在着对其态度与行为认同的差异，不仅会有自我抗争，也会有自我认同。例如陈建斌导演的《一个勺子》（2015年），讲述了主人公收留了一个街边"疯癫者"之后的遭遇故事，却被周围人误认为是一个"傻子"，叫着叫着慢慢地也认为自己是一个"傻子"，这就是一个自我认同并不断内化的故事。另外，也有对他人残疾意义的行为抗争，如新闻里经常报道的残疾人自强事迹，经常会有"健全人能干成的，我也能干成"的语言陈述。

细致地分析残疾的符号互动过程后，发现残疾的意义建构拥有多个面向、多个维度，不仅与他人赋予残疾符号的意义有关，更与自我对残疾符号意义的认同有关。在微观层面，围绕身体的残疾表象进行互动从而相互认知、理解与认同,形成人们社会意识中有关残疾的日常生活"常识";宏观层面基于人们头脑中有关残疾的日常生活常识,纳入制度视角和文化范围将残疾的常识固化,形成非常稳定的残疾意义符号和社会形象,但由于残疾人自我发声与意义建构的缺失,导致残疾符号的意义构建在价值观取向上更多基于健全人为参照群体,也就形成了长期固化的对残疾意义解释的刻板印象。谁来建构残疾的意义、如何建构残疾的意义是残疾符号互动理论最主要关心的问题。

二 残疾符号的互动链

残疾的符号意义来源于社会互动而非来自残疾的符号本身,人们依据社会互动过程对残疾的意义解释进而采取社会行为,同时在意义解释与社会行动的互构中不断修正对残疾的意义理解。以下将站在他人的立场角度,从微观层面描述残疾的意义建构过程,并移植兰德尔·柯林斯有关符号互动仪式链的理论概念,尝试提出"残疾符号互动链"的概念,进而丰富对残疾意义的理论化解释。柯林斯认为,仪式是社会互动相对定型化的结果,主要包括至少两人以上行动者、共同的目标、共同的情感、共同的关注点、有阻挡外来的屏障等构成要素,在此基础上形成群体归属感与认同。本书认为,残疾的符号互动链是残疾意义产生的相对定型化的结构系统,是符号意义存在、体验、理解与修正的不断深化过程。主要表现为以下五个关键环节。

1. 先验的残疾意义

人们在与残疾人社会互动之前,头脑中已经存在了有关残疾的符号意义,主要来自先前个人与残疾人的体验与意义解释、大众传媒对残疾人物的宣传报道与形象塑造,以及残疾人自身的形象展示,在这一过程之中大众传媒的残疾塑造占重要地位,它为整个社会塑造了一个有关残疾的社会情境和形象标杆。如大多媒体报道的残疾新闻素材,包括残疾与贫困、社会救助、自力自强等主题,为社会塑造了一个残疾人是"贫困的、需要帮助的、无法自强"群体形象。先验的残疾意义成为行动者的无意识,也成为残疾的社会互动的起点。

2. 残疾的个体体验

体验是行动者通过实践去认识和感受社会互动对象的过程,既包括行动者的行为体验也包括行动者的内心体验，竞争、合作、冲突、强制、交换等会对行动者产生不同的情绪感受。残疾的个体微观体验来自行动者与残疾的社会互动，互动的方式、强度与时间都会影响行动者对残疾的体验，从而体现残疾体验的分层性。例如行动者与不同类型残疾人的个体体验是不一样的，残疾的部位对行动者的个人体验也是不一样的，残疾人与残疾人的体验与健全人与残疾人的体验也是不一样的。残疾的个体体验是丰富的、多样性的、立体化的，不同于社会对残疾的"刻板印象"，残疾的个体体验更具体、直观与丰富，更能反映残疾的微观的意义差异与不同。

3. 残疾的意义解释

残疾的个体体验过程也是行动者对残疾的意义建构过程。在社会互动过程中，残疾的解释不仅来源于先天的残疾意义，更来自社会互动过程中对残疾的意义重新解释，体现出残疾建构的不同特征与取向。在残疾意义的方向建构上，按照从体验的情绪向度分类，残疾的体验可分为积极和消极的两大类，积极的残疾体验会对残疾的意义建构更加正面，而消极的残疾体验容易导致对残疾的意义建构为负面与污名。在残疾意义的规则建构上，是社会互动的过程塑造了残疾的规则，同样与挂着拐杖的残疾人进行社会互动，接受与拒绝他人的帮助所产生的互动规则是不一样的，所体验出的残疾的意义也是不一样的。在残疾意义的情境建构上，残疾的情境定义也是随着社会互动而有所不同，例如在台上讲话的残疾人与接受救助的残疾人所制造的残疾的情境定义也完全不同。所以，可以发现残疾的意义解释会因社会互动过程中塑造的情境、规则、方向等有所不同，不同自然存在的，而是随着社会互动过程而不断产生并赋予其意义的。

4. 残疾的意义修正

大多数时，残疾的先验意义会与社会互动过程中残疾的后天意义发生冲突，冲突的结果会使残疾的先验意义或者得到强化，或者进行修正。如果社会互动过程中对残疾的意义解释符合先验的残疾意义，那么应会对先验的残疾意义进行强化，例如互动对象是一个需要社会救助的残疾人，对残疾的意义解释会更强化"残疾是灾难"的意义；但如果是一位已经获得社会认同的成功人士，那么对残疾的意义解释会对原有含义重新修正，进而构建自强不息的社会形象。

5. 残疾的意义固化

微观领域下人们对符号的意义解释都是不断重复验证的，残疾的符号意义也是在日常生活中不断构建的。随着人们更大范围内的社会互动，对残疾符号会逐渐形成一些或几种有共识的意义解释，并被纳入宏观制度化的系统中形成稳定的意义符号。这让笔者想起了焦点小组访谈的场景，当主持人提及一个概念或词汇时，问大家想到什么，每个人都围绕这个核心词汇进行意义解释后，会发现存在着一些相同的意义解释，之后主持人再问及如何看这些意义解释的时候，大家的意见会逐渐集中并形成共识，这就是一个意义逐渐固化的过程，也是一个从微观到宏观的意义固化过程。

为更形象地讲述残疾的意义生产过程，本书记录了作者对一位残疾人士的田间调查资料，可以较为清楚地发现"残疾符号互动链"的意义阐释与修正过程。

> 我们准备去一个残疾人开办的养猪专业户家，去的路上向导告诉我他们的养猪方式比较特别，"猪都是在楼上养"，我比较好奇也没有多问，反正一会儿到了就明白了。到了他们家跟前后停下来，养猪场建在乡村公路的旁边，没有看到别的养猪户建的一排排猪圈，只听到大猪小猪的叫唤声。一会儿人来了，是个女人，手里拿着香烟给我们递烟，比较像这边山里的女人性格外向，但穿着打扮比普通的女人要时髦些，鲜艳的呢子大衣看上去比较富有。站在旁边的男人在前面领着我们去参观猪场，女人一边向前走一边给我们介绍养猪的情况。我纳闷了，没有看到残疾人呀，这家男人和女人说话、走路都比较正常呀，没有缺胳膊短腿什么的，脑子也比较灵光，要不然养猪一年能产值几百万。忍住没有问，毕竟是人家的痛处，继续向前走到一块较为空旷的平地上大家停了下来，女人详细地向大家介绍这些年养猪的历史，我环顾四周墙壁上挂了两块牌子，一块标有"女性创业典型"，一块标有"自强模范"，我想应该是这位说话的女人是残疾人，后来直到离开她家后，向导才告诉我这家女人手上有毛病，四级残疾，不大注意看是看不出来的。

从上述的田野调查资料发现，对残疾的意义解释随着社会互动不断发生的变化。刚开始，残疾的意义解释来自向导介绍后的先验意义，在面对面的社会互动后，发现对面的残疾人并不符合原有对残疾的想象，"说话走路都比较利落"，直到最后看到两块挂在墙壁上的牌子，才把残疾与眼前这位女人联系起来，进而重新认识这位女性残疾人。在与这位女残疾人的社会互动过程，残疾并非客观存在的固定意义符号，是不断的意义互构与修正过程。

宏观层面残疾意义的建构虽然与微观残疾互动环节相同，但是由于残疾的群体体验与个体体验有明显的差异，微观的残疾体验是直接的、丰富的，而宏观的残疾体验更多是间接的、单一的，更多是通过大众媒体的信息传递或是对残疾人的"远观""眺望"，缺乏直接的社会互动与情绪体验，所以对残疾的解释更容易局限于先验的残疾意义，导致残疾意义的变迁速度较慢，但随着社会发展文明进步，残疾的意义阐述与修正也在不断向前发展。总之，残疾作为一种身体符号，并非存在着固有的、客观的社会意义，它是在社会互动过程中不断被赋予、被修正的，所以残疾人事业的发展，首先应该倡导残疾人社会融合，不断重构与修正人们头脑中固有的、先验的残疾符号意义，并赋予残疾的积极体验与正确解释。

三 残疾符号的互动规则

残疾符号的互动规则是怎么建立起来的？加芬克尔在其著作《民俗学方法论研究》提出的民俗方法论（Ethnomethods）为残疾符号的规则构建提供了有益的借鉴。与传统实证主义将社会事实作为客观现象相反，加芬克尔从现象学出发，提出的民俗学方法论主张社会事实是行动者之间不断主观建构的过程，行动、说明与场景构成了日常实践的复杂整体，规则是行动者理解和说明行动的参照系，来源于那些未经说明的约定和共享知识的理解。加芬克尔在观察陪审团评议的过程时发现，陪审员们之间以前并不认识，并且对法律的技术规则并不了解，在这种情况下能够正常工作并做出审议决定，认为一定有一种既定的不言而喻且大家共同遵守的规则程度在起作用，"这类技艺和规则是如何帮助人们形成关于现实的共同意识，即人们之间为什么有相同的理解"①。为此，他设计了一套"破坏性实验"，假定互动双方对潜在的互动规则并不了解，结果不仅双方之间沟通出现障碍，而且还会使人感到气愤甚至心烦意乱，这也说明了行动者双方互动存在着既有的规则约定及其共享理解。

公交车上给残疾人让座是惯常的社会实践，可以引导我们重新反思给残疾的规则是如何建构起来的。以下几种在公交车上给残疾人让座的日常场景，能够清楚地发现"不言而喻而共同遵守的规范"在残疾符号互动过程中的潜在作用。

场景1：公交车进站，人们排队依次上车，一位挂着拐杖的、明显看出左脚截肢的残疾人也上了车，坐在有专门标识残疾人座位的人首先站起来给他让座，这位残疾人也向给他让座的乘客道了声谢谢。

场景2：公交车进站，人们排队依次上车，一位挂着拐杖的、明显看出左脚截肢的残疾人也上了车，车上没有一个人给他让座，就是坐在有专门标识残疾人座位的人也"视而不见"，其他乘客都看着坐在标识有残疾人座位上的乘客，车上广播也响起了"请给老弱病残的乘客让座"通知，这位乘客不情愿地给这位残疾人让了座，残疾人也向这位乘客道了声谢谢。

场景3：公交车进站，人们排队依次上车，一位挂着拐杖的、明显看出左脚截肢的残疾人也上了车，车上乘客纷纷起身给残疾人让座，坐在有专门标识残疾人座位的乘客也站起来，但这位残疾人并不想别人让座，向他道了声谢谢并抓住了车上的扶手，残疾人座位的乘客也起身站起来，这个位子空着没人去坐，于是这位残疾人不情愿地坐到这个座位上，再次向这位乘客道了声谢谢。

场景4：公交车进站，人们排队依次上车，一位装有假肢但能明显看出是残疾人的乘客也上了车，车上的乘客包括坐在有专门标识残疾人座位的乘客也没有站起来让座，直到这位残疾人下车也没有坐上座位。

---

① [美]戴维·波普诺著：《社会学》，李强等译，中国人民大学出版社1999年版，第151页。

分析以上四种给残疾人让座的场景可以发现，乘客给残疾人让座的规则受制于行动者对场景的理解，受限于行动者对残疾的日常理解。在我们司空见惯的第一种场景中，"残疾＝行动不便＝需要让座"画上等号，这是行动者之间潜在的约定俗成的规则，在第二种、第三种场景中，广播提示、其他乘客关注、残疾人座位没人去坐也是对这种已经约定规则的强化与提醒，第四种场景是从反面印证了这种规则的既有存在。所以，从上述四种假定的、普遍惯习的日常社会实践中，可以看出残疾的互动规则来源于潜在的既有共同约定。深入下去继续剖析，这种既有的残疾互动规则是怎样产生的？其他车上乘客认为，挂着拐杖的残疾人"肯定行动不便"，"走路的姿势不同于普通人"，特别是拐杖与残疾人标识座位等符号意义在同一个空间被有机联系起来，这种意义并且被人们所感觉和理解，对照来看第四种情境下人们对装有义肢但行动正常的残疾人，残疾的符号意义却没有被其他乘客所理解并做出反应，因此可以看出，残疾的符号互动规则来源于人们对残疾的符号感知和对残疾符号意义的理解，并且在特定情境下呈现出不同的残疾互动规则形态，简而言之，残疾的符号互动规则来源于特定情境下人们对残疾的符号感知和意义理解，并且随社会教化和行为约束被固定下来，从而成为社会道德行为的一部分。

残疾互动规则是在多种因素共同作用下的结果，其一来源于信息的感知强度。从空间上看，残疾者所占的空间越大，行动者感知残疾符号的信息越强，例如坐轮椅的和挂拐杖的残疾人，因为轮椅所占的空间比拐杖的空间要大，所以坐轮椅的残疾人比挂拐杖的残疾人给他人的残疾符号信息强烈；同理，拐杖的残疾符号信息也要大于义肢的残疾符号信息。从程度上看，残疾程度越深给他人的残疾信息越强，例如在街头乞讨的残疾人，双手双脚都残的残疾人要比缺手或缺脚的残疾人所释放的残疾信号更强，乞讨所得的善款也就更多。从残疾部位来看，正所谓打脸与打屁股所蕴含的文化意义不同，身体的文化分层导致智力残疾的残疾人比肢体残疾所释放的残疾信息要强。其二来源于参照物或参照标准。通过上述公交车上给残疾人让座情境的分析，那就是以"普通人""正常人""健全人"为参照标准，通过主观情境假定形成对残疾符号的意义理解，蕴含着普通人之间是不需要刻意让座的，因为接收到残疾的信息并主观假定其"行动不便"让座给残疾人，残疾人坐上了标识残疾人座位之后道声谢谢，如果这种规则受到挑战，例如不让座会接收到广播的通知或他人不善意的眼光，从而强化了残疾既有的互动规则并形成公序良俗。其三来源于社会互动的情境。美国著名社会学家托马斯认为，一个人对情境的主观解释或定义会直接影响他的行为，"人们一旦被情景所限定，他们的行动也就随之而确定了"①。上述公交车上给残疾人让座的残疾互动规则分析是在公交车的情境下，如果换作别的情境空间那么残疾互动规则绝对不相一致。

通过案例情境分析，发现是基于"残疾人是不同于主流人群并需要他人提供帮助的弱势群体"的话语起点而构建起来的，残疾成为区分人与人的显著符号，并且随着残疾符号的信息强弱而呈现不同的行为反应。所以，残疾符号的互动规则起源于残疾的独特意义，它潜藏在日常的、行动惯习当中，并演变成为人们司空见惯的一部分，这正是加芬克尔民俗学方法论对残疾互动规则的理解带来的启示。

四 残疾符号系统

基于残疾互动规则而形成的符号互动系统，既体现在微观层面也表现在宏观层面，不仅关注于残疾意义产生的微观过程，又关注于社会制度和文化因素对残疾意义产生的宏观环境，共同构成了残疾符号意义产生的整体系统性环境。

1. 微观残疾系统

在微观残疾符号互动系统中，行动者双方构成了残疾符号意义发生的主体，行动者可以是健全人，也可以是残疾人，他们共同围绕着残疾的符号主题而发生互动。从互动过程来看，携带着残疾符号的行动者向另一方行动者投射残疾的信息，或是身体的残疾符号，或是残疾的语言符号、表情、形态等，被另一方行动者接收之后会根据自己对残疾符号的理解，放大或歪曲并重塑残疾的价值意义，这个过程被称为"客观残疾的主体化"。同时，当另一方行动者反射了残疾的符号意义时，行动者会将反射回来的残疾符号及意义进行价值认同，这个过程被称为"主观

---

① 赵万里、李路彬：《情境知识与社会互动——符号互动论的知识社会学思想评析》，《科学技术哲学研究》2009年第10期。

残疾意义的内化"。由此，残疾的符号意义建构过程中就完成了一个循环，残疾的符号意义也获得了双方的认同并持续不断固化下来。

值得注意的是，在微观残疾符号系统中残疾符号的接收与理解，受制于行动者互动时的情境定义，它是行动者之间相互建构与共同认同的，是"外在环境主观化"的结果，正是这种情境的认同建构了残疾互动的潜在规则（加芬克尔称之为常人互动规则），促使了残疾微观互动拥有了共同的互动前提与约束力量，保障了互动能够持续下去并在此基础上形成规则之上的符号意义。在互动表现形式上，可以是交换、合作、竞争，也可以是相互冲突，反映了残疾符号意义建构内在不同取向，并对意义理解与认同产生影响。总体上，微观残疾符号互动系统是行动者在共同情境定义下，通过理解机制和认同机制的双向建构，最终完成了残疾符号意义构建的系统体系。区别于宏观残疾互动系统，它不关心制度、文化、权力等的要素考量，更专注于行动者之间有意义的符号交流以及形式，见图4-2。

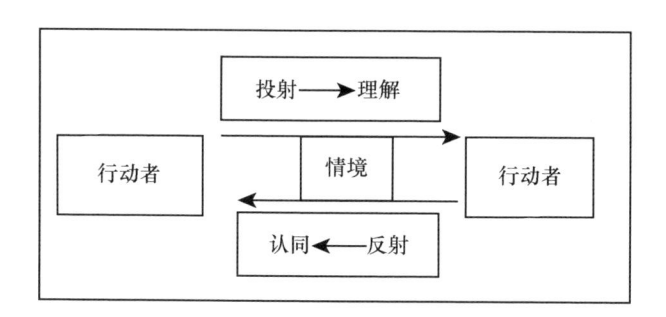

图4-2 微观残疾符号互动系统

2. 宏观残疾系统

与微观的残疾符号互动系统不同，宏观残疾系统更突出社会制度、文化规范等对残疾意义的生成作用。美国社会学家帕斯森在《社会系统》著作中提出了 AGIL 系统模型，用于对社会系统的结构与功能进行描述与分析，该理论认为行动系统包括行为有机系统、人格系统、社会系统、文化系统四大子系统，每个子系统在系统中发挥着不同的功能，其中行为有机系统发挥着对环境的适应功能（A），人格系统发挥着从环境中获取目标的功能（G），社会系统发挥着系统整合的功能（I），文化系统发挥着模式维持的功能（L）。其中社会系统又成为当时分析理解社会的流行经典理论之一。①

借用帕森斯的社会系统结构与功能的分类，宏观残疾系统可分为四大子系统并发挥不同的功能，分别为行动者系统、意义生成系统、制度文化系统、社区系统。行动者系统是宏观残疾系统的行动者主体，可以包括具体的残疾人群体、健全人群体、残疾人家属、残疾人工作者、残疾人志愿者等，以及抽象的大众媒体、学术研究、政策制度等，这些参与残疾意义建构的主体共同形成了残疾的行动者系统，从功能作用来看对宏观残疾系统发挥着环境适应的功能。意义生成系统是指残疾符号意义的生成系统，重点是社会生活中的残疾常识生成并制度化的过程，形成了残疾符号意义最突出最明显的话语。制度文化系统是残疾符号意义所赖以形成的制度与文化情境，维持着残疾符号意义的稳定。社区系统是残疾符号意义充分整合并形成残疾常识的系统，连接残疾生活常识和残疾制度话语的桥梁。在整个宏观残疾系统当中，各系统发挥着不同的功能、维护着系统的稳定与重新再生产，见图 4-3。

行动者系统　（A）	意义生成系统　（G）
制度文化系统　（L）	社区系统　（I）

图 4-3　宏观残疾符号系统

3. 残疾的区隔

法国思想家皮埃尔·布迪厄提出了区别马克思主义用阶级划分社会阶层的方法，主张按照人们的消费方式和文化再生产的惯习（Habitus）划分不同社会阶层，比如按照阅读习惯、听音乐的类型、消费地方与方式等，由此划分出来的社会阶层被赋予"区隔"的概念。布迪厄认为，文化偏好是深深地扎根于一个由感知、判断和行动组成的系统中，这个系统产生于家庭、教育系统和成年生活的各个社会环境共同形成的社会条件，从而构成了一个看不见的指挥家，编排出我们的文化实践，促成了在共同环境下就集体来说的个体差异。由此可以看出，皮埃尔·布迪

---

① ［美］帕森斯：《社会系统》，刘少杰译，中国人民大学出版社 2008 年版，第 23 页。

厄认为原有社会阶层划分太过宏大，主张从日常社会生活的细节发现不同社会群体之间的类型特征，从而把社会群体放置在社会系统的不同"格子"当中，而这些不同"格子"并不总是存在着明显的分层结构。

残疾是身体的表象特征，同时又具有生物性、文化性和社会性等多种特征，从残疾的视角去看待社会的区隔能够让我们更深入残疾符号系统。一方面，残疾的多样性特征显示，不同的残疾部位、残疾人群、残疾程度、残疾层次（从头到脚）都是区分群体的重要特征，呈现出鲜明的社会分层状况和类别化状况，譬如实地调研中发现，一些综合性儿童康复机构有着低视力、耳聋、脑瘫、孤独症等不同群体孩子，他们被自然地分割成不同的康复空间，孩子们的家长也被自然性分割成不同的群体，呈现出明显的因残疾而自然制造出的区隔状态。另一方面，在所有社会成员系统空间中，残疾人与健全人也被自然而然地分割成不同的"格子"，例如在社区日常生活当中，残疾人在宗教仪式、婚丧嫁娶、生产生活、社会交往等方面都存在着明确的区隔，他们和他们的家长被自然地组合成一起，与其他群体存在着明显的现实界限与心理界限，是社区文化的力量把他们编排在系统中不同的"格子里"，形成了明显的残疾区隔现象。总之，残疾区隔现象作为一种新的类别分析视角和社会分层指标，将使我们更能清晰地发现社会系统中因残疾而产生的结构性差异和文化差异。

第三节　残疾的身份与角色

现有相关研究文献中，身份、认同、身份认同、同一性等概念均来自英文 identity，作为一个复杂的分析研究对象，不同研究取向构成了多面向的理论体系，社会心理学认为身份往往与自我（Self）相关的信念与看法，以回答"我是谁"这个核心主题；社会学对身份的定义强调身份的社会性存在，关注特定文化制度背景下的身份意义、社会位置及其相互关系。我国学者认为身份是"一种多种社会力量参与的，在复杂的社会互动过程中被建构的、动态的、流动的社会属性"，是主观意义与概念客观化的结果,并辅助于制度化、合法化的策略技巧以实现这一过程。①本书认为,身份是个体与社会互动而建构的具有社会属性的意义符号,角色扮演是社会身份的外在表达与行动体现,每个社会身份都有着与其相互对应的社会角色。本节将重点就残疾的身份与角色进行分析,从而透视残疾的"他者"身份及其角色扮演的建构过程。

一 身份的建构

残疾身份的建构是复杂的过程,主要通过残疾的制度化和合法化的建构策略,把主流的残疾价值观与意义理解赋予残疾人,这个过程既是隐蔽的又是技术操作性的。残疾身份被建构之后,主流对残疾的价值判断与意义理解也被赋予其中,并衍生出一系列与之相关的身份。

1. 制造身份的技术

在分析残疾的身份如何被建构出来之前,有必要分析现实情况残疾人的身份是如何被制造出来的。根据中国残联《关于制发第二代〈中华人民共和国残疾人证〉的通知》(残联发〔2008〕10号)规定,我国残疾人的身份需要经过七个认定环节。

一是申请。第一次申办残疾人证的申请人(或法定监护人)和第一代残疾人证换领第二代残疾人证的申请人(或法定监护人),均需持申请人身份证、户口本、二寸免冠照片和三张户口所在地县级残联提出办证申请,填写申请表、评定表一式三份,如实填写相关信息。

二是受理。县级残联接到办证申请人提交的相关手续后,由办证人员对申请人、照片、身份证、户口本进行核对,并将申请表中相关信息录入残疾人人口基础数据库。对于填写虚假信息者不予受理。

三是残疾评定。第一次申办残疾人证的申请人和第一代残疾人证换领第二代残疾人证的申请人,县级残联对于残疾特征明显,依照残疾标准,易于认定残疾类别、等级者,可直接填写评定表,并在评定表中明确记录残疾特征和直观评价,但必须经过包括理事长在内的3人联合评定、签字;其他难以直接认定残疾类别、等级者,必须经县级残联指定的县级(含县级)以上医院或专门医疗机构评定,由县级残联指定的县级(含县级)以

---

① 葛忠明:《"他者"的身份》,山东人民出版社2015年版,第6页。

上医院或专门医疗机构填写评定表，要有明确的残疾评定结果。

四是初审、填发。县级残联根据申请人的相关材料和县级残联指定的县级（含县级）以上医院或专门医疗机构做出的残疾评定结果进行初审，并将评定表相关信息录入残疾人人口基础数据库。对于信息虚假或县级残联指定的县级（含县级）以上医院或专门医疗机构做出的残疾评定结果不符合残疾标准者，予以退回。对于残疾特征明显，依照残疾标准易于认定残疾类别、等级，县级残联直接填写评定表者和县级残联指定的县级（含县级）以上医院或专门医疗机构做出的残疾评定结果符合残疾标准者，按照残疾评定结果填写打印残疾人证相关信息，连同申请表、评定表等材料一式三份报市级残联审核批准。县级残联理事长要在残疾人证填发人处签字，在填发机关栏加盖填发机关公章。

五是审核、批准、备案。市级残联根据残疾标准和残疾人证管理办法，对申请人办证申请、县级残联的受理程序、残疾评定结果、县级残联的初审意见进行审核。对于不符合残疾标准、县级残联初审意见错误或不明确及其他不符合规定者，予以退回，不予批准。对于符合残疾标准、县级残联受理、初审意见正确并符合程序规定者，予以批准。在批准机关栏内加盖公章，在持证人像上加盖钢印，并留存一份申请表、评定表等相关档案资料。

六是发放、备案。县级残联发放市级残联审核批准的残疾人证，并留存一份申请表、评定表等相关档案资料。

七是领取、保存。申请人到县级残联领取经审核批准的残疾人证，本人保存一份申请表、评定表等相关档案资料。我国第二代残疾人证办证流程图示如图4-4。

从图4-4可以发现，残疾身份的制造是一定标准下的技术化实现的产物，正如工厂的标准化制造流水线，所制造出来的残疾人如同合格的工厂产品。在整个残疾身份制造链条中，重点包括本人自愿申请-县级残联核准-县级医院鉴定-市级残联复核-县级残联制发等五个环节，可见残疾身份的制造不仅是医学技术化的结果，也是政策技术化的结果，它通过一系列技术化操作过程把残疾人剥离出来，这一过程也如同医学诊断把病人身份制造出来，而没能通过技术化诊断也就没能实现身份的制造，从而被排除在政策制度的框架范围之外。

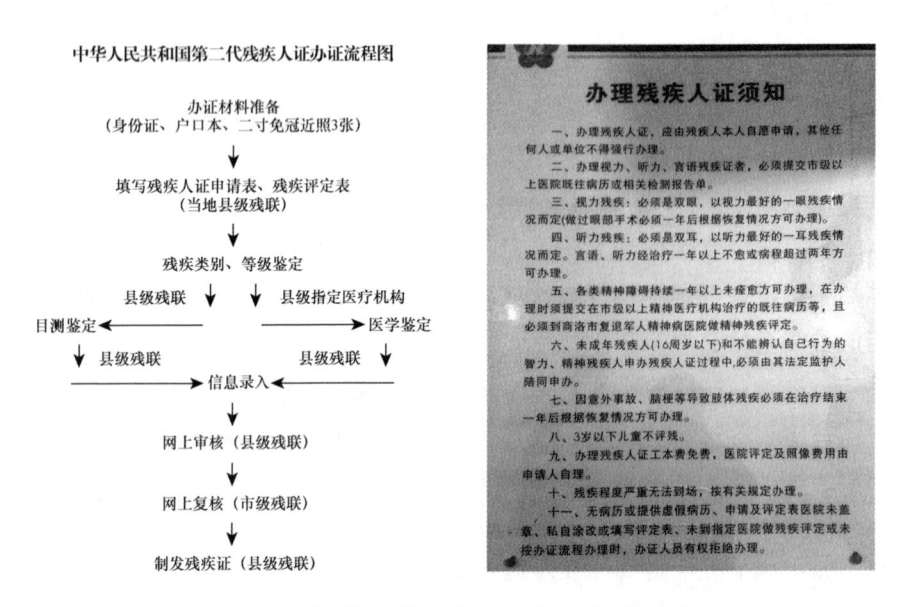

图 4-4　中国第二代残疾人证办证流程图及须知

2. 建构身份的手法

探讨残疾身份的本质,应该从关系主义角度出发,有学者认为残疾是人们在互动过程中赋予残疾人主观意义客观化、具体化的结果,这取决于赋予残疾人意义的价值假设,而这种假设往往是通过在社会主流话语而表达出来的。① 并进一步认为,残疾话语建构具体过程需要观察话语的集体表达形式,尤其是表达话语体系中核心思想的概念、词汇、陈述及类似的语言行动;需要观察话语的使用和回应,讨论人们使用这些概念、表达、陈述、判断的具体方式,以及互动对象对表达方式的反应;需要观察从话语到身份的观念,讨论互动过程如何逐渐发展、形成、认定关于社会成员和社会身份的观念;需要观察观念的制度化,发现这种观念是如何逐渐地合理化、合法化进而制度化;需要观察身份与制度的关系,检讨现有的体制如何配合了特定的话语体系,从而强化了被建构的残疾身份。②

---

① 葛忠明:《"他者"的身份》,山东人民出版社 2015 年版,第 6 页。
② 葛忠明:《"他者"的身份》,山东人民出版社 2015 年版,第 26 页。

伯格和卢克曼的社会建构理论进一步探讨的身份的建构策略，用"制度化"和"合法化"两个概念模式进行具体诠释。制度化被定义为行动不断被重复而成为习惯，这种习惯通过外化过程中的交互性成为客观世界和社会意识理所当然的一部分；合法化是对制度的进一步强化，并对确立的制度在现实中进行合理化证明。[1] 按照制度化和合法化的社会建构主义解释路径，残疾身份建构在个体层面通常包括四个阶段。

其一：身份无意识阶段。在这一过程中，具有残疾特征的个体并不关心自己的身份问题，如先天盲人、聋人、后天致残者等，刚开始并不具有残疾的敏感意识与残疾人的身份认识。

其二：身份认同阶段。残疾人在与他人交往过程中，以"他人为镜子"形成自己对残疾身份的理解，并对残疾身份产生意义认同，在这个过程中更多以主流世界价值观为参照系。

其三：身份抵制阶段。一些残疾人可能并不认同主流的残疾身份意识，也可以完全否定或部分抵制他人对自己是残疾人的身份判断，这需要残疾人自身的意识觉醒。

其四：身份融合阶段。在经历过身份认同与抵制之后，残疾人对他人的态度和外在评价开始接受，并进而按照身份的社会意义和行动规则产生社会互动。

当然，残疾身份在社会建构过程中，既依赖于主流社会的文化自觉性，又取决于残疾人自身的意识自醒，特别是在身份认同与抵制阶段，双方力量的对比以及反抗意识决定着残疾身份的社会意义内容，如果被主流社会定义为"另类""他者"身份而且也被残疾人自身得到认同，那对残疾人来说将是"套在头上的枷锁"，难以获得自由。

3. 残疾身份的衍生

身份的获得是社会性的过程，包含文化、社会与政治意义。自残疾身份诞生以来，它将在社会互动过程中沿循着其文化价值内涵而衍生一系列的其他身份。

通过把残疾作为身份划分标准的制度化，如我国残联专门制定的划分残疾人的标准以及不同层级，残疾的身份就被社会制度正式确立起来

---

[1] Berger, P. L, Luckman, *The Social Construction of Reality*, Garden City, Doubleday, 1966.

了。按照标准和政策可划分为三大类别残疾人,其一为准残疾人。按照制定的残疾标准不属于残疾人群体范围,但由于人在生命的某阶段都会具有残疾的特征所以每个个体都是理论上的准残疾人;其二为隐形残疾人。符合残疾标准但是自觉或无意识地游离政策范围之外;其三为政策残疾人。符合残疾标准特征且被国家和社会政策认可并开具残疾人证。

另外,残疾的身份认同是从对残缺身体认识而建构起来,并通过个体的医学模式而发展出"病人身份",在此基础上残疾的"病人身份"衍生出"残废人身份""弱者身份""依赖者身份""越轨者身份"等,这些身份的产生基于"残缺"的文化含义而建构起来的。

二 他者的身份

"他者"是当代西方社会理论的一个重要概念,是从关系的维度区分"我者"与"他者"的分析框架。有学者认为,"他者"存在于两组关系之中,第一组关系为同者(same)与"他者"(other),第二组关系为主体(subject)与"他者"(other),后一组关系是前一组关系的具体体现。① 从"他者"类型划分看大约有三类:一种为与我不同的"他者",如与"我"不同的人、文化、群体,主要表现为与"我"的差异性;一种为主体之上的"他者",例如宗教里的领袖,黑格尔的"绝对精神",主要表现为"我"受其掌握和控制;一种为主体之下的"他者",如两性关系中的女性、社会的弱势群体等,主要表现为"我"的从属性。福柯认为,话语体系下的知识与权力构成了真理天网(regime of truth),主流与边缘群体都是真理天网的"他者",而边缘群体又是主流群体的"他者","他者"是"我者"权力的对立面,深刻地反映了"他者"是社会建构的结果。

社会角色是指与人们的某种社会地位、身份相一致的一整套权利、义务的规范与行为模式,它是人们对具有特定身份的人的行为期望,它构成社会群体或组织的基础。②

有学者对社会学意义的身份进行类型学归纳,学界将认同度高的类

---

① 胡亚敏、肖祥:《"他者"的多副面孔》,《文艺理论研究》2013年第4期。
② 郑杭生:《社会学概论新修》,中国人民大学出版社2002年版,第139页。

型分类包括①，特纳（Turner）把身份分类为人类身份、社会身份和个体身份，其中人类身份为个体作为人类区别于非人类的特征，社会身份为个体从属于特定群体的群体资格，个体身份是同一群体内个体区别于他人的特征；霍尔（Hall）把身份分类为个体身份、关联身份、社会身份，其中个体身份是区别于他人的特殊性，关联身份是个体与他人产生社会关系的产物，社会身份是个体与群体间的关系；古迪昆斯特（Gudykunst）把身份分类为人口统计学身份、社会身份、组织身份、职业身份、污名身份等。可见身份的类型划分往往与其承担角色、社会地位以及社会期待、社会规范相联系。

在残疾符号互动过程中，通过身份鉴别、医学诊断和社会政策识别，残疾的社会身份逐渐演变成"病人"身份，进而成为"他者"身份，这成为残疾符号系统的重要组成部分。

---

① 孙世权：《文化身份如何被塑造和建构——以跨文化交际为理论视角》，《学习与实践》2014年第12期。

第五章

残疾的知识考古与文化

我们的生活世界既是"事实的世界",存在着我们能够看得见的形色各异、丰富多样的现实载体,如我们的政府、家庭、居住的房屋和街道上运行的车辆等不同的形态;同时也是"意义的世界",体现在语言文字、风俗习惯、性格、社会心态等文化形态当中,还体现在宗教、道德、民族国家意识等文化意识当中。"事实的世界"与"意义的世界"共同建构了我们存在的世界和空间。"残疾的世界"也是一样的,既有各色各异的残疾人和残疾人生产生活等"残疾的事实世界",同时还包括我们塑造的残疾意义、价值取向以及文化内涵等"残疾的意义世界"。本章将从残疾的知识考古学和文化人类学的角度,深入探讨"残疾的意义世界",以揭示和发掘其意义世界背后深层次的文化表达。

第一节 残疾的知识考古

一 福柯的考古学

米歇尔·福柯(1926—1984)是法国后现代思潮的前卫人物和国际思想界巨擘,思想新颖方法独特,尤其关注疯癫、知识型、知识、权力、性欲五大非主流研究议题,影响着社会学、政治学、精神病学、医学、心理学、文学艺术等多个研究领域。梳理福柯思想史,1970年称为考古学时期,对癫狂、疾病、非理性、诊所、医学等非主流文化现象进行知识考古,主要代表作为《精神病与人格》(1954)、《癫狂与文明》(1961)、《诊所的诞生》(1963)、《词与物》(1966)、《知识考古学》(1969)。1970年后称为系谱学时期,从而重新建构当下现实世界及意义,主要代表作为《话语的秩序》(1971)、《规训与惩罚》(1975)、《性史》(1976—1984)等。

1. 陈述、话语与知识

语言是人们认识世界与相互交流沟通最便捷的工具和载体，正是因为有了语言人类才能建构起规则、制度、法律和文明。

福柯的知识考古学在于揭露个人的、制度的、规范化的话语是如何控制社会和文化生产的，在其理论体系当中引进了"话语"和作为"话语的单位"的"陈述"的分析范畴。陈述是指构成话语的原子与基本单位，"不是命题、不是句子、不同于语言行为"，而是"一个与为数众多并相关的单位并排运作的功能。"① 陈述功能的实施包括陈述的对象、主体、共存范围和物质领域四个方面的条件，表现为"谁在说话？在所有说话个体的总体中，谁有充分理由使用这种类型的语言？谁是这种语言的拥有者？谁从这个拥有者那里接受他的特殊性及其特权地位？"等议题。

一系列相关的陈述建构了话语，不同于句子、命题、论说单元或普通语言，而被看作为档案或纪念物，"间断的、偶然的和有形的特殊事件系列，具有自身的连贯和前后相继形式的实证性实践，既不同于线性的言语或书写，也不同于流变的意识"②。话语实践是"言语""语言""看""说""陈述""撰写或书写"和"商讨"有机融合的复杂体系，并与其他社会实践（生产活动、经济活动、政治活动和社会活动等）相互依赖并通过它们来显现。③ 在福柯看来，话语是权力建构的产物，权力控制着话语的生产，决定着人们的价值观和认知方式，由于权力的建构性、无主体性和非中心性，使话语与权力表现为一种相互依存的关系，同时权力又是一张多个网点构建的关系网，在网状结构中每个人都拥有着权力，每个人既是权力实施者又是被实施的对象，体现了"知识以一个压迫式的暴君转化为知识和权力的战略性联接"④。综观福柯的考古学，

---

① [法]福柯：《知识的考古》，王德威译，台北麦田出版有限公司1993年版，第187页。
② [法]福柯：《知识的考古》，王德威译，台北麦田出版有限公司1993年版，第189页。
③ 于奇智：《福柯及其生平、著作和思想》，《国外社会科学》1997年第1期。
④ [法]福柯：《知识考古学》，谢强、马月译，上海三联书店1998年版，第110页。

其目标就是要颠覆传统的思想史观,抛弃过去以时间为序进而对历史形成有意义的整体的史学观念,而仅为对历史进行纯粹的描述分析,用语言文字把发现的档案再现出来,通过划分为更简单的构成要素,从而找到他们的属性和关联,这有助力于我们从另一视角看待过去的历史。

2. 对疯癫的知识考古

福柯应用知识考古学的第一本著作就是《疯癫与文明》,这也是残疾研究的重要领域和热点议题,在这本书中,福柯试图通过对欧洲中世纪以来与精神病有关的话语分析,揭示出精神病并不是自然的产物,而是历史话语塑造产物,是理性排斥的结果并在对话中丧失了权力,"疯癫并不是一种自然现象,而是一种文明产物,没有把这种现象说成疯癫并加以迫害的文化历史,就不会有疯癫的历史"①。

福柯的自身经历使他更关注于疯癫、流放、禁闭等非主流现象,通过详细梳理疯癫的话语变迁,从而建立起癫狂、非癫狂、理性、非理性以及文明之间的关系。远古时期,人们对疯癫认为是上帝派到人间的使者,正是因为疯癫所爆发的兽性使人能够忍受饥饿、高温、寒冷和疼痛以避免身体的伤害,就像大自然赋予野兽的免疫力一样,这是大自然的直接恩惠。17世纪以前的人们还能够平静地接受"癫狂"现象,只有在特定的历史条件下和社会环境中,癫狂才被认为是危害社会的罪恶,应该受到社会的管辖和理性的审查。文艺复兴初期,人们摆脱了神学的禁锢获得了理性,人们对待疯癫的态度已经发生变化但还不算严厉,"愚人船"是专门给癫疯者设置的驱逐工具,只要求他们乘坐船只到另一个世界,直到疯人开始四处航行展示疯癫,"疯癫"作为理性对立面的历史由此逐步揭开。1656年成立的以"制止一切混乱根源的行乞和游手好闲"为目标的巴黎总医院,不仅是一个半司法机构,同时也是一个独立的行政机构,这种收容与禁闭制度标志着"疯癫"的话语和社会制度被建构起来了,"疯人的身体被视为明显而确实的疾病显现部",同时也被赋予了非道德的语言标签。② 到了近现代时期,理性不再禁闭疯癫,而是用理性去规训疯癫,致力于使疯癫回归到所谓正常的日常规范当中,不仅没

---

① [法]福柯:《疯癫与文明》,刘北成、杨远婴译,上海三联书店2003年版,第3页。
② [法]福柯:《疯癫与文明》,刘北成、杨远婴译,上海三联书店2003年版,第148页。

有放松对疯癫的管控,而且换了更隐蔽的形式加强了控制,如精神病治疗中会用强固法、清洗法、浸泡法、运动调节法和心理治疗法等医学方式去治疗疯癫,这些更加精细化的日常规训手段,将疯癫与禁闭更加紧密地联系在一起,谁与理性对立谁就是疯人,特别是当今高度发达的大众传媒,用"理性-疯癫"的二元对立建构着疯癫的话语,疯癫既是压迫的主体,又是压迫的对象;既是压迫的象征,又是压迫的目标。①

福柯试图说明,疯癫的历史是一部"理性"压抑"疯癫"的历史,一部制造"理性"压迫"非理性"从而造成疯癫他者化的历史,而披着"科学"外衣下的疯癫治疗,宣扬的是知识、科学和真理的"理性",实际上则是对"疯癫"的权力滥用,只有打破现有"理性"与"疯癫"的二元对立话语体系,还原于人本原的、多元的社会建构时,才能真正把"疯癫"从困境当中解脱出来。

二 残疾的知识考古

原始社会没有残疾的意识与话语,而战俘的出现不仅导致氏族解体和国家形态建立,同时也导致了刑罚的产生和残疾主体意识的建构。残疾来源于战俘同时又扩大于受权力压迫的人们,推动权力对残疾的控制更加隐蔽和精细。套用福柯对"疯癫"的历史解析,"残疾并不是一种自然现象,而是一种文明产物,如果没有把这种现象说成残疾并加以规训的历史,就不会有残疾的历史"。所以,我们否定残疾、否定残疾的主体意识,必须揭示现有的残疾话语及其背后的"话语"。

1. 残疾的蒙昧与无主体性

让我们凭借现有的史料观察原始社会的残疾。《淮南子·览冥训》记载:"四极废,九州裂,天不兼覆,地不周载,火炎而不灭,水浩洋而不息";《礼记·礼运》记载:"未有火化,食草木之实,鸟兽之肉,饮其血茹其毛";《韩非子·五蠹》记载:"上古之世……人民少而禽兽众,人民不胜禽兽虫蛇,民多疾病,有圣人作,钻燧取火,以化腥臊,而民说之,使王天下,号之曰燧人氏"。这些先古流传下来的史料,说明残疾作为一种自然现象在原始社会就已经存在,腥臊的食物、多禽兽虫蛇、多疾病

---

① [法]福柯:《疯癫与文明》,刘北成、杨远婴译,上海三联书店2003年版,第148页。

等使得人在自然面前不可避免导致残疾，生理性的残疾和社会伤害导致的残疾并不少见，但并没有发现有残疾主体意识的相关文献记载。

观察原始社会生活形态，有利于我们能够更好地了解残疾的历史，生活在我国北方的鄂温克人，原本为一个生活在森林里的狩猎民族，据相关史料记载，他们打完猎后分配猎物，"按公社劳动力人数以及寡妇、孤儿、失去劳动力的人数进行分配，一个劳动力得一份，孤儿、寡妇和失去劳动力的人都得半份"[①]。可以发现，原始社会形态是由血缘关系构成的氏族社会，在氏族社会内部人们保持平等，共同生产劳动，平均分配社会产品，现代意义的残疾人更多的是生理意义上的残疾人，残疾人也没有和社会"正常人"区分开来，甚至在一些文化作品中还被神化，如《庄子·人间世》中描写的支离疏这个人物，因为身体残缺不仅免除了劳役，还得到了国王发放的救济，并在乱世中保全了性命。还有瘸腿的王骀、申徒嘉以及瓮、大瘿等人，虽然形貌丑陋身体残缺，但都是些才华横溢、道德高尚之人，他们不仅不因为自己身体缺陷感到苦恼反而觉得自豪。又如《山海经·大荒西经》记载："天门，日月所入，有神人面无臂，两足反属于头，山名曰嘘。"这些神话中记载的远古残疾人形象为神，具有美好的品质。

以上史料、先秦人物和神话故事，都认为残疾作为一种自然现象与生俱来，还没有出现对残疾的否定意义以及对残疾人的贬义。简而言之，残疾在当时根本不是一个问题，也不是用于区别不同人的评价标准，甚至为了氏族的利益，伤残者还可能成为氏族的英雄，是美的、超人类的形象写照。

2. 残疾的诞生与主体意识

远古时期，以血缘氏族为共同体之间的争斗是经常发生的事情，战俘是战争的结果，通常胜利的一方对待战俘会用非血缘的规则处置他们，一般包括杀死和不杀两种，不杀主要情况为把战俘收归为氏族的财产，让他们从事劳动生产，地位和氏族里的生产工具相同，结果将导致氏族原有以血缘维持内部关系的结构发生了断裂。另一种为对战俘进行刑罚，

---

① 吕光天：《额尔古纳河的鄂温克人，北方民族原始社会形态研究》，宁夏人民出版社1981年版，第285页。

包括死刑与肉刑两种，这是人类开始了有意识地制造残疾的历史，由此拉开了社会性残疾的历史大幕。

《尚书·舜典》记载："帝曰：皋陶，蛮夷猾夏，寇贼奸宄。汝作士，五刑有服。""象以典刑，流宥五刑。鞭作官刑，扑作教刑，金作赎刑。眚灾肆赦，怙终贼刑。钦哉！钦哉！惟刑之恤哉。"其中五刑为墨刑、鼻刑、剕刑、宫刑、大辟刑。《尚书·吕刑》记载："苗民弗用灵，制以刑，惟作五虐之刑曰法……越兹丽刑并制，罔差有辞。"《尚书·皋陶谟》记载，对战俘有五种死刑和两种肉刑，这些相关的先秦文化史料证明了刑罚在相当长时间存在的历史。追溯刑罚的历史，刚开始时仅为氏族外的战俘，通过肉刑惩罚战俘们的过错，也宣告他们是失败者的身份，刑罚的结果除死刑外所有的肉刑都将导致残疾。不同于原有的生理性残缺，故意对战俘实施刑罚导致的残疾是社会性残疾，如果说原有的生理性残缺以完美肉体体态为标准，彰显身体美、英勇战斗等积极意义的话，那么实施肉体刑罚导致的社会性残疾，被加上弱者、失败者、敌人等人的标签。

随着氏族社会解体，家庭、私有制和国家等相继出现，一部分氏族成员也和战俘一样沦为了奴隶，导致原有对奴隶的刑罚也扩大到原有氏族内部成员。由此可见，残疾是权力建构的产物，权力控制着残疾的生产，身体也不仅是生理与自然的实体，更是社会权力铭刻的场所。

3. 残疾的发展与社会规训

战俘的出现导致社会性残疾的诞生，氏族社会后期，不仅包括战俘也包括原有氏族内部成员，刑罚也同样运用于所有被统治的人群，这也大大地扩大了被制造的残疾，残疾的意义建构更趋向顺从权力的统治和社会的规训，梳理残疾历史发展的脉络，权力对残疾的规训主要从身体的规训和意义的规训两条道路出发。

残疾的身体规训是权力控制残疾非常有效的手段，也变得更加精细。采取的主要方式有三种，其一是减少死刑增加身体刑罚种类。夏代逐步确立了墨、劓、剕、宫、大辟的五刑制度，商代发展了醢、脯、焚、剖心、劓、刖等刑杀手段，西周出现了徒刑、拘役以及赎刑、流刑等刑罚制度，秦时期发展了笞、杖、徒、流放、肉、死、羞辱、经济、株连等刑罚制度。随着社会文明进步刑罚总体逐渐宽缓，原有"割裂肌肤、残害肢体"的肉体刑罚手段逐渐减少，但是刑罚的精细程度却在逐渐加深，从攻击精神到攻击肉体，并发展到伤害身体，但以不丧失人的劳动能力的前提下达到权力恐吓的目的。① 福柯对监狱的细致观察后发现，一种被称为"全景敞视主义"的建筑广泛运用于学校、军队、工厂，这种以监狱的禁闭形式使人被更紧密、更严格地控制着，成为现代社会普遍采用的惩罚手段，表面上监狱式的方式是文明的、进步的、人道的，但它却更隐秘地控制着人的精神和肉体。

其二是发展肉体刑罚的工具和手段，如"桎梏"的刑罚工具，最早的足械，后来还出现了手械和颈枷等暂时性残疾的工具，还会标明受罚者的姓名、罪行，并当众施行并达到警示恐吓的目的。如现在刑罚工具如手铐、脚链等工具，一般犯人只需要手铐等限制较少的工具，而对于死刑犯却需要手铐、脚链和五花大绑，这些都会根据受罚不同程度而定，以达到罪行相当的惩罚目的。

其三是发展矫治身体的"科学"。权力对身材的控制也导致人们对身体符号逐渐增多，到了战国时代，与"疾"相关的形声字逐渐增多，能够对身体不同的病征给予不同的分类和名称。② 我国的中医理论也参与到权力对身体的控制链条当中，借助阴阳、五行、气等朴素哲学符号进行解读身体，从而对身体能够准确描绘与解读，并进行更为准确精细的治疗。由此可见看出，权力对身体的控制是通过建构起精细解读身体、精细刑罚身体等方式，用残疾的表征以达到权力的吓阻目的。

残疾的规训也是权力控制残疾的重要手段，也变得更加隐蔽。采取的主要方式有三种：其一是赋予残疾的罪恶感。古典时期，劳动被权力赋予了赎罪的力量，通过劳动能够升华道德并消减罪恶，不能劳动的人或者被驱逐，或者被圈禁。佛教教义中就有"今生瞎眼为何因，前世指路不分明；今生聋哑为何因，前世恶口骂双亲"残疾因果论等意义解释。其二是赋予完整的社会"礼仪"。孔子非常重视礼教的作用，《礼记》记载不同的阶层和人员着装有着不同的规范，在不同场合饮食、衣物、排

---

① 蔡枢衡：《中国刑法史》，中国法制出版社2005年版，第57页。
② 许进雄：《中国古代社会：文字与人类学的透视》，中国人民大学出版社2008年版，第490页。

场都有不同的规定，身体从属于权力，权力严格控制着身体，也控制着身体的使用与功能发挥。其三是发展出更为丰富的词汇。如疾、残、废、癃、痼等残疾的总称，同时在此基础上发展出对不同残疾类型的多种词汇，如视力残疾既有瞽、矇、瞍、瞑、眇等正式词汇，又有盲、瞎等非正式词汇，组成了对不同视力残疾状况的精确化描述，共同组成了种类多样、庞杂繁复的残疾词语体系，犹如监狱里功能不断细分的小单间，使身体被蜷缩在人为制造的话语环境里而不见天日。

总体来看，残疾由生理性残疾转向为社会性残疾，通过把人精细化、把身体精细化达到控制身体的目的，"权力不仅仅是残疾主体构建的条件，并且在残疾的主体中遮蔽自己，同时构建着自己"①。社会分工导致了社会结构的分层化，越来越多的残疾人由于生理残疾导致在社会结构中占据不利地位，特别是体力劳动加剧残疾人流向社会底层，随着时代发展，社会分工推动越来越多的残疾人获得与健全人同样的机会，所以社会分工加速残疾的发展，同时也将塑造着残疾的未来。

三 残疾的现代性

"现代"这个词最早可追溯至中世纪的经院神学，意指古罗马帝国向基督教世界过渡的时期，代表着新与旧时期的更替。"现代性"（Modernity）是当代社会理论的核心概念和关键议题，是传统和现代之间的一种紧张关系，是断裂和连续的统一。吉登斯认为，"现代性是指社会生活或组织模式，并在后来的岁月中，不同程度地在世界范围内产生着影响"②。德国著名哲学家和社会学家哈贝马斯，被誉为"德国思想威力最强大的哲学家""法兰克福学派第二代领袖"和"西方学界的领袖人物"，面对形形色色后现代理论和现实世界现代性的悖论，阐释了现代性是一项未竟的事业，"人的现代观随着信念的不同而发生了变化，此信念由科学促成，它相信知识无限进步、社会和改良无限发展"③。残疾作为人类自身存在

---

① 冯俊：《残疾的诞生——论先秦权力模式的断裂与变异》，硕士学位论文，西南大学，2010年，第2页。
② ［英］安东尼·吉登斯：《现代性的后果》，田禾译，译林出版社2000年版，第48页。
③ ［美］哈贝马斯：《现代性的地平线》，李安东、段怀清译，上海人民出版社1997年版，第100页。

的一种方式，残疾观以及应对残疾的社会行为变迁体现着残疾的现代性，如果不改变权力构建残疾的不平等性，以及人作为生产性工具的评价标准，那么残疾的美好未来仍然非常遥远。

1. 残疾观的嬗变

残疾观是残疾现代性的重要概念，是指对残疾的认知及其观念与态度。自从人类诞生以来，残疾的观念就已经存在，但其观念的内涵与本质经历着从"个体化残疾"到"社会化残疾"的历史嬗变，正如哈贝马斯所说，残疾的现代观随着人们的信念而发生变化，会随着人类知识无限进步、社会和改良无限发展，呈现出残疾从无到有再到无的观念嬗变。

原始社会时期，人们对于残疾的认知是零散且缺乏系统的。由于共同生产、平均分配的小集体生产生活模式，一个氏族社会成员内部缺乏群体类别化的认知需求，身体的残缺并不需要明确区分开来，而且由于残疾的身体特征，当时的人们还无法做出更有效的解释，容易表现为一种超人化的解释取向，如祈神时仪式上的疯癫表象，是"人与神"的同一时空链接。这时候权力在残疾的主体建构过程中还没有体现出来，直到战俘等非氏族力量的出现，以一种刑罚的方式通过权力运作呈现在历史的舞台上，这时的残疾观发生了第一次历史性的转变，残疾主体的诞生以及残疾主体意识的构建形成，使残疾获得了文化的负面意义，也倾向于从宗教视角去看待残疾、解释残疾。

马克斯·韦伯认为，现代性是一个逐渐"祛魅"的过程，原始的残疾观倾向于从神学和超自然力量的因素解释，但随着权力对残疾的构建过程，人们解读残疾更倾向于从个体化的因素去解释残疾的形成与结果，这也就形成了"个体化残疾"的残疾观。与此相对的话语解释就有了"医学视角""慈善视角"等。"医学视角"的残疾观认为，残疾是来自个体身体机能的缺陷，但可以通过积极医疗康复避免缓解残疾的后果，主张通过医学专业知识对残疾的身体进行"正常化"改造，在此模式下又衍生出"专家模式""病人角色"等残疾解释话语，顺其自然地解释残疾就有了社会代价论、社会功能论、个人责任论、生存竞争论等残疾观。相比较过往宗教话语的残疾观，医学话语的残疾观一方面突出了残疾的主体性，这是历史的进步；但另一方面又把残疾的主体性置于一个不平等的话语地位，显示残疾历史发展的残酷性。

残疾观的"社会模式"是残疾意识形态的一次飞跃，"残疾来自社会而非来自身体"是其主要价值诉求，这是人类把残疾话语从原来的无主体到个体，最后转向为社会的历史性跨越。"社会模式"的残疾观关注制造残疾的社会与制度环境，并指出残疾的主要问题是没有充分考虑残疾人的需求并提供有效的帮助。在此基础上，残疾的话语得到较快的发展，如残疾的"少数政治模式"，"环境建构身份"的"社会构成"模式，"自我负责决策"的"独立模式"等，同时对残疾的解读基本价值立场发生了变化，残疾不再是悲剧、依赖社会、丧失个体能力价值，而是人类社会活动中正常的组成部分，体现着人类自身多样性的特点。这点从国际上对残疾的定义也可以看出，1980年残疾的分类标准为残损、残疾和残障三大类，《残疾人权利公约》却把残疾看作"个体与社会环境互构的结果"，包括身体结构功能缺损、活动受限和参与受限等三大类，把"平等·参与·共享"作为新时期的残疾观，这是残疾观的历史巨大进步，突破了单纯的个人模式、社会模式，推动着残疾人事业发展不断有新的突破。

2. 残疾现代性的困境

"现代性是一种双重现象"，体现为科学主义与人文主义、理性主义与非理性主义的缠斗，残疾的现代性困境也是如此，一方面我们建构非常复杂、精细的残疾干预机制，消除缓解残疾的发生与发展；另一方面又强化了残疾主体在权力下的不利地位，特别是随着社会发展和风险社会的到来，残疾风险的复杂性和残疾致因的多元性，使得残疾的科学管理漏洞频出，使得残疾发生、发展的脆弱性、不确定性和裂变性明显增大、增强，这也为残疾有效治理的行动和制度干预带来了更大的难题。其一是残疾行动的困境。在现有的残疾人事业发展过程中，更多的依然没能摆脱残疾人"医学模式"的局限，没有考虑到社会障碍、社会态度等因素的影响，更多体现为助残助困的残疾话语，对于其能力的认可和能力的建设、潜力的激发还十分缺乏，有碍于"平等、参与、共享"的残疾观。其二是残疾歧视的困境。由于权力构建残疾话语时，把人作为单独的个体成为生产性的工具，人被抽象化、标准化导致残疾的文化含义被扩大，只要社会还存在着权力对身体的控制，存在权力的等级控制，残疾和残疾现象就不会消失，残疾人受歧视的境况还将继续存在，甚至随着现代社会个体化趋势，残疾还将被权力更精细化、更隐蔽化地控制。其三是残疾干预的困境。如残疾儿童的特殊教育，更多地实行"隔离式"的教育模式，认为需要"保护"而忽视他们融合社会的需求，如美国社会学家贝克所强调弱势群体的偏差行为是强势群体"妄加"标签的结果，并直接导致弱势群体逐渐游离在主流社会之外。"回归主流"（Mainstreaming）运动和全纳教育理念也是为了回应残疾干预片面性的行动，为打破残疾人隔离与保护的困境提供可借鉴的启示。

因此，残疾现代性并不是直线式地不断向前发展的过程，而要根据残疾话语的不断变化而发生断裂式的变迁，就如同我们经历了残疾个体化、个体性残疾、社会性残疾等过程，其构造话语的主体和价值取向都在发生着明显的转变，这种转变既是权力压迫的结果，也有权力抗争的结果。我们无法完全避免生理性残疾的发生，但是可以构建起符合人生而平等理念下的残疾实践路径，突出残疾人在自我主体构建的作用及其行动，突出残疾人自我主体意识的积极构建取向，从而摆脱原有被权力、被压迫、被话语的不利地位。有人说，残疾人事业是无头无尾的事业，这是一个悲观的论调，如果发现现代社会残疾人自我主体意识逐渐增强的发展趋向，就会看到残疾人事业也是不断向前发展进步的事业，更能体现人在时空的地位价值。残疾人事业是现代性的"镜子"，检验着现代性发展的价值取向与前进方向，也照耀着我们内心的文明程度，才会明白人生而平等的终极意义和实践道路上的披荆斩棘。

第二节　残疾的隐喻

审美，这一最具个性化的精神文化活动，也是人类社会存在的本质属性。通过审美活动可以满足人们心灵需要的精神价值，激励人们不断创造属于自己的生活意义，不断形成积极向上的美的观念与审美理想。从古至今，有关于身体的审美理想，不同时代会随着人们的审美旨趣和社会文化潮流变迁。"残疾"这个与完美身体对立的词汇，被赋予了过多负面的文化含义。

一　恐惧的残疾

欣赏古希腊的人体雕塑艺术，如《库罗斯》《阿波罗》《修德斯》《掷铁饼者》《维纳斯》《拉奥孔》等，发现这些人类早期表现自己身体的艺术作品，体现着他们对健美身体的赞美与崇拜，洋溢着对健康、权力的审美情趣。另一方面，我们在艺术世界、现实生活和文化心理等方面，却充满着对残疾恐惧与害怕的审美表达。从网络论坛上摘录一些"恐惧残疾人"的话语，原原本本地呈现如下：

> ……我最近将参加一个关爱残疾人的活动，可能之前不怎么接触这些人，现在感觉有点恐惧，特别是看到截肢、手脚溃烂之类的，我没有歧视的意思，我怕到时候做活动时不能正视他们，而且会有恐惧心理，我该怎么去解决这个问题？

> ……我家宝宝有个毛病，他怕残疾人。上次我带他到广场去玩，广场那边有五六个残疾人在卖艺，我给了儿子一元钱鼓励儿子献爱心，可他怎么也不肯去，问他为什么，他说他怕他们，他们太难看了。后来他甚至于都不肯在广场那边玩，究竟是什么原因？

> ……在学校的时候有个社会实践去聋哑学校，特别害怕和他们对视，也不敢看他们。今天工作的时候有个残疾人，貌似是腿部残疾，我也没敢看他，才觉得自己真的害怕残疾人。对他们不是没有同情，害怕大于同情。我描述有点糟，路上碰到那种乞讨的残疾人我也会给钱，但是不敢看。

> ……我很害怕残疾人，看到他们时我就会精神失控，行为和语言都自己不能控制自己，像疯了一样！而且还会本能地想逃。有一次在朋友家看见一个残疾人，我哭着就跑出来了，嘴里还胡言乱语，说的什么我也不知道，我其实不想那样做的，我知道那么做很伤害残疾人，可是我就是控制不住自己！我不可能试着去接触他们，因为我太害怕了，不可能去面对他们，而且这种害怕是天生的！也许我得了一种罕见心理疾病？还是我作为天秤太过于要求完美？

我们为什么会恐惧害怕残疾事件发生和残疾人呢？我们的评判标准

是什么？这个评判标准是怎么形成的，又将如何变迁？以下将从心理、文化和权力三个层面，去探索其残疾恐惧的发生机制及背后的深层次因素。

1. 心理层面

从人类心理活动规律来看，恐惧与害怕都是人类自我保护的防御机制之一，是因为面临不可预料或不能确定的因素而导致无所适从、企图摆脱逃避的情绪体验，不同的是恐惧来自对事物无知而产生的本能反应，而害怕是认知到事物的可怕性而产生的心理反应，体现为认知传导社会行为的心理过程。

根植于人们对完美的、积极的审美情趣，人们通常会对残缺的、消极的人或事物产生负面的审美倾向，在心理上会有不舒服、不愉快的负面情绪体验，进而采用逃避、摆脱的社会行为。与完美身体相对的残疾现象，人们在遇到残疾的现象、残疾人时也会产生不舒服的情绪体验，如有的小孩子看到长相难看的残疾人不敢靠近，是因为在小孩子的意识世界中万事皆完美，身体残缺与万事皆完美形成了强烈的反差进而心理逃避，这是人类本能意识的行为体现。同时，根据"陌生人"理论，人们的社会行为与价值判断往往会站在主流立场上去评判是非，与健全人相比他们的身体形态、社会生活和不幸遭遇显得与众不同，让人不由自主地把残疾与残疾的后果联系起来，从而本能地在心理上也容易产生不舒服、消极的情绪体验。

2. 文化层面

当残疾仅仅与身体的含义相关时，它仅被描述成一种意外或者不幸，是人们可以预见的事物，但是当残疾被赋予了身体之外的含义时，导致人们在残疾文化构建过程中容易出现负面、消极的倾向。在现有有关残疾的文化叙事中，残疾人的形象被描绘成因为身体残缺而应该受到他人特殊照顾的弱者，这种从身体的残缺到文化的贬损是一个不断污名化的重复过程。残疾被标签化为"弱势需要同情"的文化符号后，人们对残疾的认知与感受也被贬损化，残疾实际上成了一种残次品，一次人生的失败，个人失败的结果却要其他人来承担后果。人们对残疾塑造文化后果的认知，直接影响到对残疾的恐怕与害怕心理，担心成为残疾人后成为被贬损、被矮化的对象。

3. 权力层面

权力无所不在，体现出对他人有形无形的影响力与控制力。当残疾被赋予负面的含义后，权力进一步固化残疾的文化含义。在国家政策安排上，残疾人被固化为需要社会重点关注的弱势群体，其生存与贫困是最主要关注的议题；在文化舆论中，残疾人被形象地描绘成需要被同情的群体；在日常话语空间中，残疾人被形容成需要他人关心的"可怜人"。对残疾人的弱势表达，对残疾的消极叙事，并通过政策安排、社会舆论固化着对残疾的认知。

从上述分析可以看出，我们害怕残疾、恐怕残疾，不仅在于残疾的身体缺陷所导致的身体不适，更在于残疾所带来的心理、文化与权力的负面含义。因为残疾，与他人接触时容易产生不舒服的情绪体验；因为残疾，文化建构过程中容易形成被贬义的文化符号，因为残疾，权力运行过程中容易受到被歧视。所以正是因为身体完美的审美理想，人们恐惧害怕残疾赋予的负面含义甚于残疾的身体本身。

二 残疾的隐喻

隐喻，来自亚里士多德《诗学》的定义，是指"以他物之名名此物"，表示说一物是或者像另外一个不同于此物的物，这是我们构建"意义的世界"及其话语表达的重要手段。

苏珊·桑塔格以《疾病的隐喻》而声名鹊起，致力于平息人们对疾病的想象而不是激发对疾病的想象①，她看到许多社会话语和政治话语把疾病当作隐喻的工具，比如艾滋病（AIDS）被描绘成癌症细胞入侵而导致身体"污染"，被描绘成不道德的两性关系，这提醒我们隐喻的文化修辞方式，不可避免地携带着和传达了某种文化假设、道德意义与意识形态，应该保持一种警惕和谨慎的态度。②

"疾病是生命的对立面，是一重更麻烦的公民身份，每个人都拥有双

---

① [美]苏珊·桑塔格：《疾病的隐喻》，程巍译，上海译文出版社2003年版，第2页。
② 郝永华：《〈疾病的隐喻〉与文化研究》，《集美大学学报》（哲学社会科学版）2008年第4期。

重公民身份,其一属于健康王国,另一则属于疾病王国。"① 残疾也如同疾病一样,作为被经常使用的隐喻物,但有着不同于艾滋病、麻风病、结核病等隐喻含义,也不同于疯癫、白痴、死亡等文化隐喻内涵。身体的残缺是其本相,变幻莫测是其外形,隐喻是人格的缺陷、道德的松懈、政治的衰败,乃至文化、历史与制度等的沉沦与没落,从而形成了一种"以形观神"的隐喻思维定式。② 一个人如果身体残疾,不仅要忍受残疾本身所带来的创伤与痛苦,还要接受身体残缺所带来的隐喻意义,主要表现为以下四点。

1. 隐喻残疾的"不正常"

残疾的社会行为表现非常复杂多样,既有智力残疾与精神残疾,还有身体部位缺损如眼睛、耳朵、躯干等残疾,这些行为表现在日常用语和文学作品当中,使用频率颇高,如"傻子""疯子""精神病"等词汇或文学形象,还有像"你智障多年我却不离不弃""披着旧上衣没穿裤子的残疾人"(形容网站主页的下面空白现象)等话语表达,都意味着某人或某种事情的状况不正常的状态,隐喻着其"疯癫""荒诞""不正常"等文化含义。

2. 隐喻残疾的"无用"

残疾意识着身体正常功能与机体的缺损与丧失,如使用率颇高的"瘸子""瞎子""聋子"等词汇或文学形象,意味着某人或某事件残缺不美满的状况,隐喻着"无用""无能""负担"等文化含义。在张爱玲小说《金锁记》中,曹七巧丈夫瘫痪在床变成了一位残疾人,他本来理所当然是家庭的顶梁柱,因为残疾不仅无法主持家务光耀门庭,甚至也无法给予妻子足够的关怀,在这里残疾隐喻的寓意表明其功能的丧失,不仅是生理上的,还有在社会担负的职责功能上的,丧失不仅意味着其是一个"无能之人"、也是一个"无用之人"。

3. 隐喻残疾的"悲惨"

残疾的结果通常是可怜、悲惨、悲剧的,意味着某人或某事件处于悲惨的状态,隐喻着"可怜的人""悲剧的人生""需要同情的人"等文

---

① [美]苏珊·桑塔格:《疾病的隐喻》,程巍译,上海译文出版社 2003 年版,第 5 页。
② 谭爱娟:《论文学作品的残疾书写及其隐喻》,硕士学位论文,湖南师范大学,2007 年。

化含义。比如1925年电影《盲孤女》，可能是中国电影史上第一部以残疾人为主角的影片，讲述的是孤女翠英屡遭后母虐待，进厂后又因拒绝工头调戏而被停工，终日以泪洗面不幸双目失明，翠英欲投河自尽，被江湖浪人毛金奎与小奎所救，小奎与翠英渐生爱情，毛金奎却对翠英起歹心，小奎失散多年的亲人褚国栋审理此案将其绳之以法，后请医生为翠英治好眼睛，翠英和小奎也喜结良缘，这是一部通过残疾表现出当时大众苦难生活的影片，刻画了残疾导致可怜、被侮辱等负面形象。[①]

4. 隐喻残疾"受到惩罚"

日常用语和文学作品中，通常用残疾的话语表达和文学叙事，通常隐喻着惩罚、业障的文化含义，形成了一整套因不正确行为导致的"恐怖故事"。如金庸《射雕英雄传》中描写的梅超风，违背师命和师兄偷偷结为夫妻，盗取《九阴真经》逃离桃花岛，这成了她一生不幸的导火索，先是失去了双腿后双目失明，进而练功走火入魔半身瘫痪，充分体现了残疾与道德礼教之间的关系，违背了道德就要受到惩罚，残疾就是受到惩罚的后果。

由此可以看出，残疾的隐喻无所不在。我们要正确运用于残疾的隐喻，挖掘残疾隐喻背后的正确审美价值，同时我们还要远离残疾隐喻的负面含义，去除依附在残疾隐喻之上的意象魅影。

三 残疾的叙事

叙事最早出现在文学领域，后来随着社会科学领域不断发展，逐步认识到叙事也是理解世界的方式，"叙事为当前提供了一种感知世界的途径，借此进行记录、讲述、界定、勾勒、归序、建构、塑造、系统化并联结各个事件。起始、中间和终结是事件通常所具有的一种结构，这种一元化的封闭式结构会抵制任何向不完整不定型经验转化的趋势。此外，确保事件之间的有序性也会保证人们生活的方向感和累积感"[②]。故事、文本、讲述是叙事的三大关键环节，其中故事是抽象的、有时间序列的

[①] 许江：《百年光影——中国电影中的残疾人形象》，《三月风》2005年第11期。

[②] ［英］奈杰尔·拉波特、［美］乔安娜·奥弗林：《社会文化人类学的关键概念》，华夏出版社2005年版，第2页。

并且系统关联的事件;文本是故事叙事呈现的方式,体现在小说、电影、神话等媒体当中,体现着不同的话语表达方式,体现着不同叙事的主体;讲述是故事叙事、文本产生的行动过程,三大关键环节相互依赖、不可分割,但叙事结果却因不同人、不同事、不同媒介有着明显的不同。

1. 叙事文本

残疾人是残疾叙事的人物主体,在涉及残疾人故事时对残疾的思考从来都不是单一直线条的。事实上,涉及残疾的题材一直受到文学家们的钟爱,反映了残疾带给人们痛苦的同时,也展现人性美的想象力。残疾叙事主要议题与侧重点为以下几方面。

其一,残疾的苦难叙事。残疾的本身就意味着苦难,身体的结构与功能受损代表着不能和健全人一样生活。张俊雨,天生一名脑瘫患者,肢体三级残疾,语言功能障碍者,所撰写的《爱之花》的作品目录中的"两个烂橘子""成为孤儿""妈妈走了""电击治疗""失败""恐惧""手术室""破烂塑料袋""福利院"等词汇,处处流露着关于残疾的苦难叙事,所记录妈妈的故事、福利院的故事都在诉说着残疾所带来的生活困境与心灵的折磨,还有生命的脆弱与存在的迷茫。

其二,残疾的自强不息。这是残疾故事的主流叙事,如网上评选的优秀残疾人主题电影,包括《汪洋中的一条船》(中国台湾)、《我的左脚》(英国)、《阿甘正传》(美国)、《一公升的眼泪》(日本)、《马拉松》(韩国)、《外婆的家》(中国台湾)、《黑眼睛》《下辈子还做母子》《漂亮妈妈》《网络妈妈》《海洋天堂》《隐形的翅膀》,既有肢残、智残、孤独症、视残、听残等主人公,都讲述了个人与残疾抗争的故事,也讲述了家人与残疾孩子抗争命运的故事,不仅表现出人对残疾苦难的抗争,更充满着励志的时代精神,以人们心灵的温暖及对未来美好生活的积极向上的拼搏精神。

其三,以残疾为载体进行反思,体现批判与反思。《飞越疯人院》(美国,1975年上映)讲述了主人公麦克默菲非常厌恶监狱里的强制劳动,装作精神异常而被人送进了精神病院,然而精神病院远非他想象的自由避难所,在本质上与监狱毫无区别,影响不仅批判个体对体制的束缚,同时还体现着弱势群体对强权的反叛。阎连科的文学作品《受活》也同样以残疾人虚构了一个理想社会——受活庄,庄里的村民几乎个个身怀绝技，把日子过得像天堂一般的温暖、富庶、自由自在，进入体制后反而出现一系列稀奇古怪的荒诞事件，充分体现了作者对现有体制的反思反叛精神。

其四，是以残疾表现人性的超越。残疾人是庄子哲学的代言人，刻画的残疾人从外表来看奇丑无比但都是得道者、智者，外观之丑与内在之美的对比从而赋予了残疾美的形象。残疾人史铁生21岁瘫痪后又饱受尿毒症的折磨，他对残疾有着异于常人的理解与认识，"世人皆残疾"，其作品中塑造的一个个残疾人，如《命若琴弦》中的两个瞎子，《山顶上的传说》中的残疾青年，等等，体现作者对残疾人和残疾的哲学思考，一些"无所谓从哪里来，也无所谓到哪儿去"，"为活着找个理由，只为更好地活着"等名句，也只有残疾人亲身体验与感受才能触及人性的深处。

由此可以看出，残疾的叙事既有对残疾人的叙事，也有把残疾当作文化符号的叙事，既表现出残疾对于人的苦难与困境，同时也借助于残疾去体现苦难的抗争、对现实的批判及其人性的超越等。有关残疾的叙事充满了丰富的想象张力，也给予了文艺作品呈现的极大想象空间，以及对人性、人的存在方式与意义的深入思考。

2. 叙事载体

叙事文本是话语得以呈现的载体，通常会体现在人们日常生活的多个方面，如日常生活话语、新闻宣传报道、文学影视戏剧、个人历史口述等，主要表现为以下三点。

其一，新闻报道。

与残疾主题相关的新闻宣传报道，大多数残疾文本都呈现了让人温暖并且充满励志的积极向上精神，如荆楚网报道的"残疾儿媳照顾瘫痪公婆十年 忘记了回娘家的路"的新闻①，记录了湖北宜昌市伍家乡的一位默默无闻照顾瘫痪公婆十年的残疾儿媳余大凤的故事，开头文本写道："七年前，她不幸遭遇了车祸，右臂和前肋骨严重骨折，并丧失了右臂的劳动功能，这场车祸让她从健康人变为了残疾人。"话锋一转文本写道：

---

① 田润：《宜昌残疾儿媳照顾瘫痪公婆十年 忘记了回娘家的路》，http://news.cnhubei.com/xw/hb/yc/201604/t3587209.shtml。

"2012年，余大凤的婆婆因病瘫痪在床，她每天抓紧时间料理家务，处理农活，剩余的时间几乎都在老人身边喂药、喂饭、擦身、端屎、送尿、陪老人聊天……这些年过去了，老人身上从未长过褥疮，每天都干干净净的。"通过文本的强烈对比，描写了一位残疾妇女高大的人格魅力形象。同时，有关残疾人自强自立、身残志不残的新闻报道更是残疾新闻报道的主流。2015年1月29日《人民日报》报道了四川残疾女孩丁红玉的自强自立的人生故事①，新闻报道中首先详细地描写了她的残疾，"因为从小患有"先天性成骨发育不全"，骨头易脆易断，终生无法站立行走，也长不高，腰椎严重变形，身高只有80多厘米，被称为瓷娃娃，生活起居全靠母亲照顾。之后写出了她自强不息的奋斗故事，"虽然身有残疾，但心灵手巧，学东西很快，在手工编织手链的人中绝对没有竞争对手"。"丁红玉没有气馁。她写博客推销自己的作品"，"由于不能像常人那样站立，加上胳膊短小，丁红玉只能把纸卷起来一点一点画，画一幅画要付出常人几倍努力"，最后文中用"我不会找'枪手'，那是道德问题"；"生逢这个伟大时代，只要愿意努力，人人都有出彩的机会"等语句结束了全文。分析以上两则与残疾相关的新闻报道可以看出，文本都是建立在残疾带来苦难命运的基调上，通过文本强烈的对比，反映出主人公与残疾的抗争、与命运的抗争的叙事，从而体现着主人公的自强不息精神与人性的伟大，给读者以强大的精神激励。

其二，文学作品。

人类诞生至今残疾永相随，从古至今的文学作品中存在着大量的对于残疾人物的描写，比如《巴黎圣母院》中的卡西莫多、《包法利夫人》中的希波吕忒、《简·爱》中的罗切斯特，而塑造的不同残疾人形象也反映了当时社会、文化、人文精神的历史变迁。② 例如美国的残疾文学作品中，对残疾人物的塑造就经历着"恶魔化""英雄化"到"正常化"的文化变迁过程。③ 残疾的文学主要包括两个层面：一个是以文学作品为中

---

① 王明峰：《"瓷娃娃"的美画人生——残疾女孩网上推销自己画作感恩奋进》，《人民日报》2015年1月29日。
② 陈庆艳、吴月华：《论中国文学作品中残疾人形象的流变》，《名作欣赏》2013年第6期。
③ 陈彦旭：《美国文学中残疾人形象之流变研究》，《东北师大学报》2015年第1期。

心，透过对残疾的描写反映更深层次的文化意义；另一个是以残疾作家与其创作的文学作品为中心，反映残疾作家本人的残疾与其作品表现。从残疾文学发展过程来看，总体上残疾文学对残疾的描写、人物刻画和残疾的反思都越来越立体化，包括对残疾的不幸、隐喻、反思都充满了想象的张力。

无论是残疾文学还是残疾人文学，都是以残疾的形象引发读者共鸣。粗略来看，残疾文学对残疾的价值塑造通常包括四个角度。一是残疾与困境描写。身体残缺将会给自身带来生产与社会行为参与的不便，一些文学作品中用残疾人形象来衬托人物的"不幸""畸零""可怜"，如很多文学作品中对刑罚后的形象、乞丐形象的描写，都刻画人物的悲惨境遇等。二是残疾与道德评判。在美国文学历史上，19世纪以来美国的残疾文学作品，很多以"残疾"形象作为社会警示符号强调"罪与罚"的意义，如麦尔维尔的《白鲸》、霍桑的《红字》等作品，都描绘了一群相貌丑陋、行为恶毒的"恶魔化"残疾人物，把他们的恶行与神灵惩罚联系起来了。而我国古代的一些残疾文学，如《庄子》《史记》等残疾人形象，却把残疾与人的道德品行进行对照，从而形成鲜明的"身残德行并不一定残"的强烈对比。三是残疾与社会批判，残疾文学习惯性地运用残疾去挖掘背后的文化意义，以此影射社会的问题与诉求，并与当时的文化环境与社会价值取向紧密相关，如美国随着"一战""二战"与越南战争的爆发，残疾文学多数表现为高大上的残疾军人，如海明威的《我们的时代里》《太阳照常升起》都有我们熟悉的残疾人物形象，同时也反映了战争给人类带来的残酷事实。我国"五四"新文学运动掀开了现代文学的序幕，塑造的残疾人形象的内涵更多以精神残疾的形象出现，并与民族、国家命运的发展联系起来，如鲁迅的《狂人日记》、曹禺的《雷雨》、张爱玲的《金锁记》等，都是用残疾去反映当时国家努力改变落后国民心态的写照。四是残疾与人性反思。美国20世纪70年代女权运动与民权运动，一些残疾人也开始从残疾人的视角创造自己的文学作品，如残疾人斯图尔特的《身体的回忆》、张海迪的《轮椅上的梦》、史铁生的《命若琴弦》、大江健三郎的《个人的体验》等，还有毕飞宇的《推拿》等优秀作品，都反映残疾人自身渴望自立、拒绝怜悯与施舍并对人生充满希望与自信，这些文学作品大多采用第一人称的写作手法，反映残疾人自身的想法与人生处境反思。

其三，影视作品。

电影也是残疾文本的呈现方式之一。《百年光影：中国电影中的残疾人形象》一文，较为完整地梳理了我国电影作品中有关残疾人形象的变迁史，既饱含着丰富而且耐人寻味的形象记忆，也启示着人们对残疾形象的深思及对现实世界的反思。① 在我国早期的电影作品中，《盲孤女》（1925年）、《渔光曲》（1934年）、《夜半歌声》（1937年）、《秋海棠》（1943年）等卖座影视作品，不约而同地选取了女性与残疾的叙事符号，用被侮辱与被损害的可怜者形象，以充分表达那个时代大众的苦难生活。新中国成立以后我国的社会政治文化也发生着巨变，《五更寒》（1957年）、《海霞》（1975年）等上映的残疾人形象电影，在主流执着地塑造高大全的英雄人物形象中显得非常另类，甚至成为衬托英雄人物的反面典型人物的符号，而这时台湾与香港地区有关残疾人形象的影片已经开始转向，如台湾导演李行拍摄的《哑女情深》（1965年）、《汪洋中的一条船》（1978年）和《小城故事》（1979年）的"残疾人三部曲"，香港地区上映的武侠片《独臂刀》系列（1967年）等，正开始走向了深入刻画着残疾人内心世界的影片风格。

改革开放促进了电影创作者更加全面地认识、接受、反思残疾人形象的塑造，残疾人物不再是衬托的人物背景与叙事符号，更着重于把残疾人物放置在文本中心，表达着残疾人内心世界以及人与残疾关系的反思。影片《城南旧事》（1982年）、《大桥下面》（1983年）、《悲情城市》（台湾，1989年）、《菊豆》（张艺谋、1990年）、《边走边唱》（陈凯歌、1991年）等，不仅充溢了导演悲天悯人的人道主义情怀，还把残疾人身上的种种遭遇与现实世界的现象紧密关联，烘托出作品对人性的关怀以及对人性的超越。90年代以后有关残疾人形象的影片逐渐增多起来，《启明星》（谢晋、1992年）、《阳光灿烂的日子》（姜文，1995年）、《赢家》（1995）、《黑眼睛》（1997）、《洗澡》（1999年）、《漂亮妈妈》（巩俐主演，2000年）、《孔雀》（顾长卫，2014年）、《一个勺子》（陈健兵，2015年）等电影影片，更加丰富了残疾形象的多元叙事表达。

---

① 许江：《百年光影——中国电影中的残疾人形象》，《三月风》2005年第11期。

国外有关残疾人的影片也不少，如《我的左脚》《阿甘正传》《生逢七月四日》《雨人》《钢琴课》《闻香识女人》《奈尔》等优秀获奖影片①，通过这些身边人、普通人、小人物的真实生活形象塑造以及励志的电影影片，让观众透过荧屏上的残疾人物看到自己的内心，看待人性的超越以及体会到未来生活的温暖。综合国内外残疾电影影片的叙事，影片对残疾形象的塑造是多元且立体的。有学者通过中外电影有关残疾人形象的跨文化研究，发现我国倾向于集体主义、男性主义、注重权力、回避不确定性等文化特质，人们对残疾人倾向于过度保护、注重面子、欣赏知足常乐，而西方国家如美国较为重视个体主义、英雄主义、冒险主义等文化特质，人们对待残疾人也倾向于鼓励独立、注重自尊、崇拜英雄。②

3. 叙事方式

残疾的叙事方式主要侧重于解析残疾的话语如何形成的过程，按照学者提出的情节、评价和解释的话语叙事分析方式③，以下一位残疾人口述史进行残疾的话语叙事分析，以此发现残疾的叙事者解析事件的角度与评价方式。

  我是1989年5月11日出生在一个农民家庭里的脑瘫儿，家里有父母、哥哥、嫂子还有我。父母以种地为生，哥哥和嫂子都在外面打工。我是一个残疾人，什么都干不了。

  我听我妈说，把她送进医院里她就出不出来气了，全身肿胀的快要死了，不知医生给她打了什么针，把人保住了，可让我变成了脑瘫。我恨我父母也恨那个医生，是他们让我不能上学，也不能像正常人一样生活。我心里的痛苦有谁知道，又有谁知道我心里想的是什么，没有人知道。我现在长大了，我也有我的理想，也有我的想法，可是没有一个人为我真正地想一下。其实我心里还有一个最大的心愿——就是成为一个健康的人。我想现在医学这么发达，我

---

① 航鹰：《外国影坛上的残疾人形象》，《中国残疾人》1996年第11期。
② 王丽皓：《运用中美电影比较中美对待残疾人的态度》，《电影文学》2014年第3期。
③ ［澳］杰华：《都市里的农家女——性别、流动与社会变迁》，吴小英译，江苏人民出版社2006年版，第2页。

想去一个大点儿的医院，把我这个病去检查一下，可是我不敢说，我怕家里人说我这个病治不好，我心里会受不了的。我也知道脑瘫是治不好的，我就是想去试一下看到底有没有希望治好。看来现在这个心愿是很难实现了，因为家里刚修了房子，没钱。我心里的苦有谁知道有谁明白呢？

我嘴上说恨我父母，其实那都是气话。是父母给了我生命，没有父母也就没有我的今天，我父母对我有生养之恩。父母的生养之恩我这一生都无法回报他们了，我心里很难受。我父母一生很辛苦，什么都要干。我什么都干不了，一天还要给他们增加负担，我看到他们一天那么辛苦，我心里也很难受。在我心目中父母永远是最伟大的。他们把我养这么大很不容易，我也不知道我父母怎么把我养了整整二十二年，从我记事那一天起我就看到他们每天都要出去干活，所以父母在我心里是最伟大的两个人。我看到现在社会上有许多青年人在他们父母身边不好，还有一些青年人打骂父母，不给父母吃喝，那都是错误的行为，是天地不容的。没有父母你们的身体是从何而来呢？没有父母哪里来的你们今天的好日子？你们也不想一想等你们老了干不动了，你们的儿女对你们不好，不给你们吃喝，那时你们心里是什么感受呢？父母把咱们生下来再辛辛苦苦养大很不容易，我们也要知道回报他们、赡养他们，赡养父母是我们做子女的责任。我是一个残疾人，无法赡养自己的父母，我希望社会上所有的青年人能够对自己的父母好一点，让他们快快乐乐度过晚年。

其一，残疾的情节结构，是指叙事者展开事件的秩序。此文本中叙事者开头先介绍自己是"农民家庭里的脑瘫儿"，"一个残疾人什么都干不了"，这为文本叙事打下了一种悲剧的基调。紧接着回顾自己的残疾历程，"不知医生给她打了什么针让我变成脑瘫"，"不能上学也不能像正常人一样生活"，"我什么都干不了"，说明了残疾造成自己的巨大灾难。最后叙述自己的理想与未来，是"成为一个健康的人"，"能够赡养自己的父母"。分析文本可以看出，全文按照残疾的"发生－存在－未来"的时间顺序依次展开，表达了叙事者对残疾带来自己苦难的认识。全文叙事采用了第一人称的叙事角度，后用"你们"表达着自己与健全人的不同，通过"我 - 你们"的叙述口吻体现着残疾人与健全人的二元对立。

其二，残疾的评价体系，是指叙事者评价事件的价值观。此文本采用了"正常人 - 残疾人"的结构叙事方式，把自己与正常人对立起来，不断提醒自己残疾人的身份，"我是一个残疾人，什么都干不了""不能上学也不能像正常人一样生活""我心里还有一个最大的心愿，就是成为一个健康的人""我什么都干不了，还要给他们增加负担""我是一个残疾人，无法赡养自己的父母"等叙事，充分表达着残疾对生命的捉弄与命运安排的不公，以及对改善"残疾的命运"的心理期盼。文本中也用"恨""痛苦""心里受不了""心愿很难实现""难受""天地不容"等消极情绪的词汇，表达着自己对残疾事件的价值观，反映着残疾给自己带来的窘迫、困顿、无奈的心理。

其三，残疾的解释体系，是指叙事者解释事件依据的假设。文本按照"身体 - 命运""身体 - 责任"解析着残疾带给自己的困境与对未来的迷茫，文中的"我也有我的理想也有我的想法，可是没有一个人为我真正的想一下"充分表达着残疾带给自己身体的禁锢，以及对心灵的束缚。"父母把咱们生下来再辛辛苦苦养大很不容易，我们也要知道回报他们、赡养他们，赡养父母是我们做子女的责任"等叙述，呈现着身体与社会责任之间的关系。叙述者用"身体"二元对立的解析话语系统，反映出残疾带给人的断裂、迷茫与困惑，用残疾的视角表达着自己对生命与社会责任的思考，表达着"残疾不是美的、是无能力的"叙事假设。

总体上，有关残疾的叙事是丰富多彩的，在叙事情节、价值评价和话语解析上都有不同，有倾向于残疾的符号建构、有倾向于残疾的反思建构，体现了残疾带给人们的多样性及其丰富的人生体验。

第三节 残疾文化的构建

文化是一个非常广泛的概念，"文"是指记录、表达与评述，"化"是指理解、教化和包容，笼统地讲文化是社会历史的沉淀物，是人们进行交流并普遍认可的意识形态，通常包括历史地理、风土习俗、生活习惯、文学艺术、行为规范、思维方式、价值观念等物质、制度和心理三个层面，通俗地讲文化如同我们呼吸的空气，时刻包围着我们而不易察觉。文明是历史沉淀下来的文化，有益增强人类适应客观世界、符合人类精神追求并被绝大多数人认可和接受的文化总和，尊重多样性、尊重理性和对他人宽容是文明的重要体现。残疾文化不同于残疾人的文化，更不同于残疾人文化工作，是指在"如何看待残疾现象"和"如何对待残疾人"这两个重大理论和现实问题上，包括残疾人在内的社会所有成员共同塑造的价值观念和社会意识。由此可以看出，残疾文化的塑造与认同是社会不断构建的结果，是一个历史不断变迁的结果。

一 残疾的意识形态

学术界普遍认为，法国哲学家特拉西（Destutt deTracy）是最早提出意识形态概念的学者，其含义是指能够成为其他所有科学基础的观念科学。曼海姆认为，意识形态是统治集团有意或无意地掩盖事实真相的意识建构，以致人们不再能看清某些事实从而增强他们的支配感。马克思主义者则认为，意识形态是社会的产物，通过语言的载体以反映人们的生产生活，是一个包括政治、法律、道德、哲学、艺术、宗教等的总体性概念。可以看到，人们在使用意识形态概念时存在着诸多明显的分歧，本书比较倾向认为意识形态是一组相对稳定的价值信念，是关于事物真伪善恶并且可以支配人们思想与行动的原则和信念。[①] 对于残疾，某个历史时期残疾的意识形态是主导人们的残疾观念与行为的重要因素，套用我国学者提出的意识形态概念，残疾的意识形态是指围绕着"如何看待残疾"和"如何对待残疾人"，形成的一组相对稳定并支配着人们行为的价值信念，其中"如何看待残疾"所形成的残疾观在残疾意识形态中占主导作用。细分残疾的意识形态体系主要包括三个层次，从内到外依次为人与残疾的关系、残疾人与健全人的关系、残疾人与社会的关系，不同层次随着不同的历史阶段变化残疾的意识形态也将随之发生变化。

残疾的意识形态体系最外层是残疾人与社会的关系，评价标准是残疾人对社会的贡献。残疾的知识考古结果显示，远古氏族社会时期，人们对残疾只停留为生理性残疾的认同，还没有发展到社会性残疾的意识形态层面，人与人之间总体保持同质性的关系，而且一些因战争导致的

[①] 刘少杰：《当代中国意识形态变迁》，中央编译出版社2012年版，第5页。

残疾、宗教祭祀的残疾现象等，也被社会赋予了超能力的神话传说中的英雄人物。氏族社会解体后，个体之间分化非常明显类型增多，例如有国王、诸侯、大夫、武士、平民等多种角色身份，这些被权力建构的社会身份推动着社会生产力的发展，但同时又把人本身不断异化了，人按照权力占有、生产力标准分为三六九等，残疾人在权力、生产力标准面前逐渐败下阵来，成为一个被统治者、社会无用之群体，直到今天这种情况也并没有根本性改善。但是，随着工业革命以来生产力大发展、权力运行机制与方式的人性化，原来的权力标准、生产力标准本质虽然没变但运行形式已经发生明确变化，权力也不再是赤裸裸的统治与被统治关系，变成更民主化、温和化的控制与被控制，英国首先实施的《济贫法》推动残疾人社会福利和保障得到较快发展，残疾人本身的能力促进和发展机会也逐渐增多；同时生产力评价标准也有较大变化，原有单纯依靠体力变成了脑力劳动与体力劳动并存的混合劳动形式，残疾人可以依据自身的劳动能力与条件能够寻找到适合自己的工作与谋生手段，例如，网上淘宝的交易形式可以消失残疾人的生理残疾特征，同时为社会发展贡献自己的力量。总体看，残疾人是社会建构的结果，是权力塑造的产物并以生产力标准规训着，虽然在以后相当长的一段时间里，残疾与人的本质关系不会发生显著改善，但是残疾与人的存在形式可能会发生巨大改变，相信未来随着权力和生产力标准建构模式的变化，所有人都是社会的主人、所有人都可以为社会贡献自己的力量时，残疾与人的对立关系将会完全消失，到那时残疾的意识形态也将不复存在。

残疾的意识形态体系中间层是残疾人与健全人的关系，以我者和他者关系为评价标准。残疾考古学结果显示，人类社会成员之间存在着不断类型化的过程。远古氏族社会，人类社会成员内部之间还没有明确的他者意识，正如对狩猎民族的考古发现，人们打完猎后平均分配食物，并没有因不同角色身份而分配更多的食物。直到后来氏族社会解体，社会成员被分成了多种多样的身份，承担着不同的社会角色，并获得了不同等级的权力。在这个权力建构的过程中，残疾人因为人数少、社会贡献小而被健全人排斥在主流社会之外，变成了一种他者的身份，歧视、排斥等反社会融合的现象也随之发生，像一张无形的枷锁套在残疾人身上。工业社会以来，随着社会大分工和社会角色不断细化，许多残疾人被纳入了整个社会大分工体系的同时，大多数残疾人被固定在社会大分工体系的底层而丧失向上流动的条件，因为残疾导致缺乏良好的医疗、教育、就业环境和社会融合，贫困也随之找上门来，残疾与贫困在社会大分工体系下找到联结点，从而固化了残疾的不平等性。未来，只要还存在着社会大分工体系，而且残疾人不能获得和健全人同样的流动机会，那么横亘在残疾人与健全人之间的他者身份将不会改变，残疾人与健全人的对立也将不会转变。

残疾的意识形态体系核心层是残疾与人的关系，以残疾是否成为阻碍个体在社会结构中流动为评价标准。如同工厂制造产品不可避免出现残次品一样，人类的自身生产也同样不可避免出现残疾人，而且随着年龄增长人获得残疾的概率更高，世界残疾报告也指出，残疾是人类的一种生存状态，几乎每个人在生命的某一阶段都有暂时或永久的损伤，而步入老龄的人将经历不断增加的功能障碍性残疾[①]，所以残疾是人的固有生理属性天然成立。但是，正如实践活动基础上人与人之间的关系是人的社会属性，人的残疾生理属性是否影响到人的社会属性成为残疾与人的关系分野标志。残疾知识考古学结果显示，远古氏族社会，人的残疾生理属性与人的社会属性是分开的，残疾并不成为影响人在社会关系的地位，而农业社会、工业社会发展的轨迹表明，人的残疾生理属性已经严重影响到个人社会分层流动的重要因素，残疾成为人们社会结构分层流动的重要标志。未来随着知识经济主导的后工业社会来临，将深刻地影响着人们的社会分工和社会结构分层流动，残疾可能成为不会影响个体分层流动的重要因素，那么残疾的社会特征逐渐消失了，人与残疾的关系也就不存在了。

总之，残疾的意识形态是以"残疾-人"为核心构成的稳定的价值信念，并在前农业社会、农业社会、工业社会、后工业社会呈现出较为明显的历史嬗变痕迹，前农业社会时期残疾与人并不是矛盾的对立统一体，直到农业社会出现以后残疾与人才成为矛盾共同体，但随着劳动分工形式从体力为主、机械为主、知识为主的农业社会、工业社会、后工业社会，残疾影响社会分层的影响程度正在逐步下降直到最后消亡。可以看出，残疾是历史构建的产物，并将随着历史的发展而消亡。然而拉

---

① 世界卫生组织、世界银行：《世界残疾报告》，《中国康复理论与实践》2011年第6期。

回到当今现实，在不同国家地区尤其是发展中国家地区，残疾还是影响社会分层的重要因素，从残疾的个体模式不断发展成为社会模式，互构模式等，残疾人事业还将有很长一段路要走。

二 重构残疾的文化

重塑新时代残疾的文化，一方面承认残疾的生理属性，另一方面消弭原有残疾与人的冲击对立，从而建立起符合现代文明的残疾的文化。

1. 新残疾文化的本质

与现有残疾文化相比，新残疾文化主张解构残疾与人的矛盾对立，消除残疾的生理属性带来的含义，新残疾文化主张以"残疾并不等同于缺陷"为理念，为整个社会和文化构架提供一种全新视角和理解世界的方式。主要内涵包括以下两点。

其一，承认残疾的生理属性。残疾是人类自身生产与发展的客观事实，正如"没有十全十美的人"的哲学命题一样，残疾是人的常态形式，由于我们不愿意承认或者有意回避，导致我们不能清楚看待残疾的常态性。《残疾世界报告》已经鲜明地指出，几乎所有人在一生中都会带残疾而生活，只是由于不同文化、不同标准遮蔽了残疾的本质。

其二，消除残疾的负面意义。桑塔格对疾病的批评实践，更多是要清理疾病的负面隐喻，从而促进人们正确审视疾病与由此带来的"他者"身份和潜在不公正。对残疾的意义也是如此，承认残疾的生理属性并不是要承认其负面隐喻。事实上，残疾的生理属性可以补偿或代偿，举例来说，肢体残疾者通过义肢、听力残疾者通过人工耳蜗等辅具，可以正常参与社会生产生活。我们提倡的"平等·参与·共享·融合"残疾观，也是建立在这一基础之上，试想如果残疾的负面含义仍然大行其道，残疾仍作为"无能、无用、受保护"的符号标签，健全人与残疾人怎么能够形成命运共同体？同时话语权力理论也警醒着我们，如果不存在着残疾人与健全人之间的权力关系，残疾人与健全人没有显著的社会地位差别，残疾的负面意义也将不复存在。值得注意的是，由于残疾毕竟是身体损伤与缺陷，主张"消除残疾的负面社会意义"并不是忽视这种差异，而是指残疾不能因为生理属性而带来不平等。用社会学中统计学的术语，残疾的身份不能成为残疾人与健全人之间的显著性影响因素。

2. 新残疾文化的重塑

重塑新残疾文化,要扭转现有不利残疾的话语体系,需要有更广阔的时空格局、更丰富的体验方式,更立体性的阐释角度和容易引发共鸣的残疾日常体验。按照话语生产的基本方式与途径,重塑新残疾文化要抓住以下核心议题与关键环节。

首先,话语生产者与参与者。重塑新残疾文化要摆脱以健全人的视角立场,摆脱"残疾与人"的对立思维,树立起残疾是客观存在的社会事实。推动话语生产的多主体性,主动创造条件让残疾人积极发声,充分表达自己的诉求意愿,成为残疾文化构建的重要主体。提高残疾人参与文化构建的意愿,提高残疾人参与文化构建的能力,创造残疾人参与文化构建的舞台。

其次,话语生产的价值倾向。新残疾文化的话语生产,要符合"残疾并不等同于缺陷"的新理念,割舍传统残疾的负面社会意义,抛弃残疾的负面隐喻,抛弃残疾的"他者"叙事角度。正确看待残疾的社会常识,在话语阐释与引导上弱化残疾被赋予的负面意义,淡化残疾所带来的错误标签。积极关注相关社会热点,主动引导社会舆论方向,促进充分体现残疾人的新时代面貌,彰显新时代的社会文明进步。

再次,话语生产的层次维度。残疾话语生产要抛弃单线条的叙事形式,如残疾与贫困、残疾与救助、残疾与不幸、残疾与自强等。要从残疾与人、残疾人与健全人、残疾人与社会等关系出发,丰富残疾文化的层次性,拓展残疾文化的多维性。拓展残疾文化的叙事广度,把残疾提升到人的发展、社会的发展、国家的发展等层面,把残疾人发展纳入国家整体布局当中。拓展残疾文化的叙事深度,把残疾与人性、残疾与文明结合起来,从而使残疾在更广阔的时空中建立新残疾文化。

最后,话语生产的平台载体。要建立保障残疾人全面发展的资源投入机制,建立完善残疾人主动发声的平台与载体,在主流媒体上建立残疾人议题的栏目、频道、版面等。建立"我与残疾"的叙事活动,开展"体验残疾人的生活"的活动。推动残疾人家庭的话语生产,用更强的体验感与共鸣性阐释残疾、构建残疾。推动残疾人社会组织的话语生产,推动残疾人社会组织在理解残疾、重塑新时代的残疾话语中发挥更大的作用。

第六章

残疾人制度与社会工作

如何应对残疾的社会问题，不断提升残疾人全面发展水平，本章通过梳理宏观的残疾人制度和微观的残疾人社会工作，探讨残疾构建和强化的过程，为未来残疾的治理提供新的解决思路与制度方案。

第一节 残疾人法律制度

制度，《说文解字》中"制"表示为"裁制、决断"，"度"表示为"法度"，合起来的含义为"裁决的法度"、人为构建的规范体系，是指一系列被制定出来的规则、秩序、行为道德、伦理规范，旨在约束追求主体福利和效用最大化利益的个人行为。[①] 残疾人制度是为解决因残疾而导致的社会问题制定的规范体系。法律制度是最为规范的制度体现，通常由国家机关制定并通过强制措施保证其实施。综观历史，残疾人法律制度发展经历了从无到有、从关注残疾人福利到关注残疾人权益的过程，是随着残疾的社会问题凸显化不断完善起来的。

一 法律立法体系

现代意义上的残疾人法律是在资本主义国家确立后才开始出现的，梳理残疾人法律制度变迁史发现，经历着从"慈善""人道"到"人权"的转变，"二战"前残疾人法律制度基本以保障残疾人福利为主，而"二

---

① ［美］道格拉斯·诺斯：《经济史中的结构与变迁》，陈郁、罗华平译，上海三联书店1994年版，第58页。

战"后以保障残疾人人权为主。

1. 联合国法律文书

联合国通过的残疾人相关文件都是在强调残疾人人权基础上制定的。人权是人生存、发展的基本要求和主体资格①，300多年来的人权理论与实践经历了自由权、平等权、发展权的三个发展阶段。最早提出的"天赋人权""主权在民"以对抗封建王权，并以英国的《权利法案》（1689年）、美国的《独立宣言》（1776年）、法国的《人权和公民权宣言》（1789年）为标志。在联合国组织建立以后，1948年12月通过了具有历史重大意义的《世界人权宣言》，其第一条为"人人生而自由，在尊严和权利上一律平等"，不仅承认公民的平等政治权利，还包括在经济、社会和文化等方面的平等权利，这为保护残疾人、妇女儿童、战争难民等特殊群体人权提供了法理依据。在《世界人权宣言》的基础上，1987年12月联合国又通过《发展权利宣言》，提出发展权是一项不可剥夺的人权，国家和政府有义务保护和促进国民参与、促进并享有本国的经济、社会、文化发展成果，这为保障残疾人人权提供了具体的政策依据。

20世纪60年代，发端于美国的人权运动波及全球，重视人权、保障人权也激发了残疾人人权运动。美国率先掀起了残疾人的"独立生活运动"，要求残疾人独立支配自己的生活并有权决定自己的生活方式，而不合理的观念与制度才是导致残疾人不能独立生活的重要原因，呼吁全社会关注残疾人人权、消除阻碍残疾人人权实现的社会障碍，随后这场残疾人人权运动影响到日本、英国等发达国家，并推动了联合国及有关国际会议通过了一系列与残疾人相关的重要文件。从60年代起陆续通过的文件包括《禁止一切无视残疾人的社会条件的决议》（1969年）、《弱智人权利宣言》（1970年）、《智力迟钝者权利宣言》（1971年）、《精神发育迟滞者宣言》（1971年）、《盲聋者权利宣言》（1977年）等，特别是1971年通过的《残疾人权利宣言》影响最大，此外还包括《关于残疾人恢复职业技能的建议书》《残疾预防及残疾人康复的决议》《开发残疾人资源的国际行动纲领》等重要文件。

---

① 郭春宁：《人权视角下的中国残疾人社会保障》，中国劳动社会保障出版社2014年版，第29页。

20世纪八九十年代是联合国残疾人人权运动的活跃期，保障残疾人的权利、促进残疾人的平等参与成为共识。1981年"国际残疾人年"的主题为"全面参与和平等"，提出残疾人有权全面参与社会生活，享受与正常人一样的平等权利，并鼓励建立残疾人组织增进公众对残疾的理解。在此背景下，不仅通过了《关于残疾人的世界行动纲领》（1982年）、《残疾人机会均等规则》（1993年）等重要文件，还把1983—1992年定为"联合国残疾人十年"，每年12月3日定为"国际残疾人日"。进入21世纪，"平等、参与、共享"成为残疾人主流权利观，2006年12月通过了《残疾人权利公约》这份对促进残疾人全面发展影响深远的文件。

综观联合国通过的《残疾人权利宣言》《关于残疾人的世界行动纲领》《残疾人机会均等规则》《残疾人权利公约》这四份重要文件，可以发现在"残疾人－正常人"的残疾话语框架下，突破了原有残疾人"个体模式""社会模式"，发展成为残疾人"权利模式"，这从文件对残疾人的定义就可以清楚看到。《残疾人权利宣言》对残疾人的定义为任何由于先天性或非先天性的身心缺陷而不能保证自己可以取得正常的个人生活和社会生活一切或部分必需品的人；《关于残疾人的世界行动纲领》引用了世界卫生组织1980年发布的残疾定义，把残疾区分为缺陷、残疾和残障三个类别，把残疾人定义为人与环境相互作用下的负面结果；《残疾人机会均等规则》对残疾的定义不再强调造成的缺陷，而是明确定义为人与环境冲突下的机会丧失或受限；《残疾人权利公约》首次提出残疾是人的多样性体现，是自身损伤与社会环境障碍下共同作用的结果，残疾不是简单的医学问题，而是社会发展和人权问题。从联合国通过的文件对残疾定义的脉络来看，从关注残疾人身体缺陷、社会环境障碍发展到残疾人享受与正常人平等的人权，从关注残疾主体、残疾主体的环境制约到关注残疾主体形成的权力，所以要重构"残疾人－正常人"话语体系，必须打破原有两者间的不平等，可以看出残疾是随着认识深入而不断建构的概念。

通过的这些重要文件中，不仅法理上禁止基于残疾而做出任何区别、排斥或限制，保障残疾人享受与健全人在政治、经济、社会、文化等相关领域的平等人权，同时还要求国家和相关行为主体采取"通用设计""合理便利"等积极措施，为保障残疾人权利提供相应支持。在《残疾人权利公约》（以下简称《公约》）中，强调国家有保障残疾人权利的同时，还表明残疾人除享受正常人平等权利外还有属于残疾人特有的权利，《公约》中从尊重、保护和实现残疾人权利三个方面，详细列举了缔约国需要实现的九项一般性义务，保障残疾人权利真正能够落地生效，同时还明确规定缔约国至少每四年提交一次报告，说明履行条约规定的义务、采取的措施和取得的进展，这些具体措施强化了各缔约国采取有效措施保障残疾人人权。事实上，也正是因为联合国在全球范围内的推动作用，世界上近半数的国家制定了专门针对残疾及残疾人问题的法律，其他国家也将涉及残疾人权益保障内容分散在政策法律体系中，"平等、参与、共享"的残疾人发展理念得到广泛共识。

2. 国外法律制度

残疾人法律制度是从残疾人救济制度开始的，并逐步发展残疾人社会救助、社会保险和社会福利等政策制度。20世纪初开始特别是第二次世界大战后，随着全世界对人权问题的重视和残疾人运动的发展，大多数主权国家对残疾人权益问题逐渐重视起来，并在联合国直接推动下为保护残疾人权益、禁止歧视残疾人制定了专门性的法律规范。

在社会救济制度还没有建立之前，针对残疾人的社会救济更多是慈善行为。英国的《济贫法》建立了社会救济残疾人的政策制度，残疾人社会保障与福利制度也随着经济发展越来越完善。尊重残疾人人权开启了残疾人制度的新篇章，禁止歧视残疾人成为核心要义，在此基础上确立残疾人的"平等地位"与"充分参与"，强调政府、社会、残疾人组织的责任，强化对残疾人的扶助和保护，并制定出残疾人康复、教育、劳动就业、福利、文化体育事业等政策措施。

英国是较早发展社会福利的国家，通过的《国家保障服务法案》（1946）、《国民互助法案》（1948）对残疾人医疗康复和财政支出进行专门立法，1994年通过了《残疾人就业法案》和《教育法案》，对残疾人就业与儿童特殊教育进行立法，此后陆续通过了《残疾人歧视法案》（1995）、《反残疾歧视法案》（2004），2006年还制订了"残疾人平等计划"，要求在公共组织机构充分考虑对残疾人的影响，采取积极措施消除对残疾人不平等的社会现象。

德国也为残疾人专项制定了《残疾人权利平等法》，涉及交通工具、就业、教育、政治选举等诸多领域，确保残疾人享受与正常人平等的权利，还制定了《残疾人康复与社会参与法》《社会公德法》《联邦社会救济法》等相关法律。同时在联邦和各州都配备了残疾人事务专员，收集残疾人对政策和立法的意见建议，有效保障残疾人的合法权利与现实需求。

瑞典虽然没有单独为残疾人制定法律，而是将残疾人各项权利纳入相关法律之中，如《社会服务法》（1982）、《功能受损人士支持和服务法》（1993）、《帮助补贴法》（1993）、《残疾补贴和护理补贴法》（1998）等相关法律，详细规定了残疾人享受的各项权益，同时还设立了残疾人巡视官、残监办，负责督查残疾人工作和接受残疾人投诉。2003年制定了包括残疾人在内的《禁止歧视法》，禁止因性别、种族、残疾、宗教信仰等受到直接或间接的歧视。

东亚国家如日本针对不同残疾人、残疾人福利组织、残疾人教育、职业培训与就业促进等形成了较为完备的法律体系，颁布《残疾人对策基本法》作为保障残疾人权利的基本制度，还制定了《残疾人福利法》《残疾人教育法》《残疾人雇用促进法》《残疾人职业训练法》《特殊儿童抚养补贴法》《战伤病者特别援助法》《残疾人福利协会法》《精神卫生法》等相关领域法律。韩国也是残疾人法律权益保障较为健全的国家之一，1989年修订的《残疾人福利法》成为残疾人社会福利工作的指导法律，规定了国家和政府在残疾人就业、权益保障等方面的责任，并明确了企业、雇用单位应该遵守的残疾人政策。

综合上述，有关残疾人的法律制度基本上都是在第二次世界大战后制定的，并紧跟着联合国残疾人相关重要文件出台时间；从立法内容来看，从原有以残疾人福利、保障等为立法主题，发展到残疾人权利、反歧视等立法主题，可以看出全球残疾人立法精神基本延续了联合国重要文件的法律精神，从关爱、保护残疾人到反对歧视残疾人、保护残疾人权利，强调残疾人充分参与和与健全人共享社会成果的平等权益。

3. 国内法律制度

我国法律体系主要包括宪法、由全国人民代表大会及其常务委员会制定的国家法律、由国务院根据宪法和法律制定的行政法规、由国务院职能部门根据国家法律法规并在本部门职权范围内制定的部门规章，以及地方政府制定的法规规章条例等。我国专门针对残疾人的法律制度是从80年代后才开始发展起来的,之前更多是对残疾人社会救济与保障进行立法。随着"联合国残疾人十年"的发展,1987年、2006年国家组织了两次全国残疾人抽样调查,为全面掌握残疾人人口和基本状况提供了详细的实证数据,1990年12月全国人大常务委员会审议通过了《中华人民共和国残疾人保障法》,2008年4月全国人大常务委员会第二次会议高票通过了修订后的《残疾人保障法》,形成了以《残疾人保障法》为核心,以相关行政法规、地方性法规为补充的残疾人法律体系。

《残疾人保障法》强化了残疾人权利的保障措施,促进残疾人能够平等享有政治、康复、受教育、就业、文化、社会保障、无障碍环境等合法权利,不仅与《残疾人权利公约》实现有效衔接,而且制度设计合理可行、各项规定有较强的可操作性,做到原则性与灵活性相统一、实用性与前瞻性相统一。[①]《残疾人保障法》实施以后,为更详细保障残疾人权益,1994年颁布了第一部分残疾人教育的行政法规——《残疾人教育条例》,2007年颁布了《残疾人就业条例》,2012年颁布了《无障碍环境建设条例》,这些行政法规的制度出台,为贯彻落实《残疾人保障法》赋予残疾人的各项权利提供法律支持。同时为将《残疾人保障法》的各项规定落实到社会发展大局当中,国家从"八五"开始出台残疾人事业发展规划纲要,在残疾人康复、教育、就业、无障碍环境及社会保障等方面提出了具体实施措施。

此外,相关职能部门还出台了一系列政策文件,落实《残疾人保障法》中规定的残疾人权利。2010年《关于加快推进残疾人社会保障体系和服务体系建设的指导意见》,在残疾人的康复服务、教育、就业、社会保障和无障碍服务等方面提出具体要求。同时《关于进一步加强残疾人康复工作的意见》《关于进一步加快特殊教育事业发展的意见》;《关于进一步做好残疾人劳动就业工作若干意见》《关于做好下岗残疾职工基本生活保障和再就业的通知》《全国无障碍设施建设示范工作实施方案》《全国无障碍设施建设示范城市标准》等部门性文件,有效保障了残疾人在康复、教育、就业、社会保障、无障碍化环境的等合法权益。此外,在

---

① 傅志军:《残疾人权利保障法律制度研究》,华夏出版社2014年版,第103页。

我国其他法律体系中，还包含有保护残疾人权利内的法律达 50 多部。①主要涉及残疾人民事权利法律、残疾人受教育权法律、残疾人社会保障法律、残疾人司法方面法律等方面内容。由此可以看出，以《残疾人保障法》为核心，相关法律文件、法规条例为补充，形成了较为完善的残疾人法律制度，有效地保障残疾人法律权益的真正实现。

二　法律立法进程

为更清楚地发现"残疾人-正常人"话语框架下残疾话语建构的过程，将细致考察美国的残疾人法律史和中国《残疾人保障法》的制定过程。

1. 国外残疾人法制史

美国是法律体系非常健全的现行国家之一，早在 1920 年就通过了世界上第一部专门针对残疾人就业的法律——《职业康复法》，此后陆续颁布了《康复法》《建筑无障碍法》《残疾儿童教育法》《关于处于发展阶段的残疾人法案》等，对残疾人的教育、交通、无障碍设施等方面进行了法律规定，特别是 1990 年通过的《美国残疾人法》更全面地对残疾人的就业权利、受教育权利、无障碍权利、权利救济、社会保险福利、医疗康复等权益进行细致的规定，此外通过的如《残疾人教育法》《全国选民登记法》《航空运输无障碍法》《公平住房法》等涉及残疾人权利的法案，为残疾人权益服务保障提供了法理依据。

美国现行较为完善的残疾人法律体系是从过去的社会救济制度发展起来的，发展历程大约可以分为三个阶段。② 在 20 世纪 60 年代残疾人权利运动以前，美国早期残疾人法律还主要以残疾人社会保障为核心内容，构建起来残疾人制度也只能为其提供基本的生活保障，主要依靠家庭或社会慈善救济。19 世纪中叶，随着美国独立战争、工业革命、美墨战争等重大事件，工业化生产下工伤、疾病、死亡事件不断增多，美国国内战争期间大量士兵因伤致残需要社会救助，出现了专门针对残疾人的社

---

① 傅志军：《残疾人权利保障法律制度研究》，华夏出版社 2014 年版，第 126 页。

② 关信平：《美国的残疾人保障制度》，转引自谢琼《国际视角下残疾人事业》，人民出版社 2013 年版，第 259 页。

会政策，与之前不同的是，这时对残疾人社会救助强调国家责任义务。"罗斯福新政"时期，1935年《美国社会保障法》首次把包括残疾儿童、盲人等残疾人群纳入国家的社会保障制度中，通过社会保险、养老保险以及公共救助等措施，逐步建立起强调国家责任义务的残疾人社会保障制度。

此外，残疾人自身的权利运动和残疾人组织开展的社会活动也是推动残疾人法律制度不断完善的重要原因。20世纪初的美国社会仍然流行着对残疾人的偏见，认为残疾人是社会的负担，但逐渐出现一些旨在致力于帮助残疾人争取权利的组织，如罗斯福总统倡导并建立了名为"爱心纽扣"的研究小儿麻痹症的组织，通过游说和政治动员，使美国国会和政府行政机构开始逐步关注残疾人的权益。一些第一次世界大战中伤残退伍军人组建了美国盲人基金会，许多智障儿童家长联合起来建立了美国智障公民协会，许多脑损伤者建立了脑损伤者组织协会，这些都对残疾人问题的显现化产生巨大的推动作用。

第二次世界大战后，美国残疾人权利运动继续深入发展，不仅出现了一些新的残疾人组织如全国盲人联合会、美国残疾老兵组织等，继续为争取残疾人权利和福利保障呐喊，呼吁建立更完善的残疾人法律和福利保障制度，同时还延续罗斯福总统留下的政治遗产，一些带有政治性的残疾人组织通过合法方式影响政治议题和政治选举，促使政策重视并加强残疾人法律立法和保障制度建立。1977年，美国残疾公民协会发起了全国性的静坐示威活动，要求政府签署有关残疾人的第504条款并获得了成功，同年在华盛顿召开的"白宫关于残疾人士的大会"后，政府宣布为残疾人群提供优惠待遇。正是由于残疾人权利运动进入了美国政治生活，不断推动着美国残疾人法律制度不断完善发展。

2. 国内残疾人法制史

20世纪80年代初，我国残疾人事业开始起步时，原中国残疾人福利基金会政策研究室组织到甘肃定西调研，看到"全国各地哪里房子最低矮破旧、哪里就会有残疾人"，这种境况让他们意识到加快残疾人立法的紧迫性。与此同时，他们与其他职能部门打交道过程中"屡屡受挫"，人们对残疾的理解还更多停留在个体因残而"废"的认识上，是个人的不幸。

80年代中后期，随着加强法律建设成为国家重要任务，这为残疾人立法创造了一个有利的时机。1987年北京大学法律系受中国残疾人福利基金会委托编制出残疾人法案草案，但总被问到诸如"全国究竟有多少残疾人""残疾人立法的依据是什么"等问题，导致残疾人立法工作难以开展。1987年由国务院牵头，民政部、国家统计局、计委等单位开展了首次全国性残疾人调查，调查统计全国共有残疾人5164万，占全国人口的4.90%，还不包括麻风病等其他类别的残疾人，这一"出乎意料"结果让决策者意识到，残疾人是一个数量相当庞大且被社会忽视的群体、残疾人问题是一个非常突出的社会问题。由此一系列残疾人社会政策、措施开始纳入议题，残疾人组织陆续筹建，1988年政府工作报告中首次出现"残疾人"词汇，成立了代表残疾人利益的残疾人联合会，开展了全国助残日、残疾人活动日、红领巾助残等一系列活动。这些残疾人政策出台和残疾人社会组织使得"残疾"成为社会关注热点。

残疾人问题被构建出来，并不代表着残疾人法律制度建立。1989年残疾立法开始启动，"打不完的架、做不完的工作"是负责法律文件起草工作者最深刻的体会，每一条法律条文都要经过多次说明、解释、讨论、协商和修改，一方面残疾人渴望社会尊重和工作机会，另一方面教育、卫生、劳动和民政等政府职能部门担忧财力投入不足。在立审会上文件起草组印制了一些描述残疾人疾苦、反映残疾人平等参与社会生活愿望、介绍国际社会经验的材料，特别是邀请立法委员观看《残疾人基本状况》的纪录短片，起草组坚信代表委员"不是不人道、只是不知道"，最终1990年12月28日上午10点，《残疾人保障法》在七届全国人大第十七次常委会上获得了全票性通过，残疾人法律制度就这样被构建出来了。

三　法律立法取向

残疾始终伴随人类，但直到20世纪80年代残疾才被绝大多数国家重视并采取了积极行动。以下将重点分析残疾人法律制度具体建构的过程和价值取向。

1. 立法的问题取向

传统观点认为，社会问题是对社会健康状态的威胁，是一种反功能状态、社会病理、社会解组和越轨行为，而Spector和Kitsuese却对社会问题进行重新界定，他们认为社会问题是建构的产物，是"个人或群体对其所认知的状况表达不满而作出的宣称活动"，社会问题的客观状况与宣称活动不是简单的决定与被决定关系，不存在着两者一致性联系。① 同时美国社会学家贝克尔（Becker）认为，社会问题有着其内在的"生命历程"，是从一个阶段不断向另一个高级阶段发展的历史，学者把其五阶段总结为"觉察－推动－确认－接纳－体制化"②，此外，还有学者强调其"场域－竞争"变量，主要认为社会问题只有不断引发关注，才会停留在公共场域而被权力接纳为"体制化"，为构建残疾问题提供了非常有益的视角与分析立法。

残疾人法律制度是对残疾问题的正式回应，按照"社会建构是关系的建构"观点，残疾人法律的构建是重塑残疾人与正常人之间的关系。通过美国和我国的残疾人法律制度史可以发现，残疾人法律建构的主体是包括残疾人、残疾人组织、专家学者、政府官员、新闻媒体人等相关利益群体，在建构过程中残疾人组织如美国的智障公民协会、盲人基金会、我国残疾人联合会等，特别是如邓朴方、罗斯福等有影响力的残疾人，在建构残疾人法律过程中发挥巨大作用。从美国的残疾人法律史来看，残疾人问题之所以被社会觉察，主要来自残疾人组织的权利运动，不断呼吁社会关注和解决了残疾人问题，同时更重要的是第二次世界大战后"关注和保护人权"成为社会主流，关注和保护残疾人权利具备了社会土壤。而从我们国家残疾人法律制度史来看，长期以来残疾的公共议题缺乏社会关注，直到80年代中后期国家法制建设后，残疾人法律制度建设才被提上议程，特别是第一次全国性的残疾人调查发现，残疾人数量之多、问题之严重与需求之渴望，使得残疾人的问题才被真正地建构出来，制定残疾人法律才被纳入政治议题中。可以说，只有残疾人问题显现化，并被社会大众和政策关注，残疾人法律建构才有了坚实的基础。

2. 立法的权力政治

Hilgartner 和 Bosk 在《美国社会学杂志》上提出了社会问题生态竞争

---

① Spector, Kitsuese, *constrcting social problems*, 1987, pp. 75 – 76.
② 闫志刚：《社会建构论视角下的社会问题研究》，中国社会科学出版社2010年版，第58页。

模型，认为社会关注是稀缺资源，公共场域对社会问题的承载量也是有限的，社会问题必然会为争取在公共场域的生存权而竞争。① 因此，理想状态和现实处境反差巨大、对社会将产生明确的危害、政府可以控制和改变的社会问题可以获得更多关注，我国的《残疾人保障法》制定前尽管各方大声呼吁，但是在全国性的残疾人调查没有公布前，残疾人问题在公共议题竞争中仍占不到优势，直到调查数据公布残疾人状况与人们的认知有较大差异后，残疾人立法才可能被提上议事日程。

残疾人法律制度有着不同的建构方式路径。不仅需要对残疾问题的理性争辩，还需要更多的情感和道德因素，如抗争型、威胁型、厌恶型、同情型、公正型、缺憾型等。在我国《残疾人保障法》的制定和审查过程中，通过在立审会上立法代表阅读残疾人疾苦的材料、观看《残疾人基本状况》的纪录短片，立法代表们对残疾人群有着强烈的同情感，正所谓"不是不人道、只是不知道"，而美国的残疾人法律制度是残疾人和残疾组织的权利运动后的产物，是残疾人组织不断参与和影响政治议题的结果，更多表现出残疾人对自身权益的诉求，这与我国国情有较大不同。

残疾人"平等、参与、共享"的发展理念，使得残疾人拥着与正常人平等的法律地位，但现有的残疾人法律制度还未能从根本上突破原有的"残疾人－正常人"框架，还是从保护残疾人权益的角度建立的法律制度，导致"正常人"的中心化痕迹明显，《残疾人权利公约》提出"促进、保护和确保所有残疾人充分和平等地享有一切人权和基本自由，并促进对固有尊严的尊重"，为构建"残疾人－健全人"的新的框架提供有益借鉴。

第二节 残疾人保障制度

广义的社会保障是以政府和社会为责任主体，面向全体国民依法实施的、具有经济福利的各项生活保障措施的统称，是用经济手段解决社

---

① Hilgartner, Bosk, "the rise and fall of social problem: A public arenas model", *American journal of sociology*, No.1, 1988, pp. 53–78.

会问题，进而实现特定政治目标的重大制度安排，是维护社会公平、促进人民福祉和实现国民共享发展成果的基本制度保障。① 狭义的社会保障是为防范社会成员因疾病、贫困、丧失工作能力等风险的制度安排，主要包括社会救助、社会保险和社会福利等内容。通过全面梳理古今中外残疾人社会保障制度，勾勒出"自生自灭－家庭抚养社会救济－国家社会保障－多元福利保障"的变迁轨迹，发现残疾人保障制度如何构建"残疾话语"，如何强化"残疾话语"，呈现制度构建与实践强化的双向过程。

一 残疾人社会保障制度变迁

英国的《伊丽莎白济贫法》和《贝弗里奇报告》，对社会保障制度建设有着非常深远的意义，以此分界点把残疾人社会保障制度划分为两个时期，从中发现残疾人社会保障制度发展变迁的轨迹。

1. 制度的诞生

自从人类社会的诞生，残疾人也就相伴其中，残疾问题是人类社会永恒的问题，而战争是残疾问题的催化剂。氏族社会晚期随着人口增长，氏族部落间经常爆发战争，战争的结果免不了伤残的发生。随着国家政权出现和金属制品不断产生，冷兵器如戈、剑、刀、斧、矛等广泛运用导致人类战争的伤亡急剧扩大，为了有效组织军队、提高部队士气赢得战争的胜利，针对伤残士兵的特别优恤制度应运而生。

如《周礼》记载，宫廷医生中已经有食医、疾医、疡医和兽医四类，同时也建立了战场救护组织和军医制度。春秋战国时期战争频繁，为提高国家军队战斗力稳定军心，针对因战争而伤残的将士纷纷建立了奖励优恤制度，如分配将士一定的土地、免除全家的徭役和租税、实行军功赐爵制度等，这是残疾人社会保障制度的雏形。

亚里士多德在《政治学》中提出："当然可以订立法规，凡属畸形与残疾的婴儿禁止哺养。"② 还有史料记载古罗马角斗场集中残杀残疾人、斯巴达把残疾儿童直接扔下悬崖等，都说明了西方早期社会对残疾人的

---

① 郑功成：《社会保障学》，商务印书馆2008年版，第11页。
② ［古希腊］亚里士多德：《政治学》，吴寿彭译，商务印书馆1983年版，第400页。

"非常残忍"之道。① 相对于军队伤残保障制度，残疾人社会保障制度直到国家的形成才建立起来，把保障对象从伤残士兵扩展到整个社会的残疾人。

春秋战国时期长年战争导致社会经济凋敝，众多的贫穷者和无依无靠者流离失所，鳏寡孤独残疾人的生活居养成为社会突出的现象，《礼记·礼运》篇提到"矜寡孤独废疾者皆有所养"的"仁政"产生了巨大的思想启蒙作用。《晏子·春秋》曾记载，齐景公出游见到一具腐烂尸体，好像没有看见一样不闻不问，晏子批评其为"为上而忘下、厚敛而忘民"，建立"使史养之"，齐景公采纳晏子"老弱有养、鳏寡有室"的养恤建议。

可见，残疾人保障制度是从"需要施恩的人"出发，所建立的一系列国家制度安排都是基于"施恩"的立场上，是基于慈善的人道主义关怀而发展起来的。

2. 制度的起源

以英国《贝弗里奇报告》为标志，残疾人保障制度在"施恩"的人道主义救济制度上不断完善，对残疾人的保护力度和措施不断增强。如西欧奴隶制中后期，出现了对残疾人有限保护的思想，不再对生理有缺陷、身体有残疾的社会成员从肉体上消灭，而且也拥有一些法律权利，但在法律实践上又进行种种限制，不承认他们是完全权利能力和行为能力的人。② 我国古代对残疾人的保障制度发展较早较为完善，在"仁政兼爱"的朴素人本主义思想下，残疾人的社会保障制度得到较快发展，梳理文献发现我国古代残疾人保障制度主要有以下几种方式。③

（1）赈济制度。即以粮食等实物和货币救助包括残疾人在内的老、幼、孤、贫等弱势群体，以保障他们最基本的生存需要。宋代的《救荒活民书》中提出，要"用义仓米施及老、幼、残疾、孤、贫等人，米不

---

① 相自成：《权益保障的中国模式：残疾人权益保障问题研究》，华夏出版社2011年版，第74页。
② 相自成：《权益保障的中国模式：残疾人权益保障问题研究》，华夏出版社2011年版，第121页。
③ 相自成：《权益保障的中国模式：残疾人权益保障问题研究》，华夏出版社2011年版，第74页。

足或散钱与之,即用库银籴豆、麦、菽、粟之类亦可",这是古代对灾荒时期进行赈济的指导思路。

(2)养恤制度。即对包括残疾人在内的灾民、贫苦流民等施以医药、食品并加以安置的社会保障措施,现实中主要的形式是施粥、居养等养恤方式。最早提出的思想体现在《周礼》中,"保息以养万民,一曰慈幼,二曰养老,三曰振穷,四曰恤贫,五曰宽疾,六曰安富",这与"尚德保民"思想是一致的。

(3)蠲免制度。即对包括残疾人在内的贫困人口减、免、缓赋税和徭役的社会保障措施。《尚书》中提到"民若有疾,予曷敢不于前宁人,受休毕"。这是面对自然灾害时期,在土地粮食减产、百姓生活困苦情况下,统治者为保障政权稳定而采取的让步措施。

(4)优恤制度。即针对伤残武官和士兵采取的特别处置措施。优恤制度是伴随着战争而产生的,对于因战争而伤残者,大多数统治者都会采取优待抚恤制度,甚至对其家属子女也会采取优恤制度,使战前士兵能够无后顾之忧英勇作战。

(5)居养制度。即对残疾人等提供收容抚恤制度,为他们提供临时或固定住所的社会保障制度。临时居养制度是当社会面临较大自然灾害时为残疾人等设置临时的收容机构,而固定居养制度是对包括残疾人在内的社会贫民、鳏寡孤独群体设置固定场所进行收容抚恤和康复医疗。如南北朝时期的孤独园、别坊,唐朝的悲田养病坊,宋朝的安济坊、居养院、福田院、慈幼局,元朝的养济院、安乐营、育婴所、惠民药局等。

(6)量能授事。即根据残疾人自身能力安排同等能力的工作,类似于现代制度的"工疗""农疗"方式,以促进残疾人适度进行正常生活,促进残疾人参与融入社会。

总体上看,我国古代对残疾人的关注从未中断,所形成的社会保障制度具有历史传承,体现着民本主义的思想光辉,但由于经济社会发展水平整体较低,对残疾人的社会保障主要还是以实物救助为主,采取的救济、抚恤、供养等措施仅仅能够满足残疾人基本生活需要。

3. 制度的完善

英国《贝弗里奇报告》出台后,建立了国家层面的、制度性的残疾人保障制度，从过去"施恩"人道主义救济发展到国家社会救济制度。梳理现有残疾人社会保障制度，大约可分为残疾人社会保险型制度和残疾人社会福利型制度，但具体制度实践在不同国家都有着不同的体现方式，而且会随着国家经济社会发展情况有程度差异。

残疾人社会保险型制度主要在德国和美国较为突出。德国的整个社会保障体系是以强制性的社会保险制度为主，其中以养老保险和医疗保险构成整个社会保险制度的核心，在资金筹集上按照政府责任、企业责任、个体责任三方共同分担，主要有养老伤残保险、医疗保险、就业失业保险和意外事故保险。除社会保险外还有社会救助制度和社会福利制度，社会救助是通过面向灾民、病人、残疾人等弱势和低收入群体，社会福利包括家庭、住房、教育等福利补助，相对而言德国社会保障更注重于实物形态和服务形态的社会保障，国家也有庞大的社会服务体系为残疾人提供相应的服务。美国虽然也是以社会保险构建社会保障的核心，但与德国不同的是美国社会保障是在政府干预下建立起来的，同时强调地方和民间的力量，整个社会保障框架包括公共项目和私人项目。针对残疾人群体而言，主要包括由老年、遗嘱、残疾保障和生活补助金组成的经济保障项目和比较完备的残疾人教育、无障碍服务等社会服务，以及禁止歧视残疾人就业的法制制度。

残疾人社会福利型制度是以英国为主要代表，还包括瑞典、澳大利亚、中国香港等地区。作为最早建立起社会保障制度的发达国家，英国的社会保障制度遵循普遍性、提供收入保障并能够防止贫困以及政府与个人的合作等三原则。[①] 针对残疾人的福利保障主要为残疾人提供经济援助，用于支付因残疾而带来的额外支出，此外还包括就业津贴、失能津贴、护理津贴、家居无障碍津贴，独立生活津贴、工作津贴、残疾学生津贴等。[②] 此外，还有为残疾人提供非常全面的福利服务，包括医疗康复、教育、交通、生活护理等内容，这些社会服务主要是以服务外包的

[①] 郭春宁：《人权视角下的中国残疾人社会保障》，中国劳动社会保障出版社 2014 年版，第 78 页。

[②] 郭春宁：《人权视角下的中国残疾人社会保障》，中国劳动社会保障出版社 2014 年版，第 79 页。

形式呈现，通过政府购买引导大量社会组织和企业参与。同时为促进残疾人社会参与和独立生活，建立了残疾人就业法律法规及奖励补助政策。

综观梳理国外残疾人社会保障制度变迁发现，残疾人社会保障制度从以社会救助为主，过渡到以社会保险为主，最终以社会福利为主的方向发展。当前，注重保障残疾人权益并通过政府主导、社会参与、个人自助的多方联动，促进残疾人社会融入与全面发展，已经成为残疾人社会保障制度发展主流，把残疾人经济保障和服务保障结合起来、把物质满足和精神支持结合起来、把个体能力发展与社会全面发展结合起来，各国根据国情不断探索，形成了形式多样的残疾人社会保障制度。

二　近代以来中国残疾人社会保障制度

我国残疾人社会保障发展历史，经历过同情怜悯式的社会救助、国家层面的残疾人社会救济制度的发展过程。

1. 近代发展史

近代以前，我国残疾人保障制度一直延续过去的"施恩"人道主义救济。近代以后在遭受经济侵略、政治奴役和文化渗透的同时，也带来了残疾人社会保障思想观念，陆续在开放口岸建立了包括服务残疾人在内的教堂、学校、医院和其他慈善机构，如在广东东莞、韶关建立了麻风收容所等救助机构，在北京开办了瞽叟通文馆（现在的北京盲人学校），发布《矿业条例》《暂时工厂通则》保证工伤待遇等，一方面延续过往的残疾人救济制度；另一方面吸收了西方先进的残疾人救助办法和措施，但由于国家长期军阀混乱，包括残疾人在内的广大百姓民不聊生，很难从国家层面上建立真正意义上的残疾人社会保障制度。

新中国成立以后，随着人民当家作主的政权建立，残疾人社会保障制度在这段时间得到了较快发展。一是制定和实施了残疾人社会救济政策，对包括城市贫民、失业人员、孤老残幼等社会弱势群体进行救济。二是在城市构建起残疾人社会保障制度雏形，1950年后相继颁布《革命工作人员伤亡褒恤暂行条例》《中华人民共和国劳动保险条例》等，为战时伤残人员、城市伤残职工提供了必要的物质保障。另外，政府还相继举办了一些为残疾人提供保障的社会福利机构和福利企业。三是为农村残疾人构建社会保障雏形。1956年颁布的《高级农业合作社示范章程》就有对残疾人生产、生活进行安排照顾的条文。

改革开放以后特别是80年代以来，残疾人社会保障制度得到快速发展。1990年，我国出台了第一部残疾人权益保障法律《中华人民共和国残疾人保障法》，2008年对《残疾人保障法》重新修订，2010年中共中央、国务院发布《关于加快推进残疾人社会保障体系和服务体系建设的指导意见》，标志着我国残疾人社会保障制度进入一个新的阶段。

2. 我国残疾人社会保障制度框架

残疾人社会保障制度首先为满足残疾人基本需求和特殊需求，为残疾人基本生活、康复医疗、教育等提供稳定的制度性安排，最终是为实现残疾人的"平等、参与、共享"，实现残疾人的全面发展。我国残疾人社会保障制度不仅包括面向所有社会成员的普惠型社会保障制度，还包括针对残疾人的特惠型社会保障制度，普惠型社会保障制度包括社会救助、社会保障、社会福利等，而针对残疾人的特惠型社会保障制度包括残疾人津贴、残疾人医疗康复、残疾人特殊教育、残疾人就业与教育等，一般性和特殊型残疾人保障制度构建起较为完善的残疾人社会保障体系框架，为提高残疾人的生活质量、增加残疾人自我发展能力、促进残疾人社会参与和融合发挥了重要作用。

一般性社会保障制度主要有社会救助体系和社会保险体系，这是我国最基本、最基础的社会保障制度安排，对于残疾人有专门性的制度安排。社会救助体系包括最低生活保障制度、医疗救助、临时救助等内容，具有最低生活保障性、救助对象普遍性、权利义务单向性、按需分配等特征。[①] 残疾人社会救助按照以家庭为单位，以所在户籍、家庭收入和家庭财产为认定救助资格进行差额补助，通常针对残疾人还会采取"分类施保"办法进行专门救助，如救助标准上浮、设置一定系数、核减或扣除项目收入、单独给残疾人进行保障等。残疾人因身体状况导致医疗支出费用也明显普遍高于健全人，尤其是一些精神残疾人需终身服药，导致家庭经济负担过重，接受医疗救助的比例相对较高。现有制度下针对

---

① 杨立雄、兰花：《中国残疾人社会保障制度》，人民出版社2011年版，第1页。

残疾人的医疗救助主要包括减免参加医保应缴费用、给予适当住院补助、对精神病等特殊病种的免费治疗等。我国政府还为包括残疾人群在内的弱势群体建立了住房救助、教育救助、临时救助等其他救助政策，如通过纳入廉租房、发放租赁补贴和农村建房、危房改造等方式，为残疾人提供住房保障；或通过学费减免、特殊困难补助、发放奖学金等办法促进了残疾人就学，这些社会救助制度为残疾人生存和发展提供了必要保障。

除一般性社会保障的救助体系外，社会保险制度也是非常重要的基本性保障制度安排。当前我国的保险制度包括养老保险、医疗保险、失业保险、工伤保险、生育保险等体系，相比残疾人专门性救助制度安排，社会保险没有对残疾人进行专门性制度安排，只是在代缴补贴、参保扶助等方面对残疾人有特殊优惠，保证残疾人应保尽保。

特惠型残疾人社会保障体系包括残疾人社会福利津贴和福利服务两部分，主要保障内容与情况包括：（1）医疗康复保障。根据"人人享有康复服务"的发展目标，为不同类型残疾人制定了康复救助制度，如配发助听器、助视器、为肢体残疾儿童实施医学矫治，为精神病患者免费提供精神病治疗药品等。（2）特殊教育保障。为残疾人提供受教育的机会、保障残疾人受教育的权益，如通过特殊教育机构、让残疾儿童能够在普通学校随班就读，发展残疾人职业培训机构。（3）劳动就业保障。通过集中与分散相结合，优惠与扶持相结合，多渠道、多层次、多形式促进残疾人群体就业。目前我国残疾人就业主要有按比例就业、公益性岗位就业、个体灵活就业、辅助性就业等方式。（4）无障碍设施保障。我国残疾人无障碍设施起步较晚，20世纪80年代才纳入了国家发展规划，之后以公共交通与道路、大型建筑物无障碍设施建设发展较快。（5）托养服务。我国的托养服务主要有寄宿制托养、日间照料托养、居家托养服务三种形式，为需要托养服务的提供监护服务目前仍以居家安养为主。此外，残疾人的文化体育和残疾预防工作也有所发展。

三 残疾人社会保障制度特征

梳理残疾人社会保障制度发展历史，可以清晰地发现残疾人社会保障制度经过从无到有、从家庭到国家的演变，是不断完善和发展着的历史过程，主要体现了以下几个方面的特征。

1. 残疾人社会保障制度是历史的构建。在氏族社会，文化意义上的"残疾"观并没有诞生，身体意义上的残疾人多依附于氏族成员的平等互助。军事管理和食物共享制度萌芽了现代意义上的残疾人社会保障，残疾人社会保障制度才诞生了。私有制导致的氏族解体使"整体人"分化为"个体人"，一些因身体缺陷无力维持自己的缺陷"扩大化了"，残疾人更多依靠于家庭的力量。勾勒残疾人社会保障制度发展脉络，残疾人"废养观"到"救助观"到"人权观"不断推动着残疾人社会保障制度发展，而国家稳定强盛残疾人社会保障制度越完善，保障面和保障力度越大，反之残疾人保障面和保障力度越小。

2. 残疾人社会保障制度是问题的构建。从《晏子·春秋》中晏子与齐景公对话可以看出，残疾人社会保障制度实质是残疾问题不断凸显化且成为重要议题的过程。翻开我国残疾人社会救济的历史，当国家强盛时期有能力将残疾问题上升到重要议题，英国首倡的社会保障制度正是由于工业革命提升了国家治理水平，使得包括残疾人在内的社会保障问题纳入国家治理层面。在这一过程中，残疾人和残疾人组织的倡导也能够加快问题凸显化的程度，如美国的罗斯福、中国的邓朴方等，不仅使残疾问题成为公众关注的话题，甚至还可以推动议题设置。

3. 残疾人社会保障制度是权力的构建。在西方中世纪以前，残疾人基本被社会忽略，我国残疾人社会保障制度因春秋时期"仁政"，促使统治者必须重视"仁者爱民"。由此可以发现，虽然残疾人社会保障制度核心是保护关爱残疾人，在构建的话语体系完全是不同的，西方中世纪体现了上帝的爱民思想，而我国是"仁政"治理的需要，两者都是为了强化权力对国家的治理。直到残疾人人权问题的提出，从根本上改变了原有"残疾人－正常人"政治上的不平等，建立了"人是第一位、残疾是第二位"的新残疾人政治观。

第三节　残疾人社会工作

残疾人社会工作关注个体的差异性，以个体化需求与面临困境为出发点，通过改善、治疗和修复引发其障碍的因素促进残疾人正常融入社会生活当中。

一 理念价值原则

优势视角和"案主自决"是残疾人社会工作最重要的价值理念，残疾不再是健全人构建的社会问题，而应该关注并充分挖掘残疾人自身存在的优势和潜质，残疾人社会工作者只是协助者而非包办者。

1. 优势视角

不同的视角产生不同的思维方式和实践模式。优势视角自 20 世纪 80 年代提出之后，逐渐成为推动社会工作发展的主导原则[①]，它颠覆了传统社会工作中的问题模式与病态视角，强调以正向的视角和创新的思维模式，挖掘潜藏在服务对象及环境中的资源和能量。有学者认为[②]优势视角源于美国 Charles Rapp 教授 1982 年对慢性精神病患者的研究，原本认为案主是一群部分失能或人格欠缺、处于困境和挫折中的人，然而研究表明这些案主仍具有自己的优势，只是很容易被忽略，通过充分发挥案主优势可以更好地促进他们融入社区生活。

优势视角是一种关注人的内在的力量和优势资源的视角，把人们及其环境中的优势和资源作为社会工作助人过程中所关注的焦点，它基于个人所具备的能力及其内部资源允许他们能够有效地应对生活中的挑战。[③] 该视角的基本信念包括赋权、成员资格、抗逆力、对话与合作等四个方面，基本假设包括每个个体都有尊严和价值，都应该得到尊重并且可以改变；每个个体、团体、家庭和社区都有其自身的优势和资源；每个个体都有自己解决问题的力量和资源，并且具有在困境下生存的能力；社会工作应该关注并运用其自身的优势和资源，而非关注其存在的问题及其困境。与问题视角的区别，问题视角在完好评判标准下强调对象的脆弱性，社会工作者往往担负起治疗专家、权威者的角色；而优势视角则从服务对象的潜能出发，强调社会工作激发个体对社会的多样性理解，

---

① 童敏：《从问题视角到问题解决视角——社会工作优势视角再审视》，《厦门大学学报》（哲学社会科学版）2013 年第 6 期。
② 刘炳跃：《论优势视角》，《商品与质量》2012 年第 2 期。
③ 周沛等：《残疾人社会工作》，社会科学文献出版社 2012 年 6 月版，第 230 页。

而非基于完好标准的价值评判，这为认识、理解和应对残疾社会问题提供了新思路，并在此基础上提出倡导"平等、参与、共享"的发展理念。

2. 理念原则

残疾人社会工作是以残疾人为服务对象的社会工作，它是社会工作者运用专业社会工作方法帮助残疾人补偿自身缺陷、克服环境障碍，使他们平等地参与社会生活、分享社会发展成果的专业活动。① 在优势视角的社会工作理念下，残疾人社会工作强调从残疾人自身的视角看待其优势和潜能，相信残疾人能够选择自己的生活方式；拒绝将残疾人问题仅视为残疾人自身的问题，而应该从社会建构的视角综合考虑残疾人问题产生的社会性因素；将残疾人视为与众不同，这种与众不同并不一定表示为丧失功能者或社会弱势者；残疾人社会工作者应该了解残疾人群体的生活经历并倡导积极的残疾文化等。具体来看，残疾人社会工作在优势视角指导下具体应该包括以下内容。②

（1）相信残疾人的能力和潜质。每位残疾人都有能力或有潜力，残疾人社会工作者应该站在残疾人的视角看待其能力和潜力，充分相信残疾人自身的能力和潜力，而不应该站在健全人的角度看待残疾人面临的问题，不要过度拔高残疾人的能力，也不能忽视其自身的能力。

（2）相信残疾人自身的幸福与未来。每位残疾人都能获得自由而全面发展，虽然残疾人可能会遭受歧视或者不公平对待，但是残疾人依然可以热爱自己的生活，并努力追求属于自己的幸福与满足，社会工作者应该鼓励、协助残疾人体验人生的快乐，并感受残疾人不断成功后获得的幸福与满足。

（3）相信残疾人有权管理自己的生活。"案主自决"的残疾人社会工作理念，要求残疾人社会工作者坚信残疾人管理自己生活的能力，他们有权选择属于自己的人生轨迹和发展道路，有权安排属于自己的生活方式，社会工作者不需要代办，也不能包办。

（4）充分利用自身的优势资源和能力。残疾人社会工作者应该尽量

---

① 王思斌主编：《社会工作概论》，高等教育出版社1999年版，第249页。
② 全国社会工作者职业水平考试教材编写组：《社会工作实务》（中册），中国社会出版社2007年版，第234页。

从残疾人及周围环境中，了解残疾人自身的能力和可利用的优势资源，帮助残疾人改变原有态度、学习解决问题的技术与方法，包括重新积极地认识残疾和看待残疾人，鼓励激发残疾人建立解决残疾问题的潜能与意志；帮助残疾人认识自身处境和可利用的资源以及获得资源的途径，提供外部支持条件启发帮助他们解决自身面临的问题；社会工作者协助残疾人及家庭采取更适合残疾人自身优势和潜能发挥的措施与途径，尽可能防止新的残疾问题发生。

（5）从历史文化视角去理解残疾人。残疾人社会工作者应该抛去偏见与原有残疾的想象，充分体验并感受残疾人自身的社会经历，通过社会倡导促进全社会正确认知、理解残疾和对待残疾人。

可见，残疾人社会工作不同于用法律和制度解决残疾问题，它从残疾人自身出发，从残疾人自身拥有的优势潜能出发，让"案主自决"而非他人代办。对残疾人从主体完整性而非缺损的角度来理解，这与现有制度解决残疾人问题的思路是完全不同的，更有利于残疾人对自身的理解和他人对残疾人的正确理解。因此，残疾人社会工作将大大推进社会对残疾的重新认识与理解，以及促进对残疾人问题的正确定义与正确应对。

二　重点介入领域

残疾人社会工作介入领域包括残疾前、残疾中、残疾后三个阶段，特别是在残疾预防、需求满足、支持网络重建三个方面需要重点介入，以降低残疾的发生和重度残疾后的社会支持为重点，推动残疾人及其家庭正常融入社会生活。

1. 致残因素预防

残疾预防是残疾人事业发展的首要任务和源头工程，不仅成为我国公共卫生和人民健康的重大目标，也是新时期提高我国人口素质的重要举措。为减少残疾发生，减轻残疾程度，控制残疾发展，我国残疾人事业确立了"预防为主"的基本方针，致力于建立"非致残的社会环境"。

在药物和疾病致残方面，残疾前社会工作者要扮演组织者和协调者的角色，通过社会工作专业手法特别是小组工作和社区工作手法，为孕产妇咨询、出生婴儿缺陷、药物治疗方式等提供宣传、教育和咨询服务，防止疾病造成的残疾事件。残疾中社会工作者应积极承担资源获得、社会支持网络重构和残疾家庭心理介入的责任，为遭受残疾者及家庭提供物质和心理的支持，干预或减轻残疾发生的后果。残疾后社会工作者应该降低残疾对残疾人及其家庭的伤害，帮助残疾人的角色转换和正常参与社会生产生活，减轻因残疾带来的人际交往、教育、就业、婚姻、家庭约束限制，促进他们接受残疾并顺利参与正常社会生活。

在意外事故致残方面，社会工作者应在事故高发企业、区域和领域，对容易引发事故和意外进行调查分析，倡导高发行业企业、公共交通驾驶员等以及行业管理部门进行事故预防；对事故和意外后应及时协助医疗卫生部门、民政部门和社区机构，制定专业抢救办法和应对流程，最大可能地降低伤员致残的危险并减轻致残的程度；对于重点人群如农民工、儿童、女性、农村居民等，应采用专业社会工作手法强化自我保护教育和自我权益保护，防范遭受意外事故后再次遭受残疾的伤害。

在灾害和环境致残方面，社会工作者应重点关注预防灾害和环境污染事件的发生，积极展开宣传教育和知识普及，配合影响社区和政府部门积极防范。在遭受灾害和环境致残后，社会工作者应该及时有效地对残疾人及家庭进行介入和救助，特别是突发残疾后的危机心理干预，采取专业社会工作手法帮助残疾人释放负面不良情绪，避免导致残疾人心理障碍的固化形成持久性残疾。灾害和环境致残后应进行较长时间的跟踪干预，特别是在生活照顾、经济收入、婚姻家庭、心理调适等方面，帮助他们走出危机，健康积极地融入社会生活。

2. 需求满足

按照马斯洛需求理论，人的需求从低到高分别为生理需求、安全需求、社交需求、尊重需求和自我实现需求，从类别来看既有生物性的需求，也有社会性的需求，更有超越自我的需求。残疾人的需求既有和健全人一样的需求，也有残疾人自身的特殊需求，总体表现为在经济、住房、婚姻、家庭、康复、社交、自我实现等，而且残疾人不同人生阶段其需求也有不同可见，残疾人在人的生命周期不同阶段有着与健全人群不同的特殊性需求。

这也要求残疾人社会工作关注于残疾人特殊性需求。首先，需要关注残疾人的生存性需求，特别是在残疾人康复、医疗、辅具以及无障碍等方面的社会工作重点介入；其次，需要社会工作者推进残疾人家庭、社区和社会力量积极参与，以充分满足残疾人社会交往的需要，特别是要积极倡导推动全社会力量满足残疾人特殊性就业的需求；最后，需要社会工作者鼓励残疾人自身激发自身的潜能与创造力，体现社会工作助人自助的价值理念，帮助残疾人自立自强以实现人生社会价值。总之，社会工作者更关注于具体的、多样性的残疾人需求，整合利用既有优势资源和社会力量，满足残疾人个体化、特殊化的多层次性需要。

3. 重建支持网络

社会网络理论最早是由德国社会学家齐美尔提出的，认为社会网络由行动者及他们之间的关系组成的网状集合体，每个行动者如同关系网状结构的网点，而不同网点之间的关系强度并非只有强关系与弱关系之分，由权力、财富、声望构成的社会资本镶嵌在社会关系网中，每个行动者的社会资本等级差异构成了社会关系网的结构性特征。社会工作者应该充分激发残疾人自身的优势资本，增加残疾人社会资本拥有量并提高在社会关系网的等级地位，主要策略与途径包括以下六点。

（1）个人网络策略。社会工作者应该重点重塑残疾人自身的社会关系，扩大残疾人与外界的社会交往，增强残疾人与外部环境的关系强度，从而利用关系网中的社会资本增强对残疾人的互助能力，进而提升残疾人的社会资本与社会互动的关系强度。

（2）自愿联结策略。社会工作者应尽力帮助残疾人与愿意提供协助者建立一对一的强关系，通过利用协助者的社会资本包括权力、财富与声望，为残疾人提供切实需要的帮助，以帮助残疾人摆脱社会关系网中处于孤立与贫弱的境地。

（3）互助网络策略。社会工作者应尽力引导促进残疾人进入具有相同问题或相似兴趣的同伴群体中，通过增强与扩大残疾人的同伴关系网络，帮助他们之间建立互助支援的关系网，形成相互帮助的互动小组，为残疾人增强在社会网络中的资本拥有量，从而促进残疾人拥有更紧密与更广阔的互相支援的关系网络。

（4）邻里援助策略。社会工作者尽力帮助残疾人识别、建立邻里之间的关系网络,这种关系网络主要是以非正式的辅助形态出现,旨在帮助残疾人建立邻里间相互支援帮助的关系网络结构,从而形成邻里之间相互帮助、帮助联系的关系网络群,以此借助更大范围内的社会资本帮助邻里关系网络群中的残疾人。

(5)社区授权策略。社会工作者应该促进残疾人个体关系网络与社区关系网络紧密结合起来,进行发展形成一个非正式的社区关系网络结构,以此向社区反映残疾人群体的意见与利益,帮助社区成员关注、关心残疾人问题,倡议社区政策在制度体系中形成正式性的残疾人支持体系。

可见,残疾人社会工作重建残疾人关系网络,是通过激发残疾人自身的社会资本、借助他人与社区成员的社会资本,进而把残疾人个体关系网嵌入或融合于更高等级、社会资本量更大的关系网络结构当中,进而提升残疾人在整个社会关系网中的社会地位与抗风险能力。

三 介入模式手法

残疾人社会工作介入一般包括接案介入、资料收集、社会诊断、社会治疗、结案评估等流程环节,社会工作者通过与残疾人及其家属进行细谈,分析筛选问题并对原因进行诊断,充分挖掘激发残疾人的自身优势与潜能,协调残疾人重塑社会关系网络,最终促进残疾人融入社会生活。从社会工作的场域类型划分,主要介入手法可分为家庭残疾人社会工作、机构残疾人社会工作和社区残疾人社会工作[1],从社会工作的动力类型划分,一般也分为残疾人个案工作、残疾人小组工作和残疾人社区工作。具体介绍如下。

1. 家庭残疾人社会工作

家庭残疾人社会工作是以家庭而非个体残疾人为介入对象,重点在于推动残疾人家庭内部成员之间形成良好互动与有效沟通,从而使残疾人能够在和谐家庭关系中融入正常社会。

现实中有残疾人家庭经济和心理负担较重,一方面需要家庭成员抚养照顾家庭中的残疾人,将不可避免导致家庭经济总体水平下降,容易

---

[1] 周沛、曲绍旭、张春娟:《残疾人社会工作》,社会科学文献出版社2012年版,第230页。

导致家庭的经济贫困；另一方面由于残疾多为不可逆性，导致残疾人家庭在社会交往方面感到沮丧，因此残疾人社会工作应该把改善重塑家庭关系作为基础。实践中，一般家庭残疾人社会工作内容包括家庭关系咨询、婚姻辅导、康复治疗咨询、特殊教育支持、亲子关系沟通、积极情绪治疗等内容，重点在于改善家庭关系，以形成有利于残疾人发展的家庭氛围。

从操作手法来看，家庭残疾人社会工作主要包括家庭残疾人个案工作、家庭残疾人恳谈与治疗工作等。家庭残疾人个案工作是采用社会工作个案工作一般手法，以残疾人个体化需求为基础，通过改善家庭成员之间角色关系与互动方式，以恢复和健全残疾人家庭的功能。家庭残疾人恳谈社会工作是一种小组工作方法，以残疾人家庭全体成员为服务对象，通过共同寻找导致家庭问题及其原因，协助家庭成员认清问题并提出解决问题的办法，进而形成有利于残疾人发展的家庭关系。残疾人家庭治疗社会工作是一种团体治疗方法，以解决家庭问题为核心，通过家庭成员共同参与，促进家庭成员理解和积极应对。

2. 机构残疾人社会工作

机构残疾人社会工作是以残疾人机构为场域开展残疾人社会工作，由于每个服务机构涉及残疾人类型相对单一、服务功能相对单一，而且由于个案与家庭社会工作中，残疾人不愿意透露自身存在的问题，更容易采用机构社会工作来促进残疾人的发展需求。实践中发现，现有机构残疾人社会工作主要内容一般包括残疾人心理辅导、残疾人法律援助、自我能力提升、互励互助氛围培养等，采用的社会工作方法也与家庭残疾人社会工作类似。

3. 社区残疾人社会工作

社区残疾人社会工作是以社区为场域开展社会工作，通过社区宣传教育、社区活动参与、社区资源激发等形式，促进残疾人融入社区环境、消除社会歧视、争取社会资源、解决现实问题等。与家庭残疾人社会工作、机构残疾人社会工作相比，社区残疾人社会工作可以为残疾人提供有效社会支持帮助，有利于整合政府、残联和社区的资源力量，形成弘扬人道主义、有助于残疾人社区融合的良好氛围。

现实中社区残疾人社会工作的内容主要包括帮助残疾人形成自我群

体归属；充分协调激发政府、市场、社会等各方资源，保障残疾人生存和发展的权利；利用社区现有政策和社区平台资源，促进残疾人康复、教育、医疗、无障碍服务；维护残疾人合法权益；丰富残疾人文化体育生活，培养残疾人自立自强的积极向上精神，具体手法可采用社会工作中的个案、小组和团体工作手法共同推进。

第七章

残疾人事业发展与治理

社会事业是个非常宽泛的概念体系，涉及福利保障、科技教育、医疗卫生等多方面内容，并以消除贫困、公平正义、社会参与、稳定秩序和可持续发展作为价值目标。有学者认为社会事业是为确保社会团结、维护社会安全、促进社会发展、保障社会可持续，进而促进人的全面发展所提供的各种公益性支持与服务活动的总和。① 残疾人事业是我国社会事业的重要组成部分，也是中国特色社会主义建设体系的重要组成内容。本章将从国内外残疾人事业发展变迁入手，全面考察残疾人事业发展变迁的历史线索及其动力机制，并从社会质量理论视角下分析我国残疾人事业的发展现状与局限，在此基础上提出适合我国国情的残疾人事业发展的治理机制与创新之路。

第一节 残疾人事业变迁

准确且简洁地叙述我国残疾人事业发展历史是较为困难的事情，这涉及历史叙事的不同角度以及叙事的主体对象。分析推进我国残疾人事业历史变迁的主体力量，既有国家视角下的政府力量，也有民间性质的社会力量，还有残疾人自身发展的力量，而选择不同叙事线索将涉及残疾意义的价值立场。按照残疾的社会建构理论，本书以政府施政措施为明线、以残疾人自我觉醒为暗线，对我国残疾人事业发展变迁过程开展历史叙事，同时辅助于国外残疾人事业发展历史变迁，以此透视我国残

---

① 洪大用：《关于加快社会事业发展若干问题的思考》，《教学与研究》2006年第12期。

疾人事业发展历史、现今与未来。

一　历史变迁过程

残疾现象伴随着人类自身整个过程，是人类自身多样性的重要体现，如何理解残疾和对待残疾人表现出鲜明的历史阶段特征。随着残疾的个体观向社会观转变，残疾人事业发展历史也经历着从慈善救济、法制保障向权利觉醒的时代转变，呈现出残疾人发展与残疾人事业发展史相互缠绕、互为建构的变迁轨迹。以1860年英国《伊丽莎白济贫法》、2006年联合国《残疾人权利公约》为分界线，世界残疾人事业发展轨迹可分为慈善救济期、法制保障期和权利觉醒期三个阶段，其中慈善救济期强调社会的道德同情，法制保障期强调国家的保障义务、权利觉醒期强调残疾人的权利权益，当然由于不同国家和地区经济与社会发展阶段不同，其残疾人事业发展阶段并不完全一致，呈现出鲜明的时代差异性和地域性。我国残疾人事业发展也基本上沿循三个阶段的划分，主要情况体现如下几个方面。

1. 慈善救济阶段

随着原始社会公有制解体、私有制建立，原有"均贫富、天下大同"社会形态被打破，残疾人不能再从"均贫富"制度中保障自己，即使家庭这种新型社会形态的建立，也不能为残疾人提供足够的制度化保障。奴隶社会形态以来，在生产力标准和人类崇尚美的选择下，残疾人在与健全人的竞争中不断处于劣势。与此相适应的是，社会对残疾的意义建构着重于身体医学的残损，残疾人也被塑造为"没有能力""需要帮助"的社会形象，这种负面评价也抑制了残疾人自我发展，因此这个时代背景下的残疾人事业主要集中于对残疾人的慈善与救济，并随着经济社会发展水平不断提高，不断提升残疾人的慈善救济水平。相对其他国家而言，前工业时期我国对残疾人的慈善救治更为体系化、系统化，主要包括物质补偿与集中机构救济两种方式。

（1）赈济抚恤免赋税

农业社会对残疾人提供保障以国家收养、减免赋役、实物救助和量能授事等为主，早在西周时期就提出"养疾之政"，对包括残疾人在内的弱势群体提供基本社会救济。春秋战国时期以后，不同历史的当政统治者延续了对残疾人的仁政之治,或由政府直接颁布赈济文件,为残疾人及其残疾人家庭提供资助或减免赋税,特别是盛世之时颁布相关赈抚政策更多;或直接派官员赈灾,经常派朝廷官员巡行地方,给包括残疾人在内的底层民俗赐粮帛以优恤残疾人;或在灾荒之年办粥厂、施钱粮,临时为残疾人提供赈济,这些措施都为包括残疾人在内的特殊困难群体提供临时社会救济,以维持社会基本安定和社会秩序。

除政府以外,对残疾人提供社会慈善救济主体还包括商人阶层、贵族、宗教僧侣、豪强乡绅和民间人士等,如欧洲中世纪时期、隋唐时期,对残疾人的慈善救济更多体现在教堂、寺院。基层乡绅或宗族势力通常也在特殊困难时期为当地灾民、残疾人提供慈善救济,还有许多有能力的爱心人士慷慨出钱出粮援助残疾人,一些有能力的商人阶层也会在特殊时期提供自己力所能及的社会救济,如电视剧《乔家大院》展现了商人在灾荒年为灾民以及残疾人赈灾的剧情。

(2) 设立集中救济机构

救济残疾人一直以慈善的形式出现,当政统治者一方面为稳定社会秩序需要,另一方面也为彰显自己的仁政之道,对包括残疾人在内的底层群众进行直接救济,而设立慈善机构是通行做法之一。不同历史时期的主要做法表现如下。①

一是别坊。南北朝时期的"六疾馆",负责对"京畿内外疾病之徒施医给药",被认为是中国最早的慈善机构之一。北魏时期据我国《北史·魏纪三》记载:"年不满六十而有废痼之疾,无大功亲,穷困无以自疗者,皆于别坊,遣医救护……请药物疗之。"这些专门为收留、安置孤老病残者的救济机构,也称为孤独院。

二是悲田养病坊。隋唐以后随着国家经济实力显著增长,对包括残疾人在内的社会救助制度有了质的变化,并建立了较为稳定的救助机构。唐朝时期在长安、洛阳开始创办悲田养病坊,这是设置在寺院之内的半官半民机构,后逐渐演变为寺院的慈善事业,包含救济贫困、疗养疾病、施药、抚慰孤独等功能,它是以前孤独院和疾馆的延续。唐肃宗至德二年,又设置了普救病坊机构,在原有养病坊基础上逐步扩展延伸。

---

① 陆德阳、[日] 稻森信昭:《中国残疾人史》,学林出版社1996年版,第51页。

三是福田院。宋代初期在开封设立东、西福田院,之后增置南北福田院,共有四福田院,后来"福田院"改名为"居养院",也称为"利济院""养济院"等,许多地方还设有慈幼庄、慈幼局、婴儿局等,专门收养和抚育弃儿或贫困儿童,这一时期收养残疾人的机构主要由寺院僧人主办,并受到政府的财政支持。

四是惠民药局。这是元明时期中央与地方官药局的正式名称,源自北宋时期的熟药所与和剂局,它主要面向普通民众,朝廷对其实行补贴政策,使其出售的药物远远低于市场价格,同时除卖药以外还配有医官兼给患者治病,是宋元时期最主要的官办慈善公共医疗机构,为残疾人在内的困难群体提供救助。

五是养济院。明清时期继承了以往养济院制度并得到大力发展,设置养济院收养老疾孤贫丐者。清朝时期各地多设立栖流所对流浪乞讨人员进行集中安置。

六是残废所。民国时期的救济院,将残废人与其他救济对象区分开来,在全国各地普遍设立了残废所,有学者统计全国18个地区的救济院以及慈善团体所设立的救济机构,其中隶属于救济院的残废所有70所,属旧有慈善团体之中的残废所有45所。[①]

（3）主要表现特点

总体上,新中国成立以前,国家经济实力和社会保障水平不高,难以为残疾人提供制度化、可持续的社会救济。具体表现为以下几点。

其一,残疾人慈善救济更多认为残疾人是需要帮助的群体,对残疾的意义理解更多侧重于残疾的后果及其原因与个体因素联系起来,忽略了社会性的因素。

其二,残疾人事业主要以残疾人慈善救济的形式出现,这种慈善救济受制于国家发展水平以及统治者的仁政之道,只有少数盛世时期统治者会把残疾人慈善救济纳入国家整体发展计划,多数时期只把残疾人慈善救济当作临时性的慈善救济。

其三,残疾人慈善救济通常与流浪乞讨人员一起作为救济对象,没有把残疾人专门列入重要慈善救助对象,残疾人教育等只有极少数皇家

---

① 邓云特:《中国救荒史》,商务印书馆2011年版,第25页。

贵族子弟才能享受，普通残疾人容易被社会隔离或抛弃。

其四，社会稳定和盛世时期社会慈善救济水平相对较高，而面临战争、动乱、灾荒、流行病时期救济水平相对下降，由于农业社会经济总体不够发达，纳入国家体系内的接受慈善救济的残疾人规模小数量少，通常会受到名额、经费、具体运作方式等限制。

其五，残疾人慈善救济制度主要在历史鼎盛时期确定，"养疾之政"的西周时期代表着奴隶社会慈善救济状态，设立悲田养病坊的隋唐时期代表着封建社会救济状态，但都没有把残疾人救济纳入国家的正式救济制度体系中。

其六，更多体现出了宗教力量的参与介入，无论是隋唐时期还是欧洲中世纪时期，残疾人慈善救济工作都有宗教力量介入，而在不同时期起主导作用的力量则有所不同。

总体上，农业社会时期的残疾人慈善救治事业，还没有纳入国家发展总体规划当中，更多的临时性、补救性、仁政性的慈善救济，而且由于残疾意义被建构为个人的命运惩罚，残疾人事业发展更多表现为维护社会秩序稳定需要，保证残疾人的基本生存生活，而激发残疾人能力增长、促进残疾人社会融合等远远没有得到体现。特别是在动乱时期，就连保障残疾人基本生存生活都谈不上，虐待、残杀残疾人现象也屡见不鲜。

2. 法制保障时期

在人类法制史上，针对残疾人的法制保障建设历程较短，《伊丽莎白济贫法》为残疾人社会保障法制化开启了大幕。英国工业革命之初，主要通过基督教会、寺院、教会医院、基尔特、个人慈善捐助等，在全国设立许多养老院、救济院，对包括残疾人在内的贫困人口进行救济。16世纪中后期，英国从慈善救济向法律济贫转变，从国家仁政向国家义务转变，在济贫资金获取上由过去向人们募集转向为法定征收，个人缴纳济贫税成为公民必须履行的法定义务，并且在政府内设立专门济贫机构和征收济贫税的部门。《伊丽莎白济贫法》（又称旧济贫法）核心内容是通过立法强制征收济贫税，对孤儿、无人赡养老人和残疾人进行法定义务救济，这样就把济贫纳入了国家整体发展战略之中，为现代社会保障制度发展提供了坚定基础。

延续强调国家满足残疾人生存发展责任的发展轨迹，现代残疾人法制保障从无到有不断完善与发展。19世纪80年代,新兴资本主义国家德国先后颁布了《疾病保险法》《工伤保险法》和《养老、残疾、残废保险法》等与残疾人相关法律制度;20世纪早中期美国颁布了《社会保障法》(1935)、《职业康复法》(1920);英国颁布了《社会保险及相关服务》(也称《贝弗里奇报告》,1942)等与残疾人相关的法律制度,这些以社会保障制度建设为残疾人生存发展提供了正式制度支持。我国与残疾人相关的法律制度建设相对较晚,新中国成立以后政府颁布了《革命残疾军人优待抚恤暂行条例》(1950)、《关于做好当前五保户、困难户供给、补助工作的通知》(1960)、《关于安置老弱病残干部的暂行办法》(1978)、《城市居民生活最低生活保障制度》(1999)等,都为残疾人生存发展提供了基于国家义务的法律保障。

纵观法制保障时期的残疾人事业发展,与慈善救济时期相比体现的特点主要有:一是着重强调国家的法定义务,不是基于封建王朝君主的同情与怜悯心,而是以现代性的国家形态为前提纳入整个国家治理体系的法制化轨道,强调残疾人事业发展是基于国家既定的法定义务与责任。二是着重突出社会保障性,继续延续残疾人事业慈善救济时期的扶贫济困功能,但更突出建立起更为完善的围绕残疾人生存发展的社会保障体系,不仅包括个体化生存质量的法制保障,还有包括残疾人发展如教育、就业、康复等方面的法制保障。三是以人道主义为指导思想。社会福利保障思想根植于文艺复兴时期的人道主义思潮,残疾人事业法制保障也是从人道主义思想出发,其核心思想是"强调以人为本、平等地尊重人的自由权利和价值、帮助和促进人的生存和全面发展"[①]、"重视人的价值,视每个人的自由、平等、幸福为最高价值目标"[②]。

总体上,残疾人事业法律保障时期比慈善救济时期有较大进步,突出强调残疾人事业的国家保障性,但是这时期残疾人事业主要以残疾人个体发展为主,以改善残疾人生存条件为主,对残疾人的自我主体性与权利意识,以及残疾人参与融入社会还不够。

---

① 湖北省残疾人联合会与湖北省社会科学院联合课题组:《人道主义是残疾人事业的旗帜》,《江汉大学学报》(人文科学版)2005年第4期。

② 童泽:《人道主义与残疾人发展》,中国社会出版社2008年版,第5页。

3. 权利觉醒时期

残疾人权利觉醒与美国的残疾人权利运动紧密相连。最早的残疾人权利运动爆发于 1935 年，残疾人向纽约家庭救济局递交工作申请书后会被盖上"PH"（肢残章），而盖上"PH"的申请书都遭到拒绝。为抗议对残疾人工作申请的歧视，身体残疾人士联盟首先宣告成立，通过抗议最终为残疾人争取了几千个工作岗位。

20 世纪 60 年代，在美国种族运动和妇女解放运动的影响下，残疾人权利运动也在不断蓬勃开展。1953 年 Ed Roberts 提出的独立生活运动理念，使美国残疾人服务方式发生了重大改变；1973 年残疾人组织在纽约抗议示威，促使美国《国家康复法》在国会获得通过，此外还有基于"正常化"理念下旨在促进残疾人融入社会的去机构化运动、基于"消费者"理念下旨在为残疾人提供选择权利的消费主义运动、基于"同伴激励"理念下的同辈群体支持运动，都对残疾人权利运动有着深远的影响，这也迫使社会重新反思有关残疾的观点以及环境对残疾人造成的障碍。20 世纪 70 年代在英国反隔离身体残疾联盟（UPIAS）的推动下，残疾社会模式也逐渐得到了学术界的认同，"残疾来自社会而非身体"的口号被广泛熟知，大大推动了全世界有关残疾人政策改变和残疾人运动的发展。

值得注意的是，与以往残疾人事业发展动力不同，这时期是残疾人组织推动着残疾人事业发展。比较有影响的残疾人组织有身体残疾人士联盟（1935）、全美聋人协会（1973）、美国残疾人无障碍公共交通协会（1989，ADAPT，后改名为美国残疾人护理协会）、美国残疾人行动组织（1970）、美国残疾人公民联合会（1975）、全国独立生活委员会（1980）等。正是由于残疾人组织的不懈发声，残疾人的声音被迅速放大并扩展到全球范围，也得到了国际社会和联合国的积极响应。20 世纪 80 年代以后，联合国大会通过决议将 1981 年定为旨在促进全面参与和平等的"联合国残疾人年"、1983—1992 年定为"联合国残疾人十年"，这促进了国际残疾人运动进入新的发展阶段，此后联合国推动制定了《关于残疾人的世界行动纲领》（1982 年 12 月 3 日）、《残疾人机会均等标准规则》（1993 年 12 月 20 日）和《残疾人权利公约》（2006 年 12 月）三个具有法律约束力的残疾人权利国际文书，以人权保障和赋权发展的理念在法律框架下保护残疾人享有基本人权。

我国残疾人事业发展基本与残疾人权利觉醒同步。20世纪90年代开始，联合国陆续执行"亚太残疾人十年战略规划"，我国残疾人事业发展充分利用"亚太残疾人十年"有力发展时机，实施我国国家残疾人事业发展行动计划，包括开展残疾人抽样调查，摸清了残疾人群体的基本情况和基本需求，为法律、政策和发展规划制定提供依据。为推动残疾人事业有法可依，制定修改《中华人民共和国残疾人保障法》（2008年7月1日实施），从法律制度上保障维护残疾人的合法权益；实施残疾人事业发展规划纲要，全面开展残疾人康复、教育、就业、扶贫、社会保障、维权、文化体育、无障碍环境建设、残疾预防等各项事业，显著改善了残疾人群生存生活发展状况。为顺利推进残疾人事业发展加强了组织保障。1988年3月11日，在中国残疾人福利基金会、盲人聋哑人协会和"联合国残疾人十年"中国组织委员会秘书处的基础上成立了中国残疾人联合会，成为代表、服务、管理残疾人的全国性群团组织，同时从国家到地方成立残疾人工作协调委员会，2006年更名为国务院残疾人工作委员会（简称残工委），协调残疾人事业相关重大问题，并且在各省、市、县（区）都设立了残疾人组织，形成了从中央到地方、从政府到企业的残疾人组织体系。以2008年北京残奥会为有利契机，我国残疾人事业发展进入了一个快速发展时期，在残疾人法律制度、政策规划、措施保障等方面都取得了非常显著的成绩。

二 发展脉络轨迹

纵观残疾人事业的发展历史轨迹，可以看出世界残疾人事业发展总体上从以传统福利为主的慈善救济事业，逐步成为纳入国家发展规划、建立完善法律制度、设置专门机构推进、重视权益保障的综合性社会事业，但是不同国家与地区残疾人事业发展阶段并不完全重合。

1. 残疾人事业发展特点

世界残疾人事业发展围绕着"如何认识、理解与应对残疾"而不断向前发展，综观国内外残疾人事业的发展变迁历程，其发展特点主要表现为鲜明的历史阶段性。古代时期残疾超越人的身体而存在，在庄子的著作当中残疾被描述成"神一样的精灵"，如疯癫被认为是神赋予身体的一种社会存在。祛魅以后残疾被认为是个人身体残损的结果，被归因为对个人德行的惩罚，应对措施也主要是从个人角度出发，从弥补补偿身体功能出发。近代以来，人们认为残疾是社会障碍的结果，正是由于存在着不利于残疾人发展的社会环境，因此应对残疾主要是从社会环境与制度的改变开始。由此可以发现，如何认识与理解残疾是残疾人事业发展的第一动力，直接影响着残疾人社会政策的价值取向与操作路径。

总体上，残疾人事业本质上是贫困治理的重要组成部分，残疾人在教育、在婚率、人均收入、就业水平、社会保障水平等方面都显著低于健全人，残疾是引发贫困的重要因素，而残疾人事业是通过康复、就业、教育等，使残疾人能够获得与健全人同样的发展机会，残疾人事业表象上是不断改善残疾人生存发展状况，但根本上是通过建立反贫困机制消除残疾带给人们的显著性发展障碍。

2. 残疾人事业发展规律

残疾人事业发展水平有两个观察维度：一是日常街道上残疾人的数量，二是健全人和残疾人之间的身体距离。相比而言，残疾人事业发展水平越高，日常大街上行走的残疾人越多，健全人与残疾人之间的身体距离越近，反之残疾人事业发展水平越低，大街上行走的残疾人较少，健全人和残疾人之间的身体距离也越远。残疾人事业发展历史变迁呈现的规律性表现如下。

一是对人与残疾关系理解越深残疾人事业发展越好。只有对残疾有新的认识才能推动残疾人事业开创新局面，从残疾的社会模式否定残疾人个体模式、残疾人自身权利的积极争取的历史，可见只有对残疾认识的思想解放才能推动残疾的社会政策巨大发展。思想是行动的先导，残疾人事业突破性发展必须依赖于对残疾的认知改变。

二是全社会的资源动员能力越强残疾人事业发展越好。拥有更为强大的社会动员力量是推动残疾人事业不断发展的外部条件，而且社会动员力量越强也代表着残疾人事业发展水平越高。从残疾人事业发展变迁过程看，残疾人事业从家庭支持、民间支持，逐步发展为国家的强制性义务，以及联合国范围内对残疾人事业的直接推动，从单个主体国家而言，政府力量越强越容易推动残疾人事业发展。

三是历史最鼎盛国家是残疾人事业发展的标杆。残疾人事业以及相关制度是随着社会形态变迁而变迁，原始社会、奴隶社会、封建社会、资本主义社会、社会主义社会的历史演进，诞生了残疾人事业发展的不同阶段性，而是残疾人事业发展最高水平是由不同发展阶段最鼎盛国家创建的，从西周时期、唐朝时期、英帝国时期、美国人权运动时期等都代表着其历史阶段残疾人事业发展的最高水平。

四是残疾人自我权利觉醒越早残疾人事业发展越好。从人与残疾的关系来看，拥有与健全人同样的发展权利是残疾人自我意识觉醒的标志，结合美国残疾人权利运动的历史，残疾人事业发展正是因为残疾人不懈的努力抗争才使得残疾人事业大踏步前进，而之前更多是以健全人为主导对残疾人的馈赠与同情。

总体上，世界残疾人事业依靠残疾人主体自觉和无障碍社会建设两大主题，朝向更加"平等、参与、共享"的发展道路向前迈进。历史发展经验表明，残疾人事业是社会文化制度的反映，先进的社会制度催生更高残疾人事业发展水平，最鼎盛时期国家构建出同一时期最高水平的残疾人事业发展框架。启示我们，残疾人事业发展是社会发展的重要组成部分，需要从残疾人自我觉醒和无障碍社会两个方面共同推动，只有先进的国家形态才能打造出更高水平的残疾人制度，当我们国家成为这个星球最出色的国家，残疾人制度也将成为世界学习模仿的对象。

3. 残疾人事业发展趋势

根据上述残疾人事业历史发展分析，并结合残疾人事业发展特征与规律的研判，可以大致研判出世界残疾人事业未来的发展趋势。

其一是残疾人事业所覆盖群体规模将不断增长。由于世界总体朝着更加富庶、更加文明的方向发展，将导致各国对残疾人的定义与界定更加宽泛，总体方向是不仅关注人的身体残损，更关注由于身体残损所带来的社会性障碍，这直接将导致世界残疾人口比例不断增长。纵向比较我国两次残疾人口抽样调查结果，残疾现患率从1987年的4.90%上升到2006年的6.34%，有学者在综合考虑人口结构的变动及社会经济因素的影响下，认为我国人口的残疾现患率将在未来40多年持续增长，预测显示至2050年我国人口残疾现患率将达到11.31%，估计到2050年全国残疾人总量将会达到 1.65 亿。① 此外，残疾现患率随着人的年龄增长显著相关，人口不可逆的老龄化也是世界残疾人数量持续增长的重要因素，我国老年残疾人占残疾人总数的比例已从 1987 年的 32% 增长到 2006 年的 53%。从横向比较来看，经济发达的美国，其残疾人口约占总人口的五分之一，而我国仅占 6.34%，这也表明随着经济与社会福利制度不断进步，残疾人数量不断持续增长将是大概率事件。

其二是人工智能将弱化残疾给人带来的社会角色。2016 年围棋人工智能程序大优势打败了韩国顶尖围棋选手，预示着未来人工智能时代的前景更加清晰，万物皆智能互联将极大改变人们的生产生活方式，也重塑着人们对世界的认识与理解。由于大数据、云计算、移动互联网等新一代信息技术同机器人技术相互融合步伐加快，3D 打印、人工智能迅猛发展，制造机器人的软硬件技术日趋成熟，成本不断降低，性能不断提升，军用无人机、自动驾驶汽车、家政服务机器人已经成为现实，有的人工智能机器人已具有相当程度的自主思维和学习能力。② 人工智能时代使残损的身体可能得到更好的科技补偿，例如仿真助听器、智能轮椅、智能义肢等出现，导致残疾人与身体健全人之间的界限变得模糊，残疾人与健全人的社会角色与身份更加模糊，这也造成残疾人事业发展与社会事业发展界限更加模糊。

其三是残疾人事业将受到世界各国政府更多关注。国家发展文明程度越高越重视残疾人事业，并且由单个国家、单个区域的社会行动，扩展成多个国家、多个地区甚至是全球化的行动。从残疾人行动上，不再仅停留在口号倡导和思想传播上，而是落实在法律、政策等实际行动上，从残疾人个人生活与实际工作，到整个社会主动为残疾人生产生活、工作就业创造环境条件。从服务主体上，已经从残疾人自组织发展到社会多种多样为残疾人服务组织体系，以及为残疾人服务的产业体系。从残疾人法律制度上，出台专门针对残疾人发展的法律以及更加健全的相关配套法律。从无障碍发展环境建设上，无障碍设施和环境更加健全，现

---

① 郑晓瑛：《中国残疾人口现状与未来发展趋势》，2014 年中残联与北京大学共同主办的残疾人口与发展国际论坛上发言。
② 习近平：《在中国科学院第十七次院士大会、中国工程院第十二次院士大会上的讲话》，人民出版社 2014 年版，第 7—8 页。

代化科技和文明推动残疾人事业发展等,这些都将为残疾人生存发展提供良好环境条件,同时对残疾的社会角色更加淡然。

总体上,残疾将不再是负面的代名词,它必将随着人类文明和自我觉醒降低所带来的不利处境,残疾人与健全人之间的界限与鸿沟也不再那样明显。

第二节 残疾人事业质量

以提高残疾人生存发展环境为目的、以国家法制化保障为方式、以政府行政推进为手段的残疾人事业,其发展水平显著体现了整个社会的文明与进步程度。如何全面系统评估不同时期、不同国家的残疾人事业发展水平,发源于欧洲的社会质量理论范式和评估指标体系为我们提供了一种全新的分析框架。借此透过社会质量的理论视角,重新审视我国残疾人事业发展水平与发展取向,并以残疾人小康水平监测指标体系为切入点,反思我国残疾人事业发展面临的一系列难题。

一 社会质量理论

正如狄更斯所言,这是一个最好的社会,也是一个最坏的社会。如何衡量一个社会是好的社会还是坏的社会,成为人们较为关心的重要话题。起源于欧洲的社会质量(Quality of Society)理论是社会发展研究的最新理论成果,它从社会发展道路与模式的研究转向对社会发展质量的衡量与测度,成为社会发展研究领域的最新理论范式[1],这也为制定全社会共享发展的社会发展政策提供新的理论工具与操作指南。

1. 理论的提出

社会质量理论产生有着鲜明的时代背景,都是基于当时社会发展的困境而提出的理论解释。梳理社会质量理论的学术发展脉络,大致来源于欧洲和我国本土两个相互独立的起源。一是由我国学者从政治学视角认为社会质量是"社会非政治有序化程度,社会各个环节、各种运动和

---

[1] 张海东:《从发展道路到社会质量:社会发展研究的范式转换》,《江海学刊》2010年第3期。

各种因素自我组织的程度,在没有政治控制和协调下它们的自组织达到的程度"①。然而近二十年来,我国本土提出的社会质量理论在学界并未引发学者们的关注。二是源于1997年《欧洲社会质量的阿姆斯特丹宣言》提出用于衡量欧洲社会发展状况的学术概念,基于对欧洲社会模式的反思以及面临的经济问题、环境问题、政治问题等产生的社会不平等性问题,学者们把社会质量定义为"人们能够在多大程度上参与其共同体的社会与经济生活,并且这种生活能够提升其福利和潜能"②,在此基础上提出了一个完整且连贯的社会质量理论体系,以及能够应用于经验领域的操作化指标体系,并发起成立了欧洲社会质量研究基金会(EFSQ),这对扭转之前社会政策从属于经济政策的局面起到重要作用。2006年以来,通过日本千叶会议、中国台湾会议、南京会议、曼谷会议等连续性国际学术会议,社会质量研究开始传入我国并得到学术界一定程度的关注,目前已经有学者开始运用社会质量指标体系对我国社会质量进行本土化研究,如深圳社会质量调查分析③、浙江社会质量调查分析④、上海社会质量调查分析⑤,同时还有学者对我国社会福利保障、社会政策等运用社会质量理论进行研究,提出了许多较有重要参与意义的政策建议。

2. 理论范式

社会质量不仅是一种理论范式,也是一种新的发展理念,它从人与社会关系出发,强调人与社会互动的"社会性"取向,并以社会质量作为衡量"社会性"的结果,在此基础上提出了明确的分析框架和指标评价体系,以此推动社会政策的朝向"社会性"变革。简要概括社会质量理论范式,可以归纳为"一个概念、两种关系、三大因素、四项

---

① 王沪宁:《中国社会质量与新政治秩序》,《社会科学》1989年第6期。
② Beck Van der Maesen, Waiker, *The Social Quality of Europe*, The Hague, London, Boston: Kluwer Law International, 1997.
③ 武艳华、黄云凌、徐延辉:《城市社会凝聚的测量:深圳社会质量调查数据与分析》,《广东社会科学》2013年第2期。
④ 林卡、柳晓青、茅慧:《社会信任和社会质量:浙江社会质量调查的数据分析与评估》,《江苏行政学院学报》2010年第4期。
⑤ 袁浩、马丹:《上海社会质量与居民生活满意度研究》,转引自张海东《社会质量研究》,社会科学文献出版社2011年版。

指标"。

（1）一个概念。为回应社会科学研究的个人主义的支配地位，社会质量理论范式建立在人的"社会性"的本体论上，从个体与社会的关系出发，认为"社会性"是人的本质存在，弥合了传统社会科学研究人为的人与社会对立，从而把个体发展与社会进步统一起来。

"社会性"在社会质量理论体系中，是指通过"借助于社会存在的个人的自我实现和集体认同形成之间的相互依赖得以实现，这种实现以相互作用的结果和后果为基础"[①]，强调人只有在一定社会环境条件下参与互动才能改善福祉和激发潜能，如果没有社会的增长也就没有个人的发展，但同时也批判撇开个体去讨论社会发展的理论取向，主张把个体嵌入社会关系与社会结构去考量，可见社会质量理论意图在于"调整社会研究的理论导向，将'社会'重新带回科学研究的舞台"[②]。

（2）两种关系。基于人与社会互动结果的"社会性"，欧洲学者把社会质量定义为"人们能够在多大程度上参与社会与经济生活，并且在多大程度上提升人们的福利和潜能"[③]。对社会质量具体化的结果表现为两种关系，用坐标系表示（图7-1）横轴代表了左侧的系统世界和右侧的生活世界之间关系，侧重于互动交往，纵轴代表了上面的社会发展和下面的个人发展之间关系，侧重于价值观的转变，由此形成了一个非常复杂、互为条件的依存关系。

（3）三大因素。欧洲学者提出了评价社会质量的三大因素，分别为建构性因素、条件性因素和规范性因素[④]，其中建构性因素是指个体自我实现和社会认同的互动结果，决定社会质量的产生；条件性因素是指构成社会质量的组成要素，为衡量社会质量提供操作性工具；规范性因素是反映了建构性因素与条件性因素的价值观导向。此外，每个不同因素

---

① ［法］贝克、范德蒙森、沃克：《社会质量的理论化：概念的有效性》，转引自张海东主编《社会质量研究：理论、方法与经验》，社会科学文献出版社2011年版，第3页。
② 赵怀娟：《"社会质量"的多维解读及政策启示》，《江淮论坛》2011年第1期。
③ ［法］贝克、范德蒙森、沃克：《社会质量的理论化：概念的有效性》《社会质量：欧洲的视角》，收录于张海东主编《社会质量研究：理论、方法与经验》，社会科学文献出版社2011年版，第3页。
④ ［英］艾伦·沃克：《社会质量取向：连接亚洲与欧洲的桥梁》，张海东译，《江海学刊》2010年第4期。

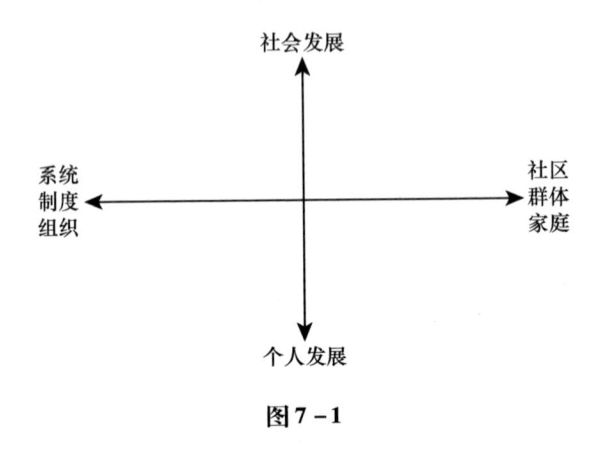

```
                    社会发展
                      ↑
  系统                │                社区
  制度     ←──────────┼──────────→    群体
  组织                │                家庭
                      │
                      ↓
                    个人发展
```

图 7-1

都源于个人与社会的两大关系，从而在坐标系的四个象限中体现出不同的内容，见表 7-1。

表 7-1　　　　　　　　社会质量的结构

建构性因素	条件性因素	规范性因素
个人安全	社会经济保障	社会平等正义
社会认知	社会团结	社会团结
社会响应	社会包容	平等价值观
个人能力	社会赋权	人的尊严

（4）四项指标。建构社会质量的评价指标体系一般从社会质量的条件性因素去考量，其中社会经济保障指社会群体成员获取系统世界的物质资源和环境资源的可能性，社会团结指社会群体成员形成生活世界的共同规范和价值观的可能性，社会包容是指系统世界融入与排斥个体的可能性，社会赋权是生活世界赋予个体能力提升的可能性。1999 年以后，欧洲社会质量研究基金会在欧盟和荷兰政府支持下大力推进社会质量的指标体系建设，最终形成了包括 4 个一级指标、18 个二级指标、45 个三级指标、95 个四级指标的社会质量评价指标体系，亚洲通过结合本土化改造最终形成了 4 个一级指标、18 个二级指标、36 个三级指标、79 个四级指标，通过实证研究大大推进了人们对社会政策的讨论。

总体上，诞生于欧洲的社会质量理论范式是对个体主义至上的社会研究模式的一个回应，着重考量个体参与社会生活的程度，以及社会为个体提供的机会与福利水平，以此试图消除个体微观社会与宏观社会系统之间的对立，并通过建构了一套完善的社会指标评价体系去指导促进社会发展质量不断提升。可见，社会质量理论分析范式已经从一个全新的概念发展成为一个有很大拓展空间的基础性理论框架，见图7-2。①

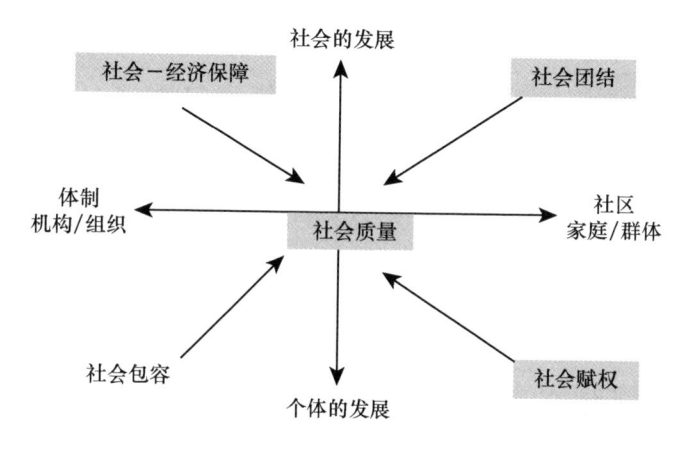

图7-2 社会质量的构成模型

3. 残疾人事业发展质量

近年来在党和政府领导下，我国残疾人联合会围绕着"代表、服务、管理"职能定位，聚焦于残疾人需求与发展开展了大量工作，残疾人社会保障水平明显提升，康复与就业人口不断增长，无障碍发展环境有了好转。借助于欧洲学者提出的社会质量理论范式，全面审视我国残疾人事业的发展现状，并尝试建立残疾人事业发展质量指标体系，以此推动我国残疾人事业发展质量不断提升。

为充分考虑残疾人的特殊需求和保障，避免国家指标平均数会掩盖残疾人状况的特殊性，中国残联牵头组织专家学者在国家统计局制定的《中国全面建设小康社会统计监测指标体系》基础上，依据2006年第二次全国残疾人抽样调查基础上形成的残疾人状况监测指标，经过长时间

---

① 张海东、石海波、毕婧千：《社会质量研究及其新进展》，《社会学研究》2012年第3期。

的研究论证和实地监测检验，建立了一套《全国残疾人小康进程监测指标体系》，以监测残疾人小康实现程度，并针对存在的问题和差距制定发展规划、出台法规政策和加强管理服务，形成专门促进残疾人发展的特殊保障机制。该体系包含残疾人生存状况、发展状况和环境状况等三个方面共17项指标，具体情况如表7-2所示。

表7-2　　　　　全国残疾人小康进程监测指标体系[①]

一级指标	二级指标	三级指标	标准值
生存状况（45%）	收入状况（20%）	残疾人家庭人均可支配收入（20%）	≥1.5万元
	消费状况（10%）	残疾人家庭恩格尔系数（5%）	≤40%
		残疾人家庭人均生活用电量（5%）	≥500千瓦时
	居住状况（10%）	残疾人家庭人均住房使用面积（10%）	≥27平米
	婚姻状况（5%）	适龄残疾人在婚率（5%）	≥70%
发展状况（35%）	康复状况（8%）	康复服务覆盖率（8%）	≥90%
	教育状况（6%）	学龄残疾儿童接受义务教育比例（6%）	≥95%
	就业状况（6%）	城镇残疾人登记失业率（6%）	≤6%
	社会保障（8%）	城镇残疾人基本社会保险覆盖率（4%）	≥95%
		农村残疾人合作医疗覆盖率（4%）	≥95%
	信息化水平（4%）	百户残疾人家庭电话拥有量（2%）	≥150部
		百户残疾人家庭彩色电视机拥有量（1%）	≥100台
		百户残疾人家庭家用电脑拥有量（1%）	≥60台
	社会参与（3%）	社区活动参与率（3%）	≥90%
环境状况（20%）	无障碍环境（7%）	残疾人对无障碍环境的满意率（7%）	≥90%
	社区服务（7%）	社区服务覆盖率（7%）	≥90%
	法律服务（6%）	法律服务满意率（6%）	≥90%

根据2007—2013年残疾人小康进行监测指标结果显示，我国残疾人小康指数从2007年的46.8%，逐步增长到2013年的71.1%，六年间总共增长了24.3%，平均每年以4%的速度不断增长，特别是"残疾人家

---

① 全国残疾人小康进程监测组：《全国残疾人小康进程监测指标体系》，http://www.gov.cn/fwxx/cjr/content_1315516_2.htm。

庭人均收入""康复服务覆盖率""社区服务覆盖率""无障碍满意"等与残疾人群体关系密切的指标上有了明显增长,从监测的年份上看 2011 年残疾人小康指数增长最快,这也充分说明了我国残疾人事业发展有了明显进步,见表 7-3。

表 7-3　　2007—2013 年度全国残疾人小康进程监测结果　　(%)

	2007	2008	2009	2010	2011	2012	2013
残疾人家庭人均可支配收入	27.8	33.1	37.8	42.3	53.0	62.4	70.3
残疾人家庭恩格尔系数	85.6	79.3	86.6	85.1	80.3	82.5	82.5
残疾人家庭人均生活用电量	30.3	34.5	38.2	40.7	49.9	57.1	62.2
残疾人家庭人均住房使用面积	71.5	72.2	73.2	75.0	77.0	78.6	82.3
适龄残疾人在婚率	90.8	90.1	89.9	89.3	90.7	91.3	91.0
康复服务覆盖率	21.1	25.9	25.6	37.2	52.7	61.3	64.8
学龄残疾儿童接受义务教育比例	66.7	67.1	73.2	75.2	75.9	75.7	76.5
城镇残疾人登记失业率	0.0	0.0	0.0	0.0	0.0	0.0	0.0
城镇残疾人基本社会保险覆盖率	36.7	40.8	54.8	64.1	72.1	87.2	88.5
农村残疾人合作医疗覆盖率	88.8	98.4	99.4	100.0	100.0	100.0	100.0
百户残疾人家庭电话拥有量	50.1	53.6	57.3	60.6	65.5	68.9	69.5
百户残疾人家庭彩色电视拥有量	65.9	71.2	74.4	77.4	82.5	85.3	86.2
百户残疾人家庭家用电脑拥有量	6.5	7.7	10.0	11.5	15.4	20.7	23.5
社区活动参与率	27.6	33.6	33.2	37.4	43.0	49.2	47.9
残疾人对无障碍环境的满意率	53.4	69.9	74.3	77.1	86.6	90.6	94.0
社区服务覆盖率	15.9	19.7	18.9	28.1	35.2	48.4	49.2
法律服务满意率	93.8	95.3	96.2	100.0	100.0	99.6	96.9
残疾人小康指数	46.8	50.6	53.5	57.4	63.1	68.4	71.1

然而,社会质量理论视角为我们提供了不一样的观察结果,参照社会质量概念把残疾人事业发展质量定义为"残疾人参与融入社会以及社会为残疾人增权赋能的程度",通过全国残疾人小康进程监测指标发现,在残疾人生存状况上,虽然残疾人家庭人均可支配收入以及人均生活用电量都有明显提升,特别是人均可支配收入从 2007 年的 27.8% 提升到 2013 年的 70.3%,提升比例达到 41.5%,人均生活用电量提升比例也达

到了31.9%，充分表明残疾人生存状况有了较大改善，但家庭恩格尔系数、人均住房使用面积、残疾人在婚率等指标的增长幅度均不大，同样的情况也体现在残疾人的发展状况、环境状况等方面，反映残疾人就业情况的"城镇残疾人登记失业率"指标，从2007—2013年都低于所设定的参照值；反映残疾人教育状况的"学龄残疾儿童接受义务教育比例"，从2007—2013年间只增长了9.8%，而这些指标更能反映社会政策下的残疾人发展状况。随着时代发展，残疾事业也得到快速发展，如何改善我国残疾人事业发展现状，大大提升我国残疾人事业发展质量，社会质量理论范式提供了较好的分析视角和操作性指导。

二 发展质量分析

借助社会质量的理论范式，下面将对残疾人事业发展质量概念、分析框架和主要内涵进行分析，为建立我国残疾人事业发展质量的评价指标体系做好理论准备。

1. 残疾的社会性

构建残疾人事业发展质量，其理论体系核心概念是"残疾的社会性"，其准确的含义来源于《残疾人权利公约》对残疾人的界定，残疾是伤残者和阻碍他们在与其他人平等的基础上充分和切实地参与社会的各种态度和环境障碍相互作用所产生的结果，同时这种结果被残疾人和社会所共同认可。"残疾的社会性"表明残疾的发生不仅是由个体无能造成的，更是由不合理的社会环境造成的，残疾的本质是社会性的结果，所以提升残疾人事业发展质量要从改变社会入手。这也跟残疾人事业发展从个体模式转向社会模式密切相关，残疾个人模式认为残疾是个体的事情，与社会没有关联；而残疾社会模式认为，残疾的发生机制来源于社会，残疾人问题需要改变的是社会而非个体。为进一步理解"残疾的社会性"意义，以下将从三个方面分别展开论述。

其一从残疾的标准角度。分析残疾人事业发展质量，起点是要准确界定残疾的概念并对其操作化，但是在不同的社会环境下对残疾的操作定义会有所不同，不同社会、文化、经济、政策等也会影响残疾的定义和残疾人口的统计，这涉及残疾标准的产生及其社会性。通常残疾的定义会趋向身体的残缺或残损，但是具体划分类别又有较大不同，如WHO

制定的 ICIDH 分类方法对残疾的操作化定义为残损、残疾和残障三个层面，ICF 分类方法扩展了残疾的定义，从原有静态残损定义转变为包含活动受限和参与受限的经历与过程，同时还考虑到个体生存的环境。我国两次全国性抽样调查虽然都采用了基于残损的残疾定义，但第二次抽样调查还考虑了对日常生活和社会参与等功能的影响，同时把听力残疾与言语残疾区分开来。这都表明残疾标准并不是一成不变，也不是在全球所有国家都一致的，对其的定义和操作化都与当时当地的经济、文化和认识有关，也说明了残疾具有鲜明的社会性意义。

其二从残疾的发生率角度。据郑晓瑛等通过 2006 年全国残疾人抽样调查数据统计，先天性残疾所占比例为 9.57%，后天获得性残疾所占比例为 74.67%，还有 15.75% 致残原因不明①，比较发现后天获得性残疾比重是先天性残疾比重的 7.8 倍，说明残疾的发生与社会关系较大。进一步对两次调查数据比较分析发现，西部地区在伤害致残、工伤致残、交通致残等方面都高于东部，也表明残疾发生的地区差异性，综合来看残疾的发生与社会的结构、文化、制度等存在明显关联，充分说明了残疾本质的社会性，见表 7-4。

表 7-4　　　两次全国残疾人抽样调查致残原因的地区比较②　　　（%）

	伤害与中毒致残		工伤致肢体残疾		交通致肢体残疾	
	1987 年	2006 年	1987 年	2006 年	1987 年	2006 年
东部地区	33.47	31.77	38.04	32.50	42.47	37.88
中部地区	34.81	34.12	40.13	36.42	36.25	33.81
西部地区	31.73	34.11	21.83	31.07	21.29	28.31

其三从问题的解决策略角度。从全纳教育发展历史来看，原有针对特殊儿童的教育主要集中在特殊学校中，属于自成体系的隔离教育形式，但是产生了一系列如教育标签化、自我隔离的后果，近年来主张回归主

---

① 郑晓瑛、程凯：《中国残疾预防对策研究》，北京大学出版社 2015 年版，第 25 页。
② 王灏晨、陈功、李宁、郑晓瑛：《我国伤害致残模式转变综述——基于全国残疾人抽样调查数据》，《残疾人研究》2014 年第 1 期。

流的全纳教育呼声高涨,残疾儿童随班就读、分层教学已经成为残疾人特殊教育的主流形式。从残疾人就业政策历史来看,原有依靠个人自我就业的形式面临较大难题,按比例分散安排残疾人就业成为各国主要采用的促进残疾人就业政策。另外从残疾人康复发展历史来看,过去残疾人康复主要在综合性医疗机构,许多基层社区医疗机构也没有残疾人康复的能力,直到专门出台有关康复机构设置的社会政策。这些关于残疾人教育、就业、康复等社会政策历史说明,残疾问题表面上是残疾人个体的问题,但是残疾问题的解决必须依靠社会政策的改变,也表明残疾的本质是社会性,必须通过社会的改变才能彻底改变。

由此可见看出,残疾的本质是社会性,是伤残者与不利于其生存发展环境造成的,残疾问题的发生也是由于存在着不合理的残疾人生存发展环境,所以促进完善我国残疾人事业要从改变现有的社会环境着手,而不能仅把社会政策的关注点与出发点放在残疾人发展上。

2. 关系坐标系

如何理解与表达"残疾的社会性",用关系坐标谱系更能直观地了解其含义,设置两条并成相互直角的坐标系,其中横坐标代表包括残疾人所在的社区、群体、家庭等生活世界以及残疾人所在的包括体制、机构、制度等在内的系统世界的紧张关系;纵坐标体现社会发展和残疾人发展的紧张关系。社会质量学者认为,虽然生活世界和系统世界、残疾人发展和社会发展存在冲突与对立,但是残疾人事业发展质量在强调社会发展的同时,也关注残疾人个体的增权赋能;强调改善宏观系统环境的同时,也关注微观生活世界的改善,这样通过社会质量理论模型不仅可以消除生活世界与系统世界、残疾人发展与社会发展之间的对立,也可以避免"有增长无质量"的残疾人发展政策,进而把残疾人发展放置在社会发展的框架下,见图7-3。

3. 三个组成要素

残疾人事业发展质量也包括三大因素,其中建构性因素是指社会对残疾的认同以及对残疾人的社会认同,条件性因素是指能够影响残疾人社会行动获取的机会和资源,规范性因素是指残疾人事业发展实践的价值评价,其中残疾人事业发展质量的条件性因素包括以下四点。

(1) 社会经济保障。在社会质量构成的条件性要素中,社会经济保障

```
         社会发展
           ↑
           |
系统世界 ←——→ 生活世界
           |
           ↓
         残疾人发展
```

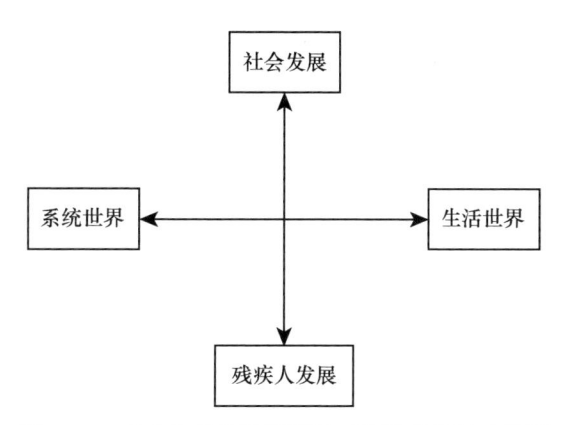

图 7-3　残疾人事业发展质量两类关系的相互作用

是指人们对资源的掌握程度,而在残疾人事业发展质量构成要素中,社会经济保障是指社会能够提供给残疾人福利和幸福感的资源保障程度,包括保障残疾人的收入、就业、住房、康复、教育等社会政策,以及保障残疾人权利实现的相关法律制度规定和执行,体现社会发展的公平公正。

(2) 社会凝聚。在社会质量构成的条件性要素中,社会凝聚强调基于认同、价值和规范基础上的社会的共享程度,是将社区、家庭、群体、系统与社区凝结在一起的黏合剂,而在残疾人事业发展质量构成的条件性因素中,社会凝聚是指残疾人与普通人之间相互认可、信任、互惠的程度,社会对残疾的偏见与对残疾人的歧视是重要衡量方面,体现社会发展有机团结。

(3) 社会包容。在社会质量构成的条件性要素中,社会包容是指人们可接近的制度环境与建立社会关联的可能性,重点关注人们在经济、政治、社会和文化系统中的参与程度以社会认同与自我实现过程。而在残疾人事业发展构成的条件性因素中,社会包括是指残疾人参与经济、政治、社会和文化的程度以及社会对残疾人认可程度,体现社会发展的平等价值。

(4) 社会赋权。在社会质量构成的条件性要素中,社会赋权是指社会关系在何种程度上提供个人的行动能力,重点关注人的能力发展。在残疾人事业构成的条件性因素中,社会赋权是指日常生活世界对残疾人自我能力提升与实现的程度,体现社会残疾人的人权尊重。

三 建立指标体系

我国残疾人事业发展质量指标体系的建立，必须根据我国国情对欧洲、亚洲社会质量指标体系进行重新修正，并结合残疾人事业发展特点以及残疾人自身需求。按照社会质量四个方面的条件性要素构成，提出我国残疾人事业发展质量指标，总共包括17个二级指标、34个三级指标以及38个四级指标，其主要内容如下。

1. 社会经济保障

残疾人事业发展质量在社会经济保障领域，总共设计了5个二级指标、10个三级指标和12个四级指标，重点关注残疾人能够获得了制度化的经济社会保障，包括涉及残疾人发展重要方面的经济增收、就业教育、康复照料、社会生活环境等，见表7-5。

表7-5　　　　残疾人事业社会质量的社会经济保障指标

二级指标	三级指标	四级指标
经济保障	收入充裕度	残疾人家庭人均可支配收入
		残疾人家庭人均可支配收入与当地最低工资之比
	社会保障度	享受残疾人特殊社会保障的比例
		享受一般性社会保障的比例
生活环境	住房条件	残疾人家庭人均住房使用面积
	致残环境	每万名儿童因外部环境伤害致残比例
康复照料	医疗康复	每万名残疾人接受社区康复比例
	托养照料	每万名残疾人接受社区托养照料比例
就业支持	就业率	每万名适龄残疾人就业比例
	就业环境	每万名适龄残疾人全职固定就业比例
教育获得	教育保障	每万名学龄残疾儿童完成义务教育比例
	教育质量	每万名残疾人接受职业教育或培训比例

2. 社会凝聚指标

残疾人事业发展质量在社会凝聚领域，总共设计了4个二级指标、8个三级指标和8个四级指标，重点关注社会层面残疾认同和主动接触、服务残疾人的情况，见表7-6。

表7-6　　　　　　　残疾人事业社会质量的社会凝聚指标

二级指标	三级指标	四级指标
社会信任	主动交往	主动与残疾人交往的社会成员比例
	信任残疾人	对残疾人表示值得信任的社会成员比例
志愿服务	专业化服务	能够接受专业化公共服务的残疾人比例
	志愿义工服务	参与志愿服务残疾人的义工比例
社会网络	自组织	建立残疾人自组织和协会的数量
	政府决策	残疾人发展事务进入政府决策的程度
身份认同	残疾形象认同	对残疾人形象持正面评价的社会成员比例
		对残疾持正面评价的社会成员比例
	残疾人价值	认为残疾人在社会生活同样拥有价值的比例
		认为同样能够获得社会成功的残疾人比例
社会政策	规划设计	是否制订残疾人事业发展规划与实施方案
	政策衔接	涉及残疾人社会发展政策之间的衔接程度

3. 社会包容

残疾人事业发展质量在社会包容领域，重点关注残疾人的社会排斥程度，总共包括四个二级指标、8个三级指标和11个四级指标，见表7-7。

表7-7　　　　　　　残疾人事业社会质量的社会包容指标

二级指标	三级指标	四级指标
社会接纳	新闻报道	主流媒体正面报道残疾人的新闻量
	社会关怀	获得社会关怀照顾的贫困残疾人数量
社会融入	就业促进	安排残疾人就业的企事业单位数量
	服务机构	民办残疾人服务机构数量
社会参与	生活网络	经常联系交往的朋友数量
	社会网络	成为人大代表/政协委员的残疾人比例
		接受互联网新闻信息的可及率
公共服务	财政投入比例	残疾人事业发展占政府财政预算的比重
	公共服务覆盖	社区康复服务覆盖率
		公共交通无障碍设施覆盖率
		残疾人参与文体娱乐的比例

4. 社会赋权

残疾人事业发展质量在社会赋权领域,重点关注残疾人的自我潜能提升程度及过程,总共包括 3 个二级指标、6 个三级指标和 7 个四级指标,见表 7-8。

表 7-8　　　　残疾人事业社会质量的社会赋权指标

二级指标	三级指标	四级指标
权益保障	权益侵犯	侵犯残疾人权益的案件数量
	法律服务	对残疾人权益保障的法律服务满意率
能力增长	教育培训	接受职业培训与职业教育的残疾人比例
	特殊训练	参加残疾人专项潜能训练的残疾人比例
社区参与	社区协商	残疾人参与社区重大事务协商决策程度
	自组织化	加入残疾人自组织的残疾人比例

值得注意的是,虽然本书初步提出我国残疾人事业发展质量评价指标体系,但是由于缺乏实证数据的论证,其适用性以及可操作性还需要得到实践的修正。但是,与当前残疾人事业研究缺乏完整理论支持相比,社会质量视角残疾人事业研究有了理论的武装与操作的指南,有利于更加直观地反映当前我国残疾人事业发展存在的问题,能够深入分析问题背后的深层次影响因素,更好地制定出有利残疾人发展的社会政策。与此同时,社会质量视角下的残疾人事业研究,根植于"残疾的社会性"建构取向,更加着重于导致残疾的社会性因素,这也符合残疾的社会模式的主流研究取向。

第三节　创新残疾治理

大量的证据证明,残疾人在社会生活的重要领域里普遍遭受到排斥与歧视,包括教育、工作、家庭生活、政治参与和文化代表性[①],这种因

---

① [英]马克·普里斯特利:《残障:一个生命历程的进路》,王霞绯等译,人民出版社 2015 年版,第 12 页。

残疾引发的不利处境使得残疾的社会建构趋向负面化、问题化，由于大多数残疾人获得的社会角色较低，同时这种社会角色又固化了残疾人负面形象。当前，"治理"的学术概念正被人们熟悉与接受，作为中国特色社会主义事业重要组成部分的残疾人事业也需要加强治理，以打破残疾的双重社会构建的固化逻辑。秉承社会构建主义的研究取向，以"残疾"为研究对象与中心议题，从关系的视角重塑残疾的意义与特征，初步提出我国"残疾治理"的体系框架，为进一步促进残疾人事业提供新的发展路径与学术反思。

一 残疾治理概念

在现有的残疾话语体系当中，残疾的负面化标签较为明显。在一些政府性文件、学术研究文献、媒体与日常用语词汇中，残疾与困难、扶贫、保障、弱势、权益等经常性联系在一起，如"健全残疾人权益保障""对重度和贫困残疾人等特困群体健全福利保障制度和服务体系"等，这样的政策话语残疾被隐喻认为是负面的、困境的含义，带着批判性的思维与反思的精神。"残疾等于问题"天然成立吗？在一个手语世界中言语残疾是一个问题吗？一个带有助听器的听障患者是一个问题吗？当然不是！而是多数人对少数人的偏见与压迫，并把这种不平等性固化在"残疾人－正常人"的范式中。因此我们构建残疾治理体系，首先要对"残疾"这个研究对象进行深入考察，用批判的视角与反思的精神摒弃现有话语体系中的偏见与错误认识，重新树立"残疾常态化"的认识论基础，才能对人、残疾、残疾人、残疾现象、残疾问题、残疾人事业等概念体系进行准确界定与关系重构。

1. 残疾的问题取向与强化

大众媒体话语构建过程中强化着残疾的问题化取向。以"'瓷娃娃'的美画人生"为研究案例，[①] 这篇发表在全国主流报刊的文章讲述了一位残疾女孩在网上推销自己画作感恩奋进的故事，表现为身残志坚的励志精神从而带给读者心灵的震撼。文章以第三人称的口吻进行"先抑后扬"的叙事，首先描述了因从小患有"先天性成骨发育不全"而成为"瓷娃

[①] 王明峰：《"瓷娃娃"的美画人生》，《人民日报》2015年1月29日第1版。

娃"的主人公遭遇,用了"骨头易脆易断""终生无法站立行走""腰椎严重变形""身高只有80多厘米"等身体词汇描述了残疾的生理形象,同时用"生活起居全靠母亲照顾""坐在轮椅上吃饭、洗漱"等词汇描绘了残疾的社会形象,从而立体刻画了一位因残疾导致的人生悲惨境遇;此后话锋一转,用"如果父母有一天老了,我靠什么活?"转换叙事的基调,用了"扛起家庭重担""死记硬背""辛辛苦苦""没有气馁"等语句描绘了主人公不畏残疾而积极向上的自强精神,最后用"只要愿意努力,人人都有出彩的机会""受惠于这个伟大的时代"等语句收笔。分析这篇涉残报道的话语叙事模式,呈现出"先悲后喜"的叙事逻辑,并且通过日常用语、大众媒体传播等话语体系不断强化残疾的问题化取向。

2. 残疾问题的由来与偏见

残疾是一个问题吗?这要根据不同历史时空、不同情境场域进行具体分析。一般而言,把残疾作为一个问题大致有两种语义:一种是残疾本身是个问题;另一种是残疾的结果是个问题。分析"残疾本身是一个问题"这个命题,通过梳理残疾的历史可以发现,在茹毛饮血的以氏族为单位的原始社会,残疾作为一个问题表现并不明显,根据相关史料的描述残疾形象可能还成为英雄的形象,只有到凸显个体的身体差异才逐渐明显起来,像斯巴达克有残疾、不健康的孩子扔下山崖以保证种族优质繁衍,特别是在工业化的流水线时代,人与人之间因残疾带来的差异表现更为明显,所以越强调个体的差异性,残疾的问题化表现越明显。再分析"残疾的结果是个问题"这个命题,原始社会残疾人平等地作为氏族成员的一部分平等享有劳动成果,残疾的结果并不是一个显现的问题,而只有在凸显个体化并且社会保障制度与公共服务体系不完善时,残疾的结果由于得不到有效的社会支持才使残疾的结果不可逆,才导致残疾的结果成为一个问题。综合以上分析可以看出,残疾并不总是一个问题,会随着个体差异化与社会环境的支持发生扭转或是弱化。同时当残疾成为一个问题时,会表现出多样化的差异,如个体性残疾问题,残疾只对个体或家庭产生不利的影响,对社会或他人的负面影响不大,现实中大部分残疾问题都归属于此类;而社会性残疾问题,不只对个体或家庭产生负面影响,对社会或他人也会产生较大影响,最典型的是精神残疾患者会危及社会公共安全。

残疾并不总是一个问题,而是一个不断问题构建的过程。按照"觉察－推动－确认－接纳－体制化"的问题建构过程,现实当中残疾问题化、残疾人问题化的扭曲建构现象非常明显,表现为关注残疾的生理特性而较少关注残疾的社会特性,关注残疾的特征而较少关注人本身,从残疾人角度关注残疾人而较少从人类多样性角度关注残疾人,关注正常人向残疾人转化而较少关注残疾人向正常人的转化过程,过多关注他者的发声而较少关注残疾人自身的发声,使得在残疾形象构建、残疾问题认识、残疾政策设计等方面更趋于片面化、弱势化,存在着他人化、问题化、偏见化的建构倾向,而要构建我国的残疾治理体系首先要打破现有这种片面的、弱势化的问题建构思路与倾向。

二 关系主义视角

人类社会最重要的三种关系,包括人与物、人与人以及人与己的关系,挖掘残疾的本质也应该从这三种关系入手。如果不从问题的视角看待残疾现象,那么应该用什么视角看待残疾?法国社会学家布迪厄提出,要用关系主义的思维方法而非实体的角度来进行世界意义的构建。[①] 受此启发,以下将从关系主义的构建视角对残疾的意义进行重新构建,以此摆脱残疾的问题思维的窠臼。

1. 残疾与人的关系

借鉴人种多样性与种族歧视的关系分析,世界上有多样化的人种类别,只是当我们有价值判断时就出现了种族歧视,残疾与人的关系也是如此。根据 ICF 的重新定义,将身体结构与功能受损、社会活动受限、社会参与受限的三个特征将定义为残疾,只要符合这三个特征的主体都被定义为残疾人,残疾与人的关系其实是特征与人的关系,就像符合黄皮肤、黑眼睛、黑头发等外貌特征归为黄种人一样,而且这种特征定义也不是一成不变的,过去更多从医学视角去分析身体的残疾,随着残疾的社会模式被广泛接受才逐渐扩大到人的社会参与程度,现今不同的国家和地区对残疾的定义也有较大的不同,因此残疾与人的关系是一定时

[①] [法]皮埃尔·布迪厄、[美]华康德:《实践与反思——反思社会学导引》,李猛等译,中央编译出版社 1998 年版,第 7 页。

空环境下被人为构建的特征与人的关系，我们憎恶残疾是用"完美"的价值标准去看待残疾，从而体现出残疾的负面特征，所以残疾本不是问题只是我们用问题标签化了。

2. 残疾人与他人的关系

用医学的视角区分人群的不同特征，可以区分为残疾人与健全人，符合残疾评测标准的人为残疾人，反之称为健全人；用社会交往的视角区分人群的不同特征，可以分为残疾人与正常人，认为能够正常进行社会交往的人为正常人，反之则称为残疾人。这样的评测标准是科学合理且不变的吗？比较第一次、第二次我国残疾人抽样调查界定的残疾人标准，可以发现残疾标准并不是完全相同的，是不断发展变动的结果，更是社会构建的结果。残疾人与健全人的界限并非泾渭分明、固定不变，残疾人与正常人的关系也非界限分明的，而且残疾与健全人、残疾人与正常人在一定条件下是可以互相转化的，在客观条件下健全人由于多种原因成为残疾人，在一定条件下残疾人通过残疾康复也转变为健全人；通过佩戴弥合身体结构与功能受损的辅助器具、提升社会环境中的公共服务设施和无障碍服务，残疾人也可以与正常人一样进行日常的社会交往。因此残疾人与他人之间的关系是一个群体与另一个群体之间的关系，区分的评价标准是社会构建的结果，是不断变动与发展的过程，而且群体与群体之间界限并非明了且可能相互转化的。

3. 残疾人与社会的关系

社会是由人组成的，人可以分为男人、女人、黄种人、白种人，残疾人也是人类多样性的一种，是人类社会的一分子。从人权的角度上讲，任何人都有平等的人权，残疾人也和其他人一样有平等的生存权、发展权以及其他各项权利。但是残疾人在社会竞争关系中的社会平等权利并不能得到有效贯彻，使得残疾人群在社会分层体系中处于弱势与不利的地位，而被视为一群"无能的人"、对"社会无贡献的人"。按照原有的思维观点，残疾人的不利处境是由于个体的原因造成的，甚至在祛魅宗教以前残疾还被认为是"神灵的惩罚"，而站在社会构建主义者的视角下，残疾人的不利处境是社会不断构建的结果，落后的残疾观、残疾政策与残疾公共服务造就了残疾人的弱势。然而环顾历史与当下，霍金、罗斯福、海伦·凯勒等一批残疾人对社会也做出了突出的贡献，而且在社会诸多岗位上都有残疾人忙碌的身影,说明残疾人并非"被依靠的一群人",可以获得与他人一样的社会角色与地位。因此残疾人与社会的关系本质上是部分与整体的关系,只是在社会建构的过程中残疾人被污名化、负面标签化了,导致残疾人与社会的关系人为扭曲了。从残疾人事业发展来看,残疾人事业应该包括保障残疾人的生存权、发展权以及其他各项权利,但现实中由于客观经济与社会条件的限制,导致残疾人工作更多以贫困、康复、教育、就业、保障等为重点工作内容,而弱化或忽视了残疾人其他权利的实现。

通过分析残疾与人、他人、社会的关系,可以发现残疾本质上是人的多样性特征的一种,但经过价值判断的社会建构过程残疾被更多问题化了,呈现出残疾标签化、残疾人污名化、残疾人事业问题化的特点,在社会构建的形式上更多以问题的方式获取社会关注与政策支持。正所谓"不是不人道、而是不知道"的名言,我们的残疾人事业发展也是一个对残疾人不断问题建构的过程。改革开放以前,残疾人群体很少被社会关注,也没有相应的残疾人政策与制度保障,也很少有专门的残疾人服务机构与公共服务设施,直到通过全面性残疾人抽样调查后,发现残疾人数量如此之大,国家才开始陆续为残疾人事业制定专项发展规划,并通过《残疾人保障法》的立法,逐步推进残疾人事业发展,整个残疾人事业发展过程都是以突出残疾人问题为导向,通过残疾人的问题建构不断把残疾人事业纳入全局事业当中。

三 残疾治理体系

"治理"(Governance)源自古希腊词汇中的"掌舵",表示引导或控制的含义,此后"治理"这个概念被广泛用于政治学研究的范式当中并逐渐理论化、系统化,全球治理委员会认为,治理是各种公共的或私人的个人和机构管理共同事务的诸多方式的综合,使相互冲突的或不同的利益得以调和并采取联合行动的持续过程。残疾治理也是社会治理的重要组成部分,是以残疾为治理对象进行多方协调合作以弱化残疾特征的过程,涵盖了残疾的界定、残疾预防、残疾康复、残疾人工作与权益保障、残疾人社会融入等诸多领域。有别于西方治理理论的基本假设与构想,我国的治理话语以社会主义核心价值体系为基石,沿着中国特色社会主义理论体系语境展开，我国的残疾治理体系构建也应遵循相同的话语语境。

1. 残疾治理的目标导向

社会学家费孝通基于人类多样性与文化多样性的设想，晚年提出了"各美其美、美人之美、美美与共、天下大同"的和谐社会构想。美既是一种价值判断也是客观存在，作为人类多样性生存方式之一的残疾也是美的多样性之一，我们憎恶残疾是因为缺乏美的眼睛。翻开我们的残疾历史，有丰功伟绩的残疾人，炫彩斑斓的残疾文学，身残志坚的残疾故事，这些都丰富了我们的社会存在，但是日常话语和政策设计都过多于聚焦那些正在困境中的残疾人，我们总想努力远离残疾，或制造社会制度改变残疾人生存状态以求与我们同样，恰恰反映了我们不承认残疾的客观存在，不承认这是美的另一种存在。残疾治理的目标是社会正确认知残疾、包容残疾、弱化残疾，因此，残疾人与非残疾人不存在绝对意义上的割裂，都是美的一种存在方式，我们倡导建立的社会形态是一个"非残社会"，这意味着残疾只是人的一种存在状态，而不应该是负面的生存状态。

2. 残疾治理的关键环节

生态链是生物学的学术话语，是指由生物群落及周遭自然因素形成的生态系统，相互之间形成的有机系统链条。残疾作为人类多样存在特征之一，其生态链是一条残疾特征识别、界定、干预、融入的有机链，残疾治理的关键环节也是其生态链上的重要节点，具体包括残疾的界定、残疾预防、残疾康复、回归主流等。残疾的界定是指在社会价值观的指导下，对残疾的特征设定系统的评价标准以此进行判断界定，在不同历史时期与不同国家，残疾的价值观都有变化，而且残疾的标准也是随着历史发展与经济社会发展不断变动着，但基本沿袭着从医学的残疾标准发展到医学与社会标准相结合的路径。工业社会对身体的控制蕴含着更多的残疾风险，残疾预防是残疾风险的主动防御，通过提高人的残疾风险意识，降低导致残疾的外部因素，把残疾人工作的关口前移。残疾康复是指消除和减轻人的功能障碍，弥补和重建人的功能缺失，设法改善和提高人的各方面功能，以此延缓残疾的发生与降低残疾的影响程度，其对象非常广泛，并非只针对残疾人，提高残疾的康复意识与把握有效的康复时机是其重要内容。回归主流是指残疾人的社会化与再社会化，在贫困、教育、社会融入等方面残疾人不再是弱势群体的身份标签，而是社会有机整体的一部分，享受与社会其他成员的平等权利，社会有责任推动残疾人获得回归主流的动力与环境，通过反贫困战略、主流教育融入、社会工作融入、无障碍公共服务等，改变或有效缓解因残疾带来的困境。综观残疾治理的关键环节，是残疾身份"发生－凸显－弱化"的统一体，其最终目标是使残疾不再是显性身份的"非残社会"。

3. 残疾治理体系的内容

治理的内涵是一种理念，也是一种方式方法，与管理不同，更强调治理主体的多元性、治理过程的协商性、治理方式的多向性，"多元主体协调共治"是治理理念的核心内涵。按照以弱化残疾特征为目标导向，残疾治理主要包括认知价值体系、制度运行体系、保障评价体系三大子体系，其中认知价值体系为残疾治理体系的目标、制度运行体系为路径，保障评价体系为支撑，它们既相互独立又互为一体，共同架构起残疾治理的整个治理系统。残疾治理的认知价值体系，主要为残疾治理的价值与目标两大子体系，包括要建立"平等、参与、共享"的新残疾观，"残疾常态化"理念宣传倡导，残疾的反隔离与主流融入等内容。残疾的制度运行体系，主要包括残疾治理的组织体系、制度体系、运行体系，包括建立"政府主导、部门支持、社会参与、残联尽责"的多元主体协商共治的治理格局，建立残疾人的贫困发展、教育发展、康复服务、文体服务、权益保障等制度体系，实行"政府、市场、社会"多种力量参与的运行制度。残疾的保障评价体系，主要包括残疾治理的保障与评价体系，建立残疾人工作的"人、财、物"保障制度与资源投入，实施科学的评价管理与反馈机制。

首先，与当前残疾人事业发展与现状相比，构建的残疾治理体系主张弱化残疾的特征，而不是以残疾的问题化为工作导向，这样从理念设计上避免了残疾的问题化、残疾人的负面化倾向，有利于建立更为"平等、参与、共享"的社会发展目标，这也符合党的十八届三中全会提出的"着眼于维护最广大人民根本利益，最大限度地增加和谐因素，增强社会发展活力"的社会治理目标。其次，构建的残疾治理体系不再以人为治理的对象，而是以残疾为治理领域，这样规避了当前为发展残疾人事业突出残疾身份的思路，而是从社会成员平等享有社会发展成果的角度开展政策设计。最后，构建的残疾治理体系拉伸了残疾的生态链，不再把关注点聚焦在现有的残疾人群，通过扩展到残疾的认同、界定和残疾人的主流融入等诸多领域，使残疾工作不再局限于单个群体，这样可以在制度设计上形成多部门协商共治的局面，而不单单是残联等相关职能部门和社会组织的责任。

第 八 章

创建残疾社会学的学科

残疾是人类自身永恒的话题，当前有关残疾学的研究，更多的是以残疾人为研究对象，对残疾人生存发展现状及其残疾人政策进行研究，然而从残疾人事业发展的历史变迁轨迹来看，残疾人事业发展的每一次飞跃都得益于对残疾的重新理解，因此残疾学的研究应该扩大自身研究的范围视野，不仅关注残疾人群体的生存与发展，更应该关注社会本身对残疾社会现象的意义理解。残疾社会学作为残疾学的一门分支学科和社会学的一门分支学科，坚持以残疾社会现象为研究对象，用社会学的理论方法认识、理解残疾社会现象以及应对残疾社会问题的交叉性学科。综观现有有关残疾学研究和残疾人研究的现状，目前还没有学者明确提出残疾社会学的学科概念，借鉴前人对健康社会学、性别社会学等分支社会学的学科建构思路，本章试图构建起残疾社会学的学科分析框架与研究基本范式。

第一节 残疾社会学的提出

在残疾学研究领域当中，残疾社会学还非常年轻和不成熟，学科的基本问题存在着较大分歧与争论。有鉴于此，首先对残疾社会学的基本概念、研究对象、学科定位、价值意义等进行介绍说明，从而搭建起残疾社会学学科的基础框架以及学科的社会功能作用。

一 学科提出背景

残疾是一个非常复杂的社会现象，所涉及的领域也非常广泛与丰富,包括残疾预防、残疾干预、残疾人政策、无障碍环境与社会观念变迁等诸多方面,这也得到了如医学、心理学、教育学、社会学、法学等诸多学科的关注。然而相对西方残疾学研究而言,我国的残疾学研究还远远落后,在学科体系、核心概念、理论视角、方法手段等方面没有形成学界共识,特别是本土理论自觉和学科建设不能指导残疾人事业发展的实践需要。有鉴于此,在倡导跨学科研究的今天,本书尝试提出残疾社会学这门交叉学科,明确残疾社会学学科体系的主要领域和关键环节。

1. 理论自觉

理论是事物发展规律的本质把握,伟大的实践催生宏大的理论,理论的自觉引导伟大的实践。人类社会每一次重大跃进,人类文明每一次重大发展,都离不开哲学社会科学的知识变革和思想先导,费孝通、郑杭生等老一辈社会学家晚年时期都呼吁社会研究需要"文化自觉""理论自觉",需要对社会理论进行"建设性的反思"[①],都鲜明地提出了哲学社会科学研究需要加强理论自觉的重要意义。但是环顾我国社会科学研究领域现象,诸多学者习惯性地用西方概念考量中国社会现实,习惯性套用西方社会科学理论应对实际问题,导致对当前中国复杂社会变迁的认识、理解与应对缺失理论解释力。当前,我国残疾学研究多为西方移植过来的理论概念,包括残疾与残障的理解、残疾的社会模式、残疾人人权发展观等都是在西方话语体系下的移植改造,缺乏中国本土独创的理论解释范式,更缺乏残疾研究学科特色与中国学派特色。提出构建我国的残疾社会学学科,不仅有利于增加残疾研究的理论性,更强调基于中国实际提炼本土话语,在此基础上希望形成有中国特色的残疾社会学理论,从而对我国残疾人事业提出更有针对性的发展方案与应对路径。

2. 本土意识

如何在学习借鉴人类文明成果的基础上,用中国的理论研究和话语体系解读中国实践、中国道路,不断概括出理论联系实际的、科学的、开放融通的新概念、新范畴、新表述,打造具有中国特色、中国风格、

---

① 郑杭生:《"理论自觉"与中国风格社会科学——以中国社会学为例》,《江苏社会科学》2012年第6期。

中国气派的哲学社会科学学术话语体系？这个拷问直击每个哲学社会科学工作者，特别是面对"我们从哪里来""我们是谁""我们到哪里去""人为什么活着"，这些重要的社会元问题时，我国的哲学社会科学还未能给人们提供满意的答案。然而，现实世界的丰富性必须有意识地强化残疾研究的本土自觉意识，才能形成理论自觉与理论建树。面对不同民族的残疾应对经验、不同群体的残疾生活知识、不同宗教的残疾思维表达，以及不同国家的残疾人事业实践创新，都需要自觉地进行残疾的本土知识概念提炼，进而形成中国特色残疾社会学学科研究对象、内容与领域，从而在理论指导下继续推进我国残疾人事业发展，这与我国马克思主义中国化、现代化进程道路是相同的。残疾社会学的学科发展，除了自身理论自觉觉醒因素外，坚持用中国本土知识解决本土实践的意识，用提出学科发展方向与不断完善的重要因素。

3. 跨学科研究

当前，跨学科研究已经成为推动学术发展、提高理论知识的重要道路。这些由两门或两门以上学科因研究对象、研究范围和研究方法有重合而产生和发展起来的"边缘交叉学科"，例如社会学领域的经济社会学、宗教社会学等，已经诞生了许多创新思想。围绕着残疾的同一主题，医学、人口学、社会学等众多学科从不同角度进行精细化研究，残疾医学与社会学的学科交叉而形成的残疾社会学，不同学科优势进而产生理论突破与方法创新，增强对残疾人事业实践的现实解释力，这与强调理论自觉与本土意识的发展思路一脉相承。

4. 现有研究状况

梳理有关残疾研究现状，不同学科在形成了差异的兴趣角度，如法学的残障研究以人权为基本切入点，社会学的残障研究以福利理论为基本框架，社会工作的残障研究以赋权为干预出发点，经济学的残障研究则重视残障者的人力资源开发。[①] 在这些研究中，更多以残疾（或残障）人为研究对象，没有把残疾（或残障）进行理论化的思考。一些学者如奚从清、马才华虽然探索提出过建立残疾人社会学的学科想法，如把残

---

① 李学会、傅志军：《残障研究的多学科视角及综合取向》，《社会工作》2015年第4期。

疾人社会学界定为研究残疾人和社会相互作用及其发展规律的科学[①]，或把残疾社会学界定为用社会学理论方法对残疾人问题进行研究的学科[②]，但是都没有得到学界较大范围的共识。近三十年来，我国残疾人事业发展迅速，已经成为中国人权事业的一个亮点、社会事业的一个看点、民生工作的一个难点、社会保障工作的一个重点[③]，然而学术界对此总结提炼并从理论上形成中国特色社会主义的残疾学研究还远远不够，探索性地提出残疾社会学的学科，以期通过本土经验总结与理论自觉形成我国的残疾研究话语体系。

二 界定核心概念

残疾社会学学科的核心概念是残疾，如何认识、理解与应对残疾是学科要回答的关键议题。残疾社会学学科从残疾互构论的理论基石出发，从残疾与自然、残疾与社会、残疾与个体三大关系重构残疾的认知与理解，进而形成残疾社会学学科视角下的残疾意义解释。

1. 为什么不是残障而是残疾

在论证之前首先回答是残疾社会学而不是残障社会学，这也牵涉到残疾社会学的学科诸多要素特别是学科的研究对象。残疾与残障都来自英文单词 Disability，19 世纪中期开始身体缺陷特征开始纳入了医学分析范畴，表达为医学视角下身体的非正常状态。20 世纪初 WHO 颁布的《国际残损、残疾与残障》对残损（Impairment）、残疾（Disability）、残障（Handicap）进行了明确的区分，国内引进之后把残损定义为结构功能缺损，把残疾定义为个体能力障碍，把残障定义为社会能力障碍，进而把个体层面的"残"和社会层面的"障"进行区分。2001 年 WHO 对《国际功能、残障与健康分类》（ICF）在大健康的视角下对其分类进行修正，2006 年《残疾人权利公约》对残疾定义进行重新修正，更多突出身体损伤后的社会影响与后果，由此可见看出我国残疾研究范畴都是来自西方话语体系，来源于从医学模式到社会模式的话语变迁。

[①] 奚从清：《残疾人社会学：对象·任务·功能》，《社会学研究》1992 年第 6 期。
[②] 马才华：《建立中国残疾人社会学的思考》，《江西师范大学学报》1990 年第 3 期。
[③] 傅志军：《残疾人权利保障法律制度研究》，华夏出版社 2014 年 7 月版，第 4 页。

残疾社会学研究把残疾作为核心概念而不是把残障作为核心概念，主要原因有：一是无论是个体模式还是社会模式都是解释残疾的范式之一，每种解释范式都是从残疾的不同层面进行解释，也各有其合理之处。当前随着我国签署联合国《残疾人权利公约》以来，对残疾解释的社会模式几乎成了"政治正确"①，但是我们忽略了残疾解释的个体模式也有其合理之处，残障的社会模式也不尽是完善的解释模式。从学科建设的理论自觉来看，应抛弃现有残疾的个体模式与社会模式之争，重新建立起残疾的互构模式，以更全面地解释残疾的发生机理。二是残疾概念在我国已有较长历史，对官方主流舆论、民间日常用语的浸染很深，研究成果与宣传文本更容易被采纳与吸收，而残障的概念更多是被社会工作研究者和实务者所采用，来源于西方话语的二传手，其话语的市场范围较为局限。三是较多学者倾向于采用残障概念，是想通过符号替换而避免残疾本身给群体带来负面污名，这与残疾社会学学科建构并不冲突。残疾社会学把残疾作为一种状态或结果，而对其拥有残疾特征的人群可以换为残障人士，解决残障研究学者对残疾社会学学科最主要的争议。四是无论采用残疾还是残障等学术概念，其理论基石与出发点都共同指向为人的"身体结构受损与功能缺失"，与主流人群相比最大特征是残，既包括身体意义上的残（残缺），也包括社会意义上的残（受限），只是在解释残的意义时有着不同的关注角度，并由此构成不同的话语体系与理论逻辑。

总之，把残疾社会学核心概念界定为残疾，一方面是残疾概念来源于我国本土词汇，与主流官方话语和民间日常话语相融合，体现了残疾社会学研究的本土意识；另一方面现有残疾学研究概念都来自残的概念（英文为 Disability），残疾与残障之争更多是学术地位之争，是外来学术话语与本土话语之争，是同一现象从不同角度解释的权力之争，因此本书从本土学科建设、日常生活用语、主流官方话语、理论自觉意识四个方面，把残疾社会学的核心概念界定为残疾而非残障，但把拥有残疾特征人群界定为残障人士，这也体现了残疾社会学的话语国际性，同时残疾本身是人类存在的一种形式，如同死亡、出生一样，能够为我们提供

---

① 傅志军：《残疾人权利保障法律制度研究》，华夏出版社 2014 年版，第 38 页。

人类存在终极意义的思考。

2. 如何界定残疾概念的内涵

在我国残疾学研究领域，对残疾概念界定共识最广泛的是两个定义：一是我国2008年4月24日第二次修订的《中华人民共和国残疾人保障法》界定的残疾定义，是指"在心理、生理、人体结构上，某种组织、功能丧失或者不正常，以导致全部或部分丧失以正常方式从事某种活动能力"；另一个是2007年3月30日我国签署的联合国大会通过的《残疾人权利公约》，对残疾概念界定为"残疾是一个演变中的概念，是伤残者和阻碍他们在与其他人平等的基础上充分和切实地参与社会的各种态度和环境障碍相互作用所产生的结果"。从概念界定的内涵看即包括残疾的结果，如《中华人民共和国残疾人保障法》界定为全部或部分丧失以正常方式从事某种活动能力，《残疾人权利公约》界定为伤残者和态度、环境障碍相互作用造成的结果，同时《中华人民共和国残疾人保障法》也指出残疾的表象是指在心理、生理、人体结构上，某种组织、功能丧失或者不正常。但从残疾发生机制、残疾表象特征、残疾结果呈现三个方面来看，上述残疾的界定都是不完整的，因此残疾社会学学科建设有必要重塑残疾的定义。

残疾社会学基于残疾互构论，是以残疾与自然、残疾与个体、残疾与社会三大关系为研究主题，着力解释残疾的发生原因、表现特征及其结果状态，并揭示不同文化环境背景下残疾的意义解释与变迁过程。残疾互构论基本思路在于，残疾与自然、个体、社会三大关系既是残疾社会学的元问题又是基本问题。从残疾社会学对残疾的意义解释来看，自然视角下的残疾、个体视角下的残疾、社会视角下的残疾，其意义解释是有明显差异且不能消解，因此关键是要正确揭示三者之间的辩证关系，而残疾互构论是三者辩证关系的归纳概括，主要为"在残疾自然属性基础上，在不同文化环境背景下，个体与社会共同构建着对残疾的意义理解"，同样也可理解为"针对残疾的自然存在，个体与社会互相建构着残疾的意义理解"，这也是"社会塑造个人、个人塑造社会"的社会互构论在残疾领域的具体表达。基于残疾互构论，从残疾发生机制、表象特征、结果呈现三个方面，界定残疾社会学学科的残疾概念为：由于身体结构缺损或功能丧失而导致了个体行动不便或参与受限的社会现象。从定义的概念可以看出，残疾的发生机制是自然、个体与社会作用的结果，可以是单独作用也可以是叠加影响，残疾的表象特征主要表现为个体身体结构缺损或功能丧失，残疾的结果呈现表现为因残疾导致了个体的行动不便或参与受限，与现有话语体系下的残疾定义不同，残疾社会学把残疾看作一种社会现象，既是客观存在也是主观理解，在不同文化内涵背景下其意义的解释存在较大差别，因此残疾有着自身的历程变迁与多样性呈现。从哲学意义讲，残疾就是一种残缺的社会存在形式，它与同性恋、贫困、吸毒等社会现象没有本质的区别，都是主流社会在"政治正确"下对非主流社会现象持不积极肯定评价的社会现象。

三 明确研究对象

成熟的学科最显著标志是有区别于其他学科的特定研究对象，正如社会学学科创始人孔德认为，社会学是用实证的方法来研究社会现象的一门学科。我国著名学者郑杭生教授把社会学研究对象认定为"或侧重对社会，或侧重对作为主体的人，或侧重对社会和人的关系"[①]。残疾社会学走向独立并发展成为成熟的社会科学学科，也应该有其明确的研究对象，并能明显区别于其他相近学科的研究对象。在此明确提出，残疾社会现象是残疾社会学研究的基本对象。

残疾现象是残疾自然现象与残疾社会现象的共同体，从自然角度看任何自然生物包括人类都存在着残疾现象，都存在着生物结构缺损或功能丧失的可能，残疾社会学是从社会的角度看待残疾现象。本书从社会现象、残疾社会现象和残疾社会问题三个层面深入探讨残疾社会现象的内涵与定义，以此廓清残疾社会学学科独特的研究对象以及学科体系。

1. 什么是社会现象？

在对残疾社会现象进行定义之前，首先应该对社会现象进行概念定义。通常，我们认为社会现象是不同于自然现象和生命现象的社会存在，是产生于个体并超越个体而存在的社会行为方式、思维方式和感觉方式。在社会学史发展过程中，早期法国社会学家迪尔凯姆对社会现象做出详细的论述，在其著作《社会学方法的规则》中提出要将社会现象当成客

[①] 郑杭生：《中国大百科全书·社会学》，中国大百科全书出版社1992年版，第186页。

观事物进行看待，社会现象描述为"所有'活动状态'，无论固定与否，只要是由外界的强制力作用于个人而使个人感受的；或者说一种强制力，普遍存在于团体中，不仅有它独立于个人固有的存在性，而且作用于个人并使个人感受的现象"[①]。按照其定义理解，社会现象是主体建构的意义符号体系，是主客观二象性的对立统一，在这个过程中对象的客观化（外化）与意义的主观化（内化）同时进行[②]，这为理解残疾社会现象打开了思想之门。

2. 残疾是社会现象吗？

按照残疾社会学学科对残疾概念的定义，残疾是由于身体结构缺损或功能丧失导致了行动不便或参与受限的社会现象。对照迪尔凯姆对社会现象的定义，可以确定残疾完全是一种社会现象。首先，残疾是一种客观存在，独立于个体的一种社会存在，不以人的意志为转移。其次，残疾也是主观意义符号，例如一个坐在轮椅上的人和健全人一起坐在桌子旁边，由于桌子隐藏了轮椅的外在符号，这时坐轮椅的人与健全人并没有区别，残疾的人为主观意义无从产生。再如一个坐轮椅的人不能爬上楼梯，那么对于楼梯而言是楼梯制造了残疾，而不是坐轮椅的人制造了残疾，这都表明残疾的主观意义符号的产生是由于外界制造了能够产生残疾意义符号的情境。最后，残疾也是一套人为构建的意义符号体系，它不是凭空而产生的，是通过在认识与理解残疾的基础上，进而通过语言文学或图像形成残疾的意义符号体系，这也表明残疾具有主客观的二项性，是对象外化和主体内化互相建构的意义符号体系。因此，可以表明残疾是一种自然现象，更是一种社会现象，其本质是人类主体与残疾客体互为建构而成的意义符号体系，并在不同文化环境背景下呈现不同的意义理解。

3. 残疾社会现象的定义

本书界定其概念内涵为：人们在社会互动过程中围绕着对残疾的认知与理解形成的相对稳定的意义符号体系。从残疾社会现象定义可以看出存在着几大特点：其一，残疾社会现象是社会属性的产生，不同于残

---

① ［法］迪尔凯姆：《社会学方法的规则》，华夏出版社1999年版，第201页。
② 焦永刚：《论社会现象的性质》，《社会学研究》1995年第6期。

疾的生物现象以及个体的心理现象，是在人与社会互动过程中形成的，社会性是残疾社会现象的本质属性。其二，残疾社会现象必须与残疾有关，或因残疾而引发的，这是区别于其他社会现象的显著标志。其三，残疾社会现象表现为一组意义符号体系，是经过社会互动而形成的话语表达，所以残疾社会现象有其文化属性，不同文化背景下残疾社会现象有明显差异。其四，按照法国社会学家迪尔凯姆的社会现象解释，残疾社会现象是残疾客观存在经过社会互动过程的主观内化结果，并在本土社会知识土壤中形成的意义符号体系，因此残疾社会现象是主客观的统一体，具备主客观二项性特征。其五，与残疾社会事实存在与变迁多样性不同，残疾社会现象在一定时空环境下相对稳定，其社会变迁的速度相对缓慢，通常与社会意识与舆论环境交织在一起。当时社会主要存在的残疾社会现象包括残疾不平等现象、残疾底层固化现象、残疾弱势叠加现象、残疾符号污名现象等。残疾社会现象必然涉及残疾的主体，其概念内涵界定为符合残疾认定标准与技术特征的群体。具体又可分不同类型：其一，按照是否符合本土残疾认定标准的群体划分残障人士与健全人士两大群体；其二，在残障人士群体中按照是否进行了制度认定，这在政策分析与制度评估中要区别进行对待。

4. 残疾社会问题是什么？

按照"社会问题是由不同行动者参与，在社会协商、沟通和竞争中达成的、不断变化的一种社会现实，而不是外在给定和不变的对象性事实"的观点[1]，残疾社会问题也是在社会互动过程中不断建构的社会现实，通俗地讲残疾社会问题是人与社会围绕残疾社会现象互动过程中建构的并需要社会解决的问题。当前表现最突出的残疾社会问题包括：一是残疾贫困问题。残障人士生活总体低于社会平均水平，不仅体现在经济收入方面，还体现在文化、心理与社会交往等方面的贫困，而且在社会公共服务与无障碍设施服务等方面都存在诸多问题，残疾成为导致贫困与贫困叠加的主要因素。二是残疾污名问题。残疾成为负面的代名词，不仅在公共生活领域的话语体现出对残疾的恐惧，而且在制度政策方面

---

[1] 闫志刚：《社会建构论视角下的社会问题研究：农民工问题的社会建构过程》，中国社会科学出版社2010年版，第30页。

体现对残疾的忽视，连同残疾有关的残障人士家庭、学校、服务机构、公共设施等都成为污名的对象。三是残疾排斥问题。残障人士参与融入社会公共生活较难，虽然政策权利与制度政策规定着与健全人一样享受社会同等权利，但是在制度实践与政策落实方面还存在许多隐性问题，无论在社会交往方面还是制度实践方面都普遍感受到排斥的现象。四是残疾分层问题。残疾已经成为阻碍残障人士向上流动的重要因素，在社会角色扮演、职业地位晋升、名誉声望获得等方面都普遍存在向上流动的困难，残疾成为残障人士固化在社会底层的显著标志。这些普遍存在的残疾社会问题更多是基于"残疾与他者"的理论逻辑，如果不打破这种理论不成立但现实成立的话语逻辑，残疾人事业仍旧停留在如何更好地保护残障人士与提供更多残障人士福利的政策道路上，并不断加深着残障人士与健全人士心理隔离的鸿沟。

四　阐释学科定义

学科建设首先最重要的是要明确学科的定位。美国社会学家英克尔斯在探讨社会学是什么的时候，提出有三种可供借鉴的方法与途径：其一是历史途径询问"创始人说了什么"，通过返回经典著作与大师的拷问，寻求学科知识最为关心和感兴趣之处；其二是经验主义途径询问"该领域学者们在做什么"，以此发现学科当前大家最为关注的问题与领域；其三是分析途径询问"理论指向何处"，综合同一主题的研究与思考划分不同学科研究的方向与范围。① 当前学术界有关残疾社会学还没有明确定义与深入讨论，基于学科建设的思考并结合民族社会学、健康社会学等学科发展，本书尝试首次提出残疾社会学的学科定义，以期推动学术展开讨论，从而不断完善残疾社会学学科建设，认为残疾社会学是以残疾社会现象为研究对象，用社会学理论方法认识、理解残疾社会现象以及应对残疾社会问题的交叉性学科，提出这样的定义主要基于以下几个方面的考虑。

1. 学科的元问题

"残疾与人的关系"是残疾社会学学科的元问题，残疾社会学学科的

---

① 参见［英］英克尔斯《社会学是什么》，中国社会科学出版社1981年版。

所有其他问题都是从这个元问题派生出来的。日常大多数人经验表明，残疾仅与极少数人有关，是异化在特定群体身体上的意义表达，但是残疾风险研究结果表明，每个个体都是潜在的残疾者，任何人都面临着导致残疾的诸多风险，所以大多数人的社会经验并不可靠。残疾社会学从残疾互构理论出发，认为残疾与人的关系是相互建构的关系，残疾不仅有其自然属性也有其社会属性，其符号意义也并非与生俱来的，而是个体与社会互相建构而成的结果，这完全打破了原有人们的日常经验，残疾是社会的意义符号而非身体形象表达，是个体与社会共同建构并不断发展的文化意识产物。残疾社会学有别于残疾学其他研究范式，是从残疾与人的关系这个元问题出发，把不同文化背景下对残疾的意义理解作为学科的核心议题，把认识残疾社会现象、理解残疾社会现象、应对残疾社会问题作为学科三大中心任务，从而构建了较为完整的学科内容体系。

2. 学科的人民性

以人民为中心的研究导向是社会科学拥有无穷生命力的源泉。传统残疾学研究，更多地把残疾人作为研究对象，把残疾人社会问题作为关注的焦点，强调社会政策促进残疾人发展的不断改善，然而残疾社会学与残疾人研究的不同，致力于从每个人的角度、从人性的角度与人存在的哲学角度去观察，而且只有把残疾人放置在整个社会群体中去考察，才能更明确地体现出残疾所带来的权力不平等，并通过整个社会的转变带来残疾人生存发展空间的转变。众所周知，每个个体都可能面临着残疾的风险，社会中每个人都是潜在的残疾者，残疾社会学正是基于每个人都是潜在的残疾者的角度，把每个个体而不仅仅是残疾人纳入分析研究的视角，从而发现残疾所具有的社会文化意义，从这点意义上讲，残疾社会学的研究对象人群是每个个体，把残疾人作为重点关注对照仅仅是观察的方便。此外，残疾人事业发展面临的诸多问题，其中最重要的是社会对残疾不了解并恐惧残疾，从而把残疾作为他者的存在，所以在残疾人事业发展政策选择上更容易选择社会福利的残疾人政策，在政府中心大局工作中也容易忽视遗忘促进残疾人发展的政策，而如果重新定义为残疾与人的关系，残疾与每个个体的关系，那么残疾的社会政策将会有更大的突破与创新，这也正是残疾社会学学科的人民性的深刻含义。

3. 学科的实践性

任何学科的创立与发展来源于学科对社会现象的解释以及对社会问题的解决，只有鲜明的社会价值才是学科得以发展的前提条件。思想是行动的指南，不同的认识与理解会产生不同的社会实践，残疾社会学并不仅仅把解决残疾人生存发展面临的困境作为关注重点，相反这只是诸多关注领域的具体问题之一，而是把如何认识、理解残疾社会现象作为重点关注领域。残疾社会学学科从破除残疾的想象开始，用社会学理论方法分析日常生活对残疾的认识、理解以及应对残疾问题的途径方法，按照"悬置概念、破除想象，整体视角、关系思维，抓住细节、深描图像，提炼概念、重建话语"的研究思路，重塑残疾与人的关系，重塑人们现实生活对残疾的认识与理解，从而打破现有残疾文化观念的权力不平等，进而在此基础上提出创建更有利残疾人发展的社会政策与日常生活话语。残疾社会学是一门实践性非常强的应用性学科，宏观社会实践主要体现在残疾社会政策的形成与完善，微观社会实践主要体现在残疾社会工作的不断成熟，因此可以说，残疾社会学是一门既有理论指导、又有实务支持的应用型学科，具有鲜明的社会实践性与操作性。

4. 跨学科研究

当前社会科学研究越来越表现为超越学科间的壁垒而走向综合和融会，对同一主题的研究不仅强调和学科研究的特征性，更强调学科间的对话合作与相互补充，从而能够从多角度把握研究对象，以便更好地理解社会现实完整的面貌。残疾社会学是与残疾学研究与社会学研究相互交叉的跨学科研究，不仅能够全面地反映残疾现象，更着重于从社会的角度并用社会学理念方法去分析残疾现象，有利于避免单向度地关注残疾而带来的视角盲点。同时残疾社会学研究也是非主流社会学研究的重要研究。包括残疾社会现象在内，非主流（Non-mainstream）主体难以被大众社会所接纳已是社会的普遍性现象，从哲学意义上讲，主流是一种常规固定模式，被绝大多数接受的价值观和人生观的意义符号体系，其人群规模代表着群体的绝大多数，而非主流代表一种非常规流动模式，所形成的价值文化是小众的文化价值观，其人群规模占比群体的极少数，如卧轨自杀的海子、举枪自杀的凡·高、癫狂的尼采、20世纪70年代的朋克（Punk）等。实际上，非主流社会学理论所反映和研究的社会现象和社会问题,本身就是现代社会的组成部分,共同反映了我们这个世界丰富多彩的社会现实及其在理论上的诉求,甚至可能揭示了常常被主流理论和社会事实容易淹没和遮蔽的事实。① 残疾社会学试图把残疾作为人存在多样的非主流现象的角度去观察,放置在健全人为主流人群、主流舆论和主流文化价值观的背景下,观察因残疾而存在的极少数残障人士,观察主流文化价值观下残疾的非主流文化价值观形成及其话语空间,也为建构、形成与完善非主流社会学提供更广阔的学科发展空间。

五 学科价值使命

在我们周围与日常生活世界当中,群体之间互不了解是司空见惯的社会现象,例如我们不理解因纽特人怎样度过寒冬、农村留守儿童怎样过年过节、没有手臂的人怎样学会开车、美国人治安差为什么不禁枪等等,可见群体间的隔膜现象是社会的普遍现象。残疾领域社会现象也是如此,通常我们缺乏认识、理解残疾人日常生活的冲动,更多的是停留在人们头脑中的想象,而且这些想象大多数是歪曲或虚构的,残疾社会学重要任务是破除人们既有的残疾想象,增进健全人群与残疾人群的理解与沟通。

1. 价值意义

衡量文明程度的显著标志是社会如何包容外来文化、如何对待底层群体,残疾社会学科的价值不仅体现在残疾学研究领域、体现在学术研究领域,更多体现了我们对"人类何能得以共处"这个永恒话题的思考。主要体现在以下几点。

其一,从残疾人研究转向残疾研究。当前残疾学研究更多集中在残疾医学康复、残疾人社会福利制度完善上,缺乏对残疾本身的人类学、文化学以及社会学的考察,以至于主流话语与文化价值都是建立在虚构的残疾想象上,而且许多残疾人工作者也体会到残疾人工作被大众不理解甚至负面评价,这些都是基于残疾人研究过多关注残疾人本身而缺乏对残疾人环境的宏观重构。残疾社会学把残疾社会现象作为研究对象而

---

① 文军:《范式的抗争:非主流社会学理论的形成及其影响》,《社会学评论》2013 年第 2 期。

不是残疾人群，发现不同文化背景下的残疾不同认知与理解，以及社会互动过程中形成的意义符号体系，把重塑残疾人日常生活世界与系统世界的文化观念放置在残疾人发展的前提，从而发现"冰山下的复杂世界"，进而消融形成更有利残疾人发展的系统环境。

其二，介入学术研究的主流领域。当前有关残疾或残障研究无论是数量还是规模都远远少于主流研究领域，设置的研究机构与学术论坛活跃度也远低于主流研究，问题的本质在于很多人认为残疾人问题是因为没有更完善社会保障体系，只要不断提高残疾人社会保障水平，残疾人现实面临的难题将大大消解，以至于现实残疾人研究成果更多体现在残疾人社会福利制度研究上面。残疾社会学从人的多样性社会存在出发，以人的残疾作为学术研究的重要变量，强调不同文化模式与日常生活对残疾的重新理解，强调改造主流人群与非主流人群的行动思维与价值观念，不仅极大地拓展了残疾学研究的空间与舞台，也扫除了主流学术研究中残疾角度的视角盲点。

其三，建立非主流文化现象的思考范式。非主流人群、非主流社会现象、非主流文化价值是相对于主流而言的，残疾社会现象就是典型例子，健全人占社会群体的绝大多数，建立了有利于自己的评价标准和舆论导向，而残疾人占社会群体的很少部分，不得不依附于主流群体而存在，通常也不被健全人群所接纳。残疾社会学的使命之二就是要打破"主流－非主流"的思考范式，消除"中心－附属""非黑即白"的两元对立，用连续发展统一体思维范式替代传统的两元极端认识，认识到矛盾对立双方其实存在着非常复杂的中间状态，并且这种状态是可以转变或扭转的，这有利于促进我们日常生活世界正确的经验认识的形成与培养。

其四，促进对多样性存在的意义理解。残疾社会学把"重新认识与理解残疾"作为学科重要价值使命，期待为人们能够更真实、更鲜活地理解残疾社会现象，更好地与残疾人群社会相处。然而现实生活中群体之间污名现象、压迫现象与臆想现象明显，特别是主流群体对非主流群体难以心理接纳现象突出，如何构建起多样性文化群体融合互动的社会生活范式，特别是在人们多元多样多变思潮影响下，何能得以成立是考验社会科学价值的重要标准。残疾社会学通过分析残疾与人相互排斥社会现象基础上，用"主流－非主流"社会现象分析范式，思考着"人类何能得以共处"这个时代话题，进而形成社会和谐共处的生活常识与操作指南。

其五，形成具有中国特色的"关系学派"。残疾是从人的概念而派生出来的社会现象，正如性别、角色、民族等概念也是从人的概念而派生出来的。当前，以残疾为研究对象的学科发展方向，更多地以福利视角从保障层面完善残疾人社会保障制度，更多以权益发展视角从政策层面完善残疾人发展政策，然而缺乏对残疾概念系统化、理论化研究。残疾社会学从残疾与人的关系出发，避开过度关注于残疾人福利保障的研究窠臼，主张从残疾与人的社会属性之间关系出发，探索残疾与身体、残疾与人口、残疾与性别、残疾与民族、残疾与宗教、残疾与分层、残疾与文化、残疾与社区、残疾与政策、残疾与变迁等之间的关系结构，进而形成残疾社会学研究的中国特色"关系学派"，积极推动残疾社会学研究国际之间的对话。

2. 学科使命

残疾社会学研究不仅着眼于残疾的领域，更多关注非主流人群、关注人类本身与未来发展去思考定位学科建设的方向，在更大的社会议题和人类永恒的议题中定位学科发展的使命与责任。主要体现在以下几点。

其一，破除人们头脑中对残疾的负面想象。残疾社会学学科首要的学科使命，是通过重构残疾的日常生活世界，消除人们头脑中已有的残疾想象。残疾人事业发展历史告诉我们，每一次残疾人事业大发展都得益于对残疾的重新认识，从异于常人、魔鬼附体的宗教祛魅，到残疾的医学模式解释、残疾的社会模式解释，以及20世纪以来的残疾的人权模式解释，都得益于推动社会观念对残疾的不同理解，总体表现为去神化、去医学化、去社会化的特征，但是残疾的认识异化以及歪曲还非常明显，残疾的他者理解与情感憎恶依然存在，一副恶魔的面孔依然根深蒂固停留在人们的观念中并代际传送，如果不消除这种歪曲的社会想象与经验常识，残疾人事业将会受到极大的限制与制约。残疾社会学的使命之一就是要从人们日常生活与经验体验中重新塑造对残疾的想象，置换人们对残疾的社会意识与情感体验，把残疾与每个社会个体联系起来，把残疾与个人生命历程联系起来，把残疾与人性、人的哲学存在联系起来，从而形成另一幅残疾的社会想象图景。

其二，推动群体间"增进理解"的社会运动。符号互动理论显示，理解不仅是互动的前提，而且是个技术活，大多数社会隔膜与排斥都存在着不够理解的社会事实。特别是主流群体与非主流群体之间的理解，由于价值观念、文化形态、社会意识等诸多影响，更容易由于理解不够而产生现实的幻象。创建残疾社会学学科，其初衷是为残疾人服务、为改善全人类生存发展质量服务，费孝通先生把志在富民作为个人的学术使命，残疾社会学学科把"增进理解"作为学科发展的使命之三，不仅包括增进健全人对残疾人的理解，更包括人与人的理解、群体与群体之间的理解。此外，残疾社会学不满足理论层面的理解建构，更着重于实践层面的社会运动，把"体验残疾、增进理解"作为重要内容，把健全人置于残疾的情境中、残疾的环境下去思考残疾与人的关系，而不是残疾人与人的关系。通过"增进理解"的理念倡导与实践体验，让更多的群体与个体掌握理解的重要性与手法，从而推动人与人之间坚壁的消融、隔膜的融入，让"人与人何能得以相处"焕发时代气息与精神气质，在全球化、全球村发展大趋势下更具有时代背景。

其三为建立"和而不同"的大同世界贡献制度方案。"君子和而不同，小人同而不和。"健全人与残疾人两个不同群体和谐共处，也期待能够形成"和而不同"和谐共处方案。残疾社会学最大的学科使命是能够为"和而不同"的大同世界贡献制度方案，这是人类社会发展最高的境界，也是人与人之间相互共存的最高境界。残疾社会学构建了"健全人与残疾人和而不同"的大同理想，通过残疾的增进理解与经验训练的过程，人们一定能够从中吸取教训与增进智慧，不断为人类自我构建的世界贡献制度解决方案。

第二节 残疾社会学的范畴

作为一门尝试创立的学科，以下从残疾社会学研究的视角、理论、领域和方法等进行初步阐释，以期形成一个相对完整的学科研究体系与范畴，并为未来形成残疾社会学研究范式提供理论框架。

一 研究视角

视角（Perspective）是指观察者观察目标对象的角度，如同用探照灯照射目标对象的角度一样，对焦具有细节与领域仔细观察。通常情况下任何视角都有其自身的局限，只能窥其一而不能掌握全貌，因此"盲人摸象"典故也寓意我们观察事物要"一览众山小"，而不应囿于目标对象的具体细节与单一角度。残疾社会现象是非常复杂且变动的社会现象，由于个体和群体知识背景和生活体验的不同，人们对残疾社会现象的认识与理解也大不一样，因此选取看待残疾社会现象的视角就显得非常重要，这需要有新颖创新、立体全面的观察视角。结合社会学研究的理论方法，残疾社会学研究的视角主要有如下几个层面。

1. 宏观和微观的视角

宏观和微观视角是社会学研究的重要视角，是从研究关注纬度的视角出发。通常来看，随着对某一领域研究的不断深入，基本沿循着从宏观倾向到微向倾向的既定过程。宏观和微观也是残疾社会学研究的重要视角，残疾的宏观角度，是从面的层面关注残疾与人的关系结构，关注残疾与社会的关系结构，从而形成宏大的残疾关系结构图景。残疾的微观角度，是从点的层面关注残疾与个体、残疾与群体、残疾与社区等微观图景，发现繁杂多异微观残疾社会现象背后的运行机制。当前，残疾的宏观与微观角度都是相对的，残疾社会学研究要做到点面结合，关注宏观的系统分析的同时也关注微观的互动关系，既体现残疾学研究的视角，又体现社会学研究的特色，从而构成残疾社会学研究的宏观、中观和微观特色。

2. 统一与多样性视角

如同民族的多样性、文化的多样性一样，人类的行为方式和制度选择也是多样性的，离开了多样性整个世界失去色彩和发展动力，"人类的文化是在相互竞争与学习中走向繁荣的"[①]。残疾社会现象也是多样性的文化现象，按照我国残疾的类别划分，残疾共分为七个大类，每个大类又包括多个小类，以此形成的残疾类别及社会现象繁杂多样，同时按照人自身的身体结构与功能状况，可以划分为残疾标准之上的健全群体、

---

① 赵利生：《民族社会学》，民族出版社2009年版，第49页。

符合残疾标准但没持证的准残疾群体、符合残疾标准且持证的残疾群体等，这也表明残疾群体是非常多样性的，所形成的残疾社会现象和残疾文化现象也是多样性的。然而多样性总是与统一性相对应的，多样性的残疾社会现象与文化，其核心点还是基于残疾与人的关系，基于残疾与人的不同社会属性之间的关系。因此，分析残疾的多样性和统一性，既要从残疾与人的关系出发，同时还要看到在此关系基础上形成的形态多样性和文化多样性。

3. 结构与过程的视角

古典社会学家孔德、斯宾塞等人提出的社会静力学与社会动力学、社会有机体论和社会进化论等观点，分别从社会静态结构和动态变迁的视角来阐释社会的复杂构成，而作为诸多社会现象之一的残疾社会现象，也需要从静态结构和动态变迁的视角对其进行全面观察。从静态结构的视角，也是从残疾社会现象的横断面进行观察，应对不同类型的残疾社会现象按照某一特征进行分类，比较不同类型残疾社会现象的特点及其差异，在此基础上对不同类型的残疾社会现象进行细致考察，剖析不同残疾社会现象的构成要素以及各要素之间的关系、形态及其功能作用，同时还应对不同类型残疾社会现象综合考察与立体比较，分析发现不同残疾社会现象的异同及其内在原因。从动态变迁的视角，也是从残疾社会现象的纵断面进行观察，应重点分析引发残疾社会现象变迁的因素与动力机制，从社会制度、体制机制以及文化观念等社会因素去考察，发现引发残疾社会现象变迁的动力及机制作用，重点发现促进残疾社会现象变迁的趋势与轨迹，研判其变迁区间的上限和下限，特别是要从促发变迁的要素与变量中去考量，通过外部因素的介入去转变残疾社会现象的变迁的轨迹道路。总之，残疾社会现象的观察要从静态与动态、结构与过程的视角去立体考察，才能更清晰地反映残疾社会现象的内在构成结构与发展变迁趋势。

4. 冲突与均衡的视角

社会是活力和秩序的动态平衡体，呈现为平衡与失衡的螺旋式发展，"二战"后期社会学理论主要基于社会秩序和稳定的思考。残疾社会学作为一门关注于残疾社会现象研究的学科，也应关注于残疾与人之间关系的冲突与均衡。从均衡的视角看，如同世界没有十全十美的事物，残疾只是人自身的固有属性之一，是人个体生命存在的一种方式，任何人时刻面临成为残疾人的风险，任何人在生命某一阶段都可能成为残疾人，"残疾常态化"是残疾均衡理论的基石，其核心要义是残疾不成为区别不同人群的显著特征。从冲突的视角看，表现为残疾成为区分残疾人群与健全人群的显著特征或第一特征，这也是残疾冲突理论的基石，延续残疾冲突理论的话语体系，残疾的贫困、污名、排斥等都成为残疾冲突的表象形态。因此对残疾的分析既要看到残疾与人相互冲突的一面，同时还要看到残疾与人相互共生的一面，把残疾与人的关系统一起来而非制造对立。

5. 个体与群体的视角

对残疾现象的分析从个体与群体的视角出发，重点关注于残疾人所依赖的生活系统空间，个体化视角下的残疾社会现象分析，把个体的残疾人作为分析的单位，围绕残疾对个体影响的微观环境，如包括残疾的生命周期史、残疾的社会化过程、残疾的角色获得，以此形成残疾的微观结构体系。而群体化视角下的残疾社会现象分析，着重于残疾的宏观社会系统，或者把残疾人作为整体分析的单位，或者把整个残疾人群作为分析的单位，关注于残疾对社会结构与关系形成的影响，从社会制度、体制与机制层面去探究残疾的社会因素。当然，观察残疾的视角并不严格局限于个体化与群体化的严格划分，通常残疾的制度来源于微观层面的固化并上升为制度，而残疾的制度也会影响到残疾的微观表达，因此对残疾的观察应综合其个体与群体的视角观察结果，形成更为丰富立体的多元残疾社会现象的意义解释。

6. 社区与社会的视角

与个体与群体的视角不同，残疾的社区与社会视角更关注残疾人生存的系统环境与意义空间。社区是与个人日常生活直接相关的生活世界，是有明确边界并具有本土文化特征的生活共同体，是个体迈向社会的跳板与承载点，社区视角下的残疾更关注于残疾意义形成的生活世界，关注残疾意义形成的微观系统与文化土壤，以及社区系统中的惯习与规则体系。社会根植于社区并高于社区，忽略了社区的"毛细血管"只留下了其"动脉静脉"，社会视角下的残疾主要关注社会系统中残疾制度的生成与变迁，不同社会制度下残疾人政策的价值取向与实践策略，以及残疾人制度与其他社会制度的关联，体现了残疾意义的制度世界。因此对残疾社会现象的视角观察，既应发现残疾意义生成的生活系统，又应发现残疾意义生成的制度系统，综合其生活世界与制度世界的全面考量。

二 研究理论

残疾社会学研究是用社会学的理论方法研究残疾社会现象，社会学理论方法基本适用于对残疾社会现象的研究与分析，残疾社会学理论主要包括以下几种。

1. 社会性别理论

社会性别理论是女性研究理论上的重大贡献，是对生理性别认识的重大突破与创新。长期以来，人们对男女不平等的认识归因于女性生理性别的不足，20世纪60年代，在波伏瓦的思想影响下女性主义开始对"生物决定论"进行批判，70年代一些西方女性主义者提出了"社会性别"概念，并作为女性主义分析范畴探讨女性的历史与发展。[①] 核心观点包括：人的性别意识与行为并非与生俱来的；社会性别是一个社会历史、经济、政治和文化范畴；男性女性的角色是在社会生活中不断规范中逐步形成的；社会性别本身包含着权利关系并在不同社会文化背景下塑造和发展。残疾社会学引进社会性别的理论分析框架，一方面，借助批判思维反驳社会基于"生物决定性"对残疾人的错误认识，揭示残疾人的生理残疾是其影响社会的不平等根源的局限性；另一方面，重点通过对男性和女性残障人士在社会分工与日常生活的差异性，发现社会性别对残疾认识、理解的不同以及应对残疾社会现象的不同，发现社会性别在塑造残疾意义符号以及社会意义上不同差异。

2. 残疾互构理论

建构主义理论是一种关于社会行动、互动和社会过程的理念，而不是某种对象性社会事实的理论。建构主义理论认为，社会是作为社会活动或过程而存在，而不是对象性事实或状况，应该重点探讨社会如何定义而不仅是对事实的描述。[②] 残疾社会学引入建构主义理论的分析框架，

---

① 祝平燕、夏玉珍：《性别社会学》，华中师范大学出版社2007年版，第12页。
② 闫志刚：《社会建构论视角下的社会问题研究：农民工问题的社会建构过程》，中国社会科学出版社2010年版，第44页。

将残疾社会现象放置于建构主义的视角下，从而发现残疾与人之间的相互建构过程，基本观点认为残疾社会现象并非是一个客观自然的现象，既是生理性的自然概念，同时更是历史、经济、政治的文化概念，如同性别、民族、种族、疾病等概念，我们对残疾社会现象的分析，在发现残疾的自然属性特征同时，更多把目光投向社会赋予残疾的文化特征上，发现不同文化对残疾社会现象的理解与阐释，以及应对残疾社会问题的文化差异。从方法论体系来看，选择建构主义的研究范式，强调残疾的概念内涵是在社会互动过程中创造出来的，而非客观性存在的社会现象，这为残疾人事业发展研究提供了较大的发挥空间。

3. 残疾角色理论

"角色"本属于戏剧领域专业术语，引入社会学研究领域专指社会互动过程中相互扮演的角色。我国学者认为，"社会角色是指与人们的某种社会地位、身份相一致的一整套权利、义务的规范与行为模式，它是人们对具有特定身份的人的行为期望，是构成社会群体或组织的基础"①。残疾角色是在特定残疾文化基础上，形成有关残疾人的价值观念、社会规范和行为方式，是社会成员对残疾身份的理解、实践与创新，其角色扮演过程包含着对残疾角色的期望、理解和实践。帕森斯的病人角色认为，社会是由人们共享的规范和价值观的和谐方式维持起来的动态平衡系统，行动者由于承担不了其角色赋予的期望导致功能缺位形成了病人角色，残疾角色理论反驳残疾是病态的文化意义，认为残疾角色并非贫困、弱势、受压迫的角色群集，其理解与扮演是在社会互动过程中形成的，而社会互动过程本身却体现为权力关系，特别是现实的残疾角色冲突体现了文化对残疾角色的权力控制，只有破除残疾角色的权力关系，才能真正去除残疾角色所带来的形象污名，重构残疾角色所赋予的积极文化含义。

4. 残疾分层理论

社会分层理论是从观察社会不平等现象而形成的重要理论流派，通过分析社会结构特别是垂直的分层结构特征，阐释社会结构得以产生和维持的因素及其过程，其分层类别、分层结构、分层流动、分层结果、

---

① 郑杭生：《社会学概念新修》，中国人民大学出版社1998年版，第139页。

分层过程、分层前景是社会分层理论最为关注的核心问题。① 残疾分层理论认为，残疾是导致社会结构分层的重要类别，它影响着个体社会资源获得和权力、声望占有，导致社会结构固化为健全人和残疾人两大阶层，残疾人阶层由于缺乏向上流动的动力和支持要素，形成了残疾人被长期固化为社会结构的底层；同时在残疾人阶层内部，也存在着残疾的身体分层结构，形成脑部残疾阶层（精神残疾和智力残疾）和非脑部残疾阶层，脑部残疾阶层向上流动的机会和可能性更少。此外，残疾分层理论认为，残疾与分层是相互建构的，身体残疾是导致社会分层的重要因素，同时位于社会结构底层也是造成残疾的重要原因之一，如文化程度低的群体容易选择一些无须劳动技能的重体力工作，这将导致残疾发生率更高些。有学者提出，社会不平等的形成包括政治不平等、社会不平等、机会不平等、经济不平等②，残疾分层理论认为，残疾分层的结果造成的社会不平等是全方位，要改善残疾分层的结构需要增加资源供给和外部支持，而这一过程也容易使得残疾内部分层结果的固化，使"由外向内、由上自下"的分层结构更加凸显化。

5. 残疾的冲突理论

与结构功能主义强调角色与地位匹配相反，冲突理论认为社会冲突无所不在，处于不同社会地位、拥有不同文化价值的个体都存在着冲突现象，残疾冲突理论一方面关注残疾的角色与行动之间的冲突，另一方面更关注残疾与人之间关系的冲突。残疾冲突理论认为，残疾角色的期望与角色扮演的冲突是一个常态，正是由于冲突的存在使得残疾社会化得以持续，例如后天获得残疾的个体在角色扮演与期望之间经常呈现的冲突现象；同时残疾作为人的属性之一，与健全人的社会关系之间也呈现着冲突常态，残疾人与健全人的冲突体现在经济、政治和社会生活等各个方面，在深层次更体现出残疾文化之间的冲突，健全人视角更多关注残疾人社会福利保障，而残疾人视角更关心社会参与融入与机会获得，如残疾人就业现象，按比例安排就业现象面临诸多现实的障碍，不仅体现在就业机会获得的不平等，更多体现在残疾人争取社会发展权利的冲

---

① ［美］戴维·格伦斯基：《社会分层》，华夏出版社 2005 年版，第 3 页。
② ［美］乔·萨托利：《民主新论》，冯克利、阎克文译，东方出版社 1998 年版，第 388 页。

突上。总之，冲突的视角更能体现出残疾与人、残疾人与健全人之间关系存在着的矛盾张力。

6. 残疾生命历程理论

移植生命历程理论（Life course approach），为残疾社会现象观察提供新的思考框架。残疾生命历程理论认为，个体在出生、童年期、青少年期、成人期、老年期和死亡等不同阶段，以及处于不同世代（如前工业化时期、工业化时期、后工业化时期），人们包括残障人士对残疾的体验和理解具有明显差异，残疾对各个生命阶段和历史转折点都会产生影响，并塑造社会有关残疾的不同认识。① 根据残疾在身体、认同、文化和社会结构四维度的不同理解，不同生命历程和世代对残疾的理解和体验也有明显差异，这种差异既是客观的也是文化的，对个体而言需要进行残疾社会化的过程，这个过程是指人们接受并内化残疾的社会规定角色与要求，以此支配自己的行为和意识，并贯穿为个人一生的文化认同过程，其中文化、家庭、社区、学校、同辈群体、大众传媒等因素对残疾社会化将产生重要影响。

三 研究内容

围绕着残疾社会现象的研究分析，粗略划分其研究领域主要包括十大方面，具体包括残疾与身体、残疾与人口、残疾与性别、残疾与民族、残疾与分层、残疾与文化、残疾与社区、残疾与政策、残疾与变迁等，不同研究领域的主要内容体现为以下几点。

1. 残疾与身体

近年来随着社会学理论不断发展，长期被忽视的身体社会现象引发了学者较高的关注热度，而且绝大多数研究目光都没有停留在身体的表象上，而是进一步探讨身体的社会建构与文化形塑，"从结构与行动两种路径理解身体的社会表征与符号意义，关注丰富多彩的日常生活世界中具有感受性和体验性的'具体人'，进而理解在现代性话语和理性逻辑规

---

① ［英］普里斯特利：《残障：一个生命历程的进路》，人民出版社2015年版，第31页。

训下人的境遇"①。残疾是身体的一种表达形式，正如性别也是身体的一种表达方式，残疾社会学对残疾与身体的研究主要体现在：探究残疾与身体的关系，以及不同残疾类别特征与身体的关系，从而区别身体其他属性与残疾特征的异同；把残疾看成结构、权力所构建的产物，关注残疾所体现出来的权力、伦理与道德等，揭示残疾所遮蔽的身体文化与权力关系，即"对残疾的身体做了什么"；关注残疾在日常生活中的身体实践，包括残疾的生产与再生产过程与机制，发现残疾的自我建构、自我表现和社会互动关系，即"残疾的身体做了什么"等。

2. 残疾与人口

人口学主要关注于人口的数量、结构与发展变迁，从而揭示出人口过程及其规律性。残疾社会学对残疾与人口的研究主要集中在对残疾人口的数量、结构与发展规律的认识上，主要包括残疾人口数量及发展趋势的实证性研究，以此研判残疾人口未来发展的总体态势；分析残疾人口的结构性特征，重点围绕残疾人口的类型分布状况、区域分布状况以及变动趋势进行分析，以此发现残疾人口在空间、类别分布的差异性特点；揭示导致残疾的因素进行分析，重点发现先天性因素与后天性因素导致残疾发生的差异，以及先天与后天因素对在不同类型、不同区域间残疾发生的差异；深入分析残疾与贫困之间的关系模式，揭示残疾与贫困之间的微观生成机制以及宏观制度环节，揭示"残疾贫困发生链"的过程环节及制度因素；探讨残疾与劳动就业之间的关系，发现残疾对就业的影响因素及其原因，以及促进残疾人口就业的方式方法；探讨残疾人康复、托养、教育、文化体育等领域情况，分析其原因及制度因素；探究残疾预防的有效措施与实践路径，等等。

3. 残疾与性别

性别可分为生理性别和社会性别两种概念，生理性别强调性别的自然属性，而社会性别强调性别的社会属性。残疾社会学对残疾与性别的关系研究，重点体现在残疾在两性之间的差异以及差异产生的原因因素上，主要内容包括残疾与性别的理论关系建构，特别是残疾与社会性别

---

① 赵方杜：《身体社会学：理解当代社会的新视阈》，《华东理工大学学报》（社会科学版）2012年第4期。

关系的理论建构；分析残疾的性别分布，深入分析不同类型残疾、区域性残疾在性别上的分布，分析残疾的"遗传"所体现出的性别差异以及文化与制度的因素；研究残疾在劳动分工、家庭分工等多方面差异，以及差异所产生的文化与制度因素；关注残疾与婚姻之间的关系，深描残疾人在家庭和婚姻领域中扮演的角色，以及角色所承载的社会、文化、经济和权力关系，发现残疾对两性恋爱观、择偶观和婚姻观的影响，以及残疾对婚姻和家庭的影响，特别是离婚、家庭暴力等家庭行为与残疾的相互关系等。

4. 残疾与民族

民族是在变动着的社会体系中以文化区分的、具有自我认同的一种相对稳定的社会群体，区分民族的核心标准是不同的文化和自我认同。[①] 残疾社会学对残疾与民族的研究主要体现在：通过数据统计比较不同民族残疾发生率及类型分布情况，以及残疾获得情况的差异与不同；站在文化的层面上分析不同民族对残疾文化的理解，包括什么是残疾、什么是残疾人，总结归纳不同民族对残疾标准的文化认同；从应对残疾社会现象和对待残疾人的差异出发，比较不同民族在应对残疾策略上的文化和社会生活方式的差异性及其原因；从民族融合的角度，分析民族融合过程中残疾文化认同的冲突与碰撞，以及残疾文化相互认同的过程；比较各民族残疾文化上与主流残疾人观念上差异，从而丰富现有残疾发展理论与操作实践，体现出我国残疾文化的民族性和中华民族的残疾文化的本土性。中国的残疾人事业发展要为世界贡献中国制度方案，本土民族的残疾多样性文化能够提供源源不断的思想动力。

5. 残疾与分层

社会学领域的分层是依据一定的标准被划分为不同等级、次序的过程及现象，社会角色、分层与流动是三大相互关联紧密的概念体系。残疾社会学对残疾与分层的研究，重点强调残疾对社会分层理论和实践中的影响，主要内容体现在：残疾人角色获得的微观过程与机制，后天与先天残疾人、不同类型残疾人的残疾角色获得差异；个体不同角色之间的冲突以及残疾角色对个体社会角色的影响；残疾社会学修正现有社会

---

① 赵利生：《民族社会学》，民族出版社2009年版，第37页。

分层的定义，认为残疾是划分社会等级、次序的重要指标因素，发现残疾特征对个体社会分层的影响，以及社会分层结构中所体现出的残疾特征；比较不同残疾人群的社会分层状况，发现不同身体残疾部位、身体从上至下的次序等对社会分层的影响，揭示出不同身体残疾状况对社会分层的影响因素。分析发现残疾人群的社会流动状况，比较残疾人与健全人社会流动的差异与影响特征，比较不同类型残疾人社会流动的差异与影响特征，总结残疾人社会流动的规律性与内在逻辑；分析比较不同文化背景下残疾的角色、分层与流动，以及残疾对社会分层的影响等方面。

6. 残疾与社区

社区是一定区域范围内的人类生活共同体与文化共同体，与社会概念不同，更加强调本土性与文化性，以及内部之间的微观运行机制。当前社区发展的理念更加突出以人为中心，强调权利为本、参与赋权、人与社区共建等价值理念。残疾社会学对残疾与社区的研究主要体现在：社区内部成员之间是如何标识残疾与残疾特征的，其成员群体是如何形成对残疾的判断标准；残疾人与残疾人家庭是如何参与社区，其参与的动力、机制的结构化特征及微观机制链条，残疾人融合社区和被社区排斥是如何具体体现在社区生产生活当中；残疾人社会政策如何与社区内部的运作机制相结合，其制度化的残疾力量渗透社区的微观过程及结构功能。与社会宏观观察不同，社区与残疾的研究更关注社区的微观过程，以及涉及的影响因素与机制。

7. 残疾与政策

政策是一种制度化的外部力量，是主观制度设计的产物。残疾社会学对残疾与政策的研究主要体现在：残疾社会政策与残疾人社会政策的关系，以及残疾人社会政策与其他社会政策之间的关系；观察残疾人政策的历史流变过程，分析其残疾人政策变迁的动力机制、变迁价值理念，以及不断改变的关注领域等；重点关注残疾人与贫困、残疾人与社会福利保障政策之间的关联，深度描绘残疾人反贫困政策的价值逻辑与行动指向；从政策设计、执行与监督的政策话语体系出发，全面剖析残疾人政策在实践层面引发的差异与问题，以及不同类型残疾人政策在实践层面引发的现实性问题；对中外残疾人政策进行政策比较分析，发现不同文化制度在残疾人政策设计和执行的敏感点及其政策盲点；从残疾人发展的视角看待残疾人政策的价值理念与实践逻辑，系统观察残疾人政策在促进残疾人全面发展、自我完善的政策效力，等等。

8. 残疾与文化

文化是社会学和其他人文社会科学研究的重要议题，主流社会学认为，"文化是在社会互动中产生的，是社会成员在社会化过程中习得并经社会认可、用以满足生理和精神需要的方法和手段"①，形象语言表达为"文化有如人们呼吸的空气，习惯而不觉察"。残疾社会学对残疾与文化的研究主要体现在：宏观与微观环境下的残疾文化形成过程、发生机制与内在关系；不同历史时期残疾观念的形成与不同类型、发展变迁轨迹及其动力机制，重点是残疾人社会运动对残疾文化形成的影响；残疾文化的构成要素与类别划分，区别不同残疾文化的显著标志和分析框架；同一时空不同文化背景间的残疾文化比较体现，所体现出的差异及特征；不同残疾文化的理论建构与话语表达，以及残疾文化与主流话语表达之间的相互关联，所体现的权力关系与制度性结构；分析残疾与越轨、犯罪之间的关系，发现残疾犯罪的表现及其内在文化因素等方面。

9. 残疾与变迁

残疾社会学主要从时间流变观察残疾的变迁过程，包括残疾人个体的变迁和残疾的社会变迁，具体体现在：关注残疾的个体生命周期，比较先天残疾人和后天残疾人的个体生命周期，观察个体的残疾生命周期变化及不同；关注残疾人的社会化过程，分析个体对残疾意识的认同、角色认同与行为理解，以及残疾人参与社区生活、社会生活的社会化过程；关注残疾意识观念的文化变迁，政策的变迁以及残疾人角色身份的社会变迁，分析其变迁的动力机制和过程链条，从而寻找促进残疾人发展的积极因素；用发展的视角和理解看待残疾人的发展和人自身的发展完善，建立更为完善的监测评估指标体系，为促进全球残疾人发展提供行动指南和实践路径。

---

① 祝平燕、夏玉珍：《性别社会学》，华中师范大学出版社2007年版，第24页。

四 研究方法

残疾社会学研究的方法论体系包括三个层面并呈倒金字塔形态，位于金字塔底端为残疾社会学的研究范式，中间层面为科学主义研究的逻辑程序，最表层为定量与质性研究的具体研究方法，其中残疾社会学研究范式的偏好选择决定着科学研究的程序和具体研究方法。

1. 研究范式

在任何研究领域都有一套大部分专业人员共同遵循的基本原则与既定规则，这些同一研究领域共同遵守的基本原则与规则准则称之为范式。范式这一概念首先是由库恩提出来的，表明为该领域科学家共同拥有的世界观和方法论，包括共同的基本理论、观点、方法、信念、假定等[①]，可划分为本体论、认识论和方法论三个层面，分别回答"事物存在的真实性问题、知者与被知者之间关系问题以及研究方法的理论体系问题"[②]。社会学领域研究一般总结为四大范式，分别为实证主义、后实证主义、批判主义和建构主义，其不同范式在本体论、认识论和方法论三个维度上呈现的差异主要表现，见表8-1。

表8-1　　　　　社会科学研究的四大范式比较[③]

	实证主义	后实证主义	批判主义	建构主义
本体论	朴素的现实主义——现实是"真实的"而且可以被了解	批判的现实主义——现实是真实的，但只能被不完全地、有可能的了解	历史现实主义——真实的现实是由社会、政治、文化、经济、种族等共同塑造	相对主义——现实具有地方性的特点，是具体地被建构出来的
认识论	二元论/客观主义认识论；研究结果是真实的	修正的二元论/客观主义的认识论；研究结果有可能是真实的	交往的/主观的认识论；研究结果受到价值观念的过滤	交往的/主观的认识论；研究结果是创造出来的

---

① 陈向明：《质的研究方法与社会科学研究》，教育科学出版社2000年版，第378页。
② 祝平燕、夏玉珍：《性别社会学》，华中师范大学出版社2007年版，第24页。
③ 陈向明：《质的研究方法与社会科学研究》，教育科学出版社2000年版，第14页。

续表

	实证主义	后实证主义	批判主义	建构主义
方法论	实验的/操纵的方法论；对假设进行证实；主要使用定量研究方法	修正过的实验主义；对假设进行证伪；可能使用质的研究方法	对话的/辩证的方法论	阐释的/辩证的方法论

毫无疑问，有关残疾的研究议题可以选择任何一种研究范式，而且不同研究范式下的残疾研究都有较多的研究成果，但是残疾研究的学术史对研究范式却存在着一定的偏向，经历着从"研究残疾人""残疾人研究"和"残障研究"的范式变化过程。早期研究更多的是站在健全人的视角下展开对残疾人的研究，延伸到对残疾人贫困、残疾人社会保障与福利的研究，20世纪70年代随着残疾人社会运动的崛起，残障理论的出现和不断被学界所熟知，残疾人研究开始转向为残障研究，它强调不仅包括对残疾人的研究，也包括对健全人在内的残疾研究，突出残疾与人的关系是权力关系模式，本书把这种研究取向和范式总结概括为"残障主义"的研究范式，从而体现出残疾社会学研究独特的视角和理念。

当前学术界对"残障主义"研究范式还没有相关论述，本书试图在现有研究基础上提出残障主义研究范式的雏形。残障主义研究范式的核心主张用残障的视角认识与理解世界，而非站在健全人视角下看待和理解残疾社会现象，其主要观点和价值取向包括：（1）将残疾作为基本的分析概念和敏感意识，它不简单是一种个体性的生理特征，而且是社会关系中最根本的不平等权利关系，残疾的含义等同于不平等的权利关系。（2）认为不存在永恒不变的残疾关系和残疾世界，因此残疾的概念理解必须置于特定的社会文化和历史情境中去观察分析，发现残疾含义有不同文化内涵和表现特征。（3）残疾是有关于所有残疾领域研究的来源和根本出发点，应放置于残疾社会学研究的核心位置，通过残疾日常经验的显性化和多元化的了解去认识新的世界面貌。（4）批判质疑现有残疾研究的价值取向和研究的客观性，强调残疾研究不仅仅是改变残疾人生存和发展处境，重新认为世界的权力关系，更是为了通过残疾的新视角和知识力量改变创造一个新的世界，这个新的世界目前姑且认为是一个

"非残世界"，即残疾不再是权力不平等的制造者，由残疾赋予的角色也不再是个体的主导性角色，人人即残疾，改善残疾的认识也是改善人类社会的自我认识。

2. 研究方法

残障主义研究范式突破了传统残疾研究范围，摒弃健全人和残疾人作为单一的主体统一考量的做法，鼓励社会研究中把残疾作为一个非常重要的变量，探究那些非官方和隐藏在黑暗角落有关残疾的叙事等，将会积极推动残疾相关研究迈向新领域、新视野，从而推动残疾社会学理论和实务的不断完善与成熟，也正是由于残障主义研究范式的提出，为现有残疾社会学研究方法提供了更丰富、立体的方法范畴。

在残疾社会学具体研究方法上，采取定量方法与质性方法的争论是个恒久的话题，这种争论不仅体现在具体研究实践的层面上，更表现在不同方法所赋予的价值观和意识形态上。持定量研究方法者认为，定量研究方法可靠、理性、客观，不受研究者个人的偏见；而持质性研究方法者认为，定量研究方法把残疾个人经验预设在既定框架中，残疾人的思想、感情和行为方式必须要用自己的话语来表达叙事。本书认为定量研究与质性研究方法的争论是一个伪命题，正如抛开硬币本身去谈论硬币的正面和反面的优劣性一样，我们采用何种研究方法的目的如同工匠背包里的工具是为了更好完成器具的制造，所有的具体研究方法都是为了更好地认识事物的本质，方法无所谓好坏，二要看是否应用恰当。通常采用的方法主要有以下几点。

（1）问卷调查法。这是定量研究最常采取的方式方法，研究逻辑上遵循科学主义的归纳与演绎原则，通过理论假设界定概念并对其操作化，再根据操作化概念来设计调查问卷，选择合适的抽样调查方法后收集调查样本，这样就把所需要观察的现象数量化，并根据数据统计分析寻求相关变量之间的关系，通过归纳演绎的办法寻找事物之间的规律。除问卷调查法以外，实验法、统计法也是常用的定量研究方法。问卷调查法最大优势能够通过数据之间的统计关系清晰地观察事物之间的规律，并能在量的程度上进行准确判断，但是在面临复杂的理论概念、难以操作化的概念定义、不明确的理论假设、有重大遗漏的因素变量、不合理的问卷设计、错误数据统计方法等情况下，问卷调查方法难以获得较大说服力的解释。与定性研究方法相比，定量研究更擅长对较为成熟理论指导下的事物量的把握，而需要对事物进行更深入的探索并对其进行解释时效力不佳。

（2）焦点小组法。这是质性研究中经常采取的方法，通过在焦点小组主持人的带领下对某一议题进行全面的阐释和解析，全面系统地描述和理解事物之间的关系。焦点小组访谈的目的不在于对访谈结果的推论到总体上，更擅长在短时间内对事物之间的关系和情况进行全面了解与把握，并通过不同类型群体对同一议题的解读能够做到信息满足，从而描绘出事物之间的关系模式和事件形态。焦点小组访谈最大的优势在于收集信息快捷简单，但是比较受制于主持人的水平和能力。

（3）个案研究法：这是质性研究常采用的具体方法，焦点在于通过对一个或多个个案进行深度分析，利用多元的资料如文献、档案记录、访谈、观察、实物收集和定量数据等，深度描述事物和陈述命题。个案研究的目的不在于把对具体个案的分析发现推演到其他个案上，而更擅长于对具体个案的分析和挖掘，寻找事物之间互动关系和内在运作机制。通过之间典型个案的选择和具体分析，逐步做到信息饱和和维度饱和，能够更深入观察发现事物之间更深入的内部联系与运作法则。

（4）参与观察法、口述史法、民族志法等也是质性研究常采用的方法，通过收集当事人过往经历、故事讲述、实物信息、文件档案等资料，描述经验体验、重构故事内容、提供解释样板，进而呈现出事件的解释和本质把握。与定量研究方法思路不同，质性研究不强调结果对总体的推论，更强调对被研究者经验和意义的解释，强调研究者与被研究者之间的关系互动，更强调多个来源渠道信息之间的三角互证。

残障主义研究范式是一个开放的研究方法体系，采取的具体研究方法鼓励定量与质性研究方法的"合二为一"，根据研究目的和内容的需要选取更为合适的研究方法，但是在实际研究过程链中不同研究方法应有所侧重。根据以往的研究经验，残疾社会学研究应先选取如参与观察法、民族志法、专题座谈法等较为开放的质性研究方法，形成对残疾社会现象的粗线条解释，保证信息的饱和和维度的饱和，在此基础上形成理论假设和概念命题，之后通过概念操作化过程进行定量实地调研，验证发现事物之间量的变化，根据问卷调查结果再返回到质性研究过程中，修正完善原有理论假设和概念命题，最后根据信息的三角互证法则形成更为完善的研究解释。这是一条非常完整的知识生产链，主张用信息三角互证法则做支撑，形成残障主义研究范式固有的方法范畴，这对女性研究、贫困研究等非主流社会现象和群体的研究也同样有效适用。

参考文献

一 著作

蔡枢衡:《中国刑法史》,中国法制出版社2005年版。

陈向明:《质的研究方法与社会科学研究》,教育科学出版社2000年版。

邓云特:《中国救荒史》,商务印书馆2011年版。

傅志军:《残疾人权利保障法律制度研究》,华夏出版社2014年版。

葛忠明:《他者的身份》,山东人民出版社2015年版。

郭春宁:《人权视角下的中国残疾人社会保障》,中国劳动社会保障出版社2014年版。

刘少杰:《当代中国意识形态变迁》,中央编译出版社2012年版。

陆德阳、[日]稻森信昭:《中国残疾人史》,学林出版社1996年版。

童泽:《人道主义与残疾人发展》,中国社会出版社2008年版。

王思斌主编:《社会工作概论》,高等教育出版社1999年版。

奚从清、林清和、沈赓方主编:《残疾人社会学》,华夏出版社1993年版。

相自成:《权益保障的中国模式:残疾人权益保障问题研究》,华夏出版社2011年版。

许进雄:《中国古代社会:文字与人类学的透视》,中国人民大学出版社2008年版。

闫志刚:《社会建构论视角下的社会问题研究:农民工问题的社会建构过程》,中国社会科学出版社2010年版。

杨立雄、兰花:《中国残疾人社会保障制度》,人民出版社2011年版。

赵利生：《民族社会学》，民族出版社2009年版。

郑功成：《社会保障学》，商务印书馆2008年版。

郑杭生：《社会学概念新修》，中国人民大学出版社1998年版。

郑杭生：《中国大百科全书·社会学》，中国大百科全书出版社1992年版。

郑晓瑛、程凯：《中国残疾预防对策研究》，北京大学出版社2015年版。

中国残疾人联合会：《2014年中国残疾人事业统计年鉴》，中国统计出版社2014年版。

周沛、曲绍旭、张春娟：《残疾人社会工作》，社会科学文献出版社2012年版。

朱眉华、文军主编：《社会工作实务手册》，社会科学文献出版社2006年版。

祝平燕、夏玉珍：《性别社会学》，华中师范大学出版社2007年版。

[英] A. J. M. 米尔恩：《人的权利与人的多样性——人权哲学》，夏勇、张志铭译，中国大百科全书出版社1995年版。

[英] 安东尼·吉登斯：《现代性的后果》，田禾译，译林出版社2000年版。

[澳] 杰华：《都市里的农家女——性别、流动与社会变迁》，吴小英译，江苏人民出版社2006年版。

[美] 哈贝马斯：《现代性的地平线》，李安东、段怀清译，上海人民出版社1997年版。

[美] 伯格、卢克曼：《社会实体的建构：知识社会学》，邹理民译，台北巨流图书公司1991年版。

[法] 布迪厄、华康德：《实践与反思——反思社会学导引》，李猛等译，中央编译出版社1998年版。

[美] 戴维·波普诺：《社会学》，李强等译，中国人民大学出版社1999年第10版。

[美] 戴维·格伦斯基：《社会分层》，华夏出版社2005年版。

[美] 道格拉斯·诺斯：《经济史中的结构与变迁》，陈郁、罗华平译，上海三联书店1994年版。

[法] 迪尔凯姆：《社会学方法的规则》，华夏出版社1999年版。

［法］福柯：《知识的考古》，王德威译，台北麦田出版有限公司 1993 年版。

［法］福柯：《知识考古学》，谢强、马月译，上海三联书店 1998 年版。

［美］戈夫曼：《污名：受损身份管理札记》，宋立宏译，商务印书馆 2009 年版。

［古希腊］亚里士多德：《政治学》，吴寿彭译，商务印书馆 1983 年版。

［英］英克尔斯：《社会学是什么》，中国社会科学出版社 1981 年版。

［英］马克·普里斯特利：《残障：一个生命历程的进路》，王霞绯等译，人民出版社 2015 年版。

［英］麦克乐·卡里瑟斯：《我们为什么有文化》，陈丰译，辽宁教育出版社 1998 年版。

［英］奈杰尔·拉波特、［美］乔安娜·奥弗林：《社会文化人类学的关键概念》，华夏出版社 2005 年版。

［德］诺贝特·埃利亚斯：《个体的社会》，翟三江、陆兴华译，译林出版社 2003 年版。

［美］帕森斯：《社会系统》，刘少杰译，中国人民大学出版社 2008 年版。

［美］乔·萨托利：《民主新论》，冯克利、阎克文译，东方出版社 1998 年版。

［瑞士］皮亚杰：《发生认识论原理》，王宪钿等译，商务印书馆 1981 年版。

［美］苏珊·桑塔格：《疾病的隐喻》，程巍译，上海译文出版社 2003 年版。

［美］威廉·考克汉姆：《医学社会学》，高永平等译，中国人民大学出版社 2012 年版。

［德］乌尔里希·贝克等：《自由与资本主义》，浙江人民出版社 2001 年版。

二　期刊

艾四林：《哈贝马斯论"生活世界"》，《求是学刊》1995 年第 5 期。

陈福侠、张福娟：《国外残疾污名研究及对我国特殊教育的启示》，《中国特殊教育》2010 年第 5 期。

陈彦旭：《美国文学中残疾人形象之流变研究》，《东北师大学报》2015年第1期。

崔斌、陈功、郑晓瑛：《中国残疾人口致残原因分析》，《人口与发展》2009年第5期。

董晓钟：《世界需要"多样性"理念》，《前线》2003年第10期。

葛忠明、张忠海：《"健全人的盲道"：关于盲道占用的社会排斥研究》，《中国海洋大学学报》（社科版）2016年第1期。

管健：《污名的概念发展与多维度模型建构》，《南开学报》（哲学社会科学版）2007年第5期。

郭金华：《污名研究：概念、理论和模型的演进》，《学海》2015年第2期。

航鹰：《外国影坛上的残疾人形象》，《中国残疾人》1996年第11期。

郝永华：《〈疾病的隐喻〉与文化研究》，《集美大学学报》（哲学社会科学版）2008年第4期。

何中华：《从生物多样性到文化多样性》，《东岳论丛》1999年第4期。

洪大用：《关于加快社会事业发展若干问题的思考》，《教学与研究》2006年第12期。

胡亚敏、肖祥：《"他者"的多副面孔》，《文艺理论研究》2013年第4期。

湖北省残疾人联合会与湖北省社会科学院联合课题组：《人道主义是残疾人事业的旗帜》，《江汉大学学报》（人文科学版）2005年第4期。

华颖等：《"5·12汶川地震"残疾人状况调研：基于绵阳市北川县的实证研究》，《社会保障研究》2009年第1期。

焦永刚：《论社会现象的性质》，《社会学研究》1995年第6期。

李静：《六年磨一剑》，《中国社会保障》2009年第10期。

李荣海：《人的多样性存在方式与人学发展思路》，《东岳论丛》1999年第1期。

李学会、傅志军：《残障研究的多学科视角及综合取向》，《社会工作》2015年第4期。

林卡、柳晓青、茅慧：《社会信任和社会质量：浙江社会质量调查的数据分析与评估》，《江苏行政学院学报》2010年第4期。

刘炳跃：《论优势视角》，《商品与质量》2012年第2期。

马才华：《建立中国残疾人社会学的思考》，《江西师范大学学报》1990年第3期。

毛晓光：《20世纪符号互动论的新视野探析》，《国外社会科学》2001年第3期。

穆小琳：《残疾人报道"边缘化"的困境与对策》，《中国记者》2012年第3期。

潘献奎：《世界多样性理论的研究概述》，《桂林航天工业高等专科学校学报》2003年第1期。

邱卓英等：《国际残损、活动和参与分类新系统研究》，《中国康复理论与实践》1999年第1期。

邱卓英、李沁燚：《〈世界残疾报告〉及其对残疾和康复的重要意义》，《残疾人研究》2012年第3期。

曲相霏：《残疾人权利公约与中国的残疾模式转换》，《学习与探索》2013年第11期。

苏国勋：《社会学与社会建构论》，《国外社会科学》2002年第1期。

孙世权：《文化身份如何被塑造和建构——以跨文化交际为理论视角》，《学习与实践》2014年第12期。

童敏：《从问题视角到问题解决视角——社会工作优势视角再审视》，《厦门大学学报》（哲学社会科学版）2013年第6期。

王灏晨、陈功、李宁、郑晓瑛：《我国伤害致残模式转变综述——基于全国残疾人抽样调查数据》，《残疾人研究》2014年第1期。

王沪宁：《中国社会质量与新政治秩序》，《社会科学》1989年第6期。

王建民：《"逆向标签化"背后的社会心态》，《北京工业大学学报》（社会科学版）2012年第4期。

王金营、张翀：《中国人口残疾发生风险估计及生命表分析——基于第二次全国残疾人抽样调查数据的研究》，《人口研究》2009年第3期。

王丽皓：《运用中美电影比较中美对待残疾人的态度》，《电影文学》2014年第3期。

文军：《范式的抗争：非主流社会学理论的形成及其影响》，《社会学评论》2013年第2期。

武艳华、黄云凌、徐延辉：《城市社会凝聚的测量：深圳社会质量调查数据与分析》，《广东社会科学》2013年第2期。

奚从清：《残疾人社会学：对象·任务·功能》，《社会学研究》1992年第6期。

谢立黎、黄洁瑜：《中国老年人身份认同变化及其影响因素研究》，《人口与经济》2014年第1期。

谢文澜、张林：《残疾群体的污名效应及其社会影响》，《中国健康心理学杂志》2013年第10期。

许江：《百年光影——中国电影中的残疾人形象》，《三月风》2005年第11期。

杨君、彭少峰：《超越与反思：风险社会的三种研究传统及创新尝试》，《哈尔滨工业大学学报》（社会科学版）2013年第4期。

杨团：《社会政策研究范式的演化及其启示》，《中国社会科学》2002年第4期。

杨雪冬：《风险社会理论述评》，《国家行政学院学报》2005年第1期。

于奇智：《福柯及其生平、著作和思想》，《国外社会科学》1997年第1期。

张宝山、俞国良：《污名现象及其心理效应》，《心理科学进展》2007年第6期。

张海东：《从发展道路到社会质量：社会发展研究的范式转换》，《江海学刊》2010年第3期。

张海东、石海波、毕婧千：《社会质量研究及其新进展》，《社会学研究》2012年第3期。

赵方杜：《身体社会学：理解当代社会的新视阈》，《华东理工大学学报》（社会科学版）2012年第4期。

赵怀娟：《"社会质量"的多维解读及政策启示》，《江淮论坛》2011年第1期。

赵万里、李路彬：《情境知识与社会互动——符号互动论的知识社会学思想评析》，《科学技术哲学研究》2009年第10期。

郑杭生：《"理论自觉"与中国风格社会科学——以中国社会学为例》，《江苏社会科学》2012年第6期。

周林刚:《社会排斥理论与残疾人问题研究》,《青年研究》2003 年第 5 期。

庄友刚:《风险社会理论研究述评》,《哲学动态》2005 年第 9 期。

[英]艾伦·沃克:《社会质量取向:连接亚洲与欧洲的桥梁》,张海东译,《江海学刊》2010 年第 4 期。

[德]乌尔里希·贝克:《风险社会再思考》,郗卫东编译,《马克思主义与现实》2002 年第 4 期。

三 报刊及报告等

关信平:《美国的残疾人保障制度》,谢琼:《国际视角下残疾人事业》,人民出版社 2013 年版。

石彤:《社会排斥:一个研究女性劣势群体的新理论视角和分析框架》,王思斌主编:《中国社会工作研究》(2002 年第一辑),社会科学文献出版社 2002 年版。

袁浩、马丹:《上海社会质量与居民生活满意度研究》,转张海东《社会质量研究》,社会科学文献出版社 2011 年版。

《2006 年第二次全国残疾人抽样调查主要数据公报》,《人民日报》2006 年 12 月 2 日第 7 版。

第二次全国残疾人抽样调查领导小组、中华人民共和国国家统计局:《2006 年第二次全国残疾人抽样调查主要数据公报》,《人民日报》2006 年 12 月 2 日第 7 版。

国家统计局:《2006 年第二次全国残疾人抽样调查主要数据公报》,《人民日报》2006 年 12 月 2 日第 7 版。

王明峰:《"瓷娃娃"的美画人生——残疾女孩网上推销自己画作感恩奋进》,《人民日报》2015 年 1 月 29 日。

冯俊:《残疾的诞生——论先秦权力模式的断裂与变异》,硕士学位论文,西南大学,2010 年。

国务院新闻办公室:《无障碍环境建设条例》实施三周年情况发布会,http://www.china.com.cn/zhibo/2015-08/03/content_36196449.htm。

谭爱娟:《论文学作品的残疾书写及其隐喻》,硕士学位论文,湖南师范大学,2007 年。

张计兰:《我国当下小学语文教科书对残疾人关注的研究》,硕士学位论文,南京师范大学,2008 年。

四 外文文献

Beck Vander Maesen, Waiker, *The Social Quality of Europe*, The Hague, London, Boston: Kluwer Law International, 1997.

Berger, P. L, Luckman, *The Social Construction of Reality*, Garden City, Doubleday, 1966.

Hilgartner & Bosk, therise and fall of social problem: Apublicarenasmodel", *American journal of sociology*, No. 1, 1988.

Spector & Kitsuese, *constrcting social problems*, 1987.

WHO, *Disability prevention and rehabilitation*, Vol. 668, 1981.

后　记

2016年我参与了国家社科基金项目"我国残疾人事业治理体系创新"课题研究，从此走进了残疾人研究领域。随着课题研究深入，与残疾人工作者的交流不断增进，我对残疾人和残疾人事业发展的认识逐步深入。与合作者李巾副研究员多次探讨后，我们决定围绕"残疾的知识生产与再生产""残疾人事业治理体系创新""残疾社会学的学科建构"等进行思考、创作。呈现在读者面前的是我们关于残疾人、残疾社会学、残疾人事业等的思考，希望对读者有所裨益与观点借鉴。

这本著作顺利完成出版，首先感谢陕西省社会科学院社会学所江波研究员，他给我们提供了许多富有启发性的观点，引导我们对残疾的知识、残疾社会学等领域知识进行深入思考。也要感谢杨红娟研究员，在国家社科基金项目"我国残疾人事业治理体系创新"课题调研与研讨过程中，为我们提供很多富有借鉴性的思想。还要感谢陕西省残联维权部邓昱主任，为我们的研究提供实地调研机会，并提供许多有关残疾人工作的思路见解。此外，特别感谢陕西省社会科学院为本书出版提供学术资助，感谢中国社会科学出版社和本书编辑李凯凯老师，为著作顺利出版辛勤付出。

本书分为八章，分别阐释人的多样性与残疾风险、残疾的理论与社会建构、残疾的图像与三个视界、残疾的身份与社会互动、残疾的知识考古与文化、残疾人制度与社会工作、残疾人事业发展与治理、创建残疾社会学的学科。我们认为，残疾的知识首先来源于战争，其"宗教模式""医学模式""专家模式""经济模式""社会模式"等残疾知识都是社会建构的产物。我们构建中国特色的残疾人事业治理体系，要从残疾与自然、残疾与社会、残疾与个体三大关系重构残疾的认知与理解，通过本土经验总结与理论自觉形成我国残疾人研究的话语体系，进而形成残疾社会学学科视角下的残疾知识体系。我们也期望，更多不同学科的专家学者关注残疾人，加入残疾人研究领域的大家庭，为我国残疾人事业发展与创新实践提供更多思想智慧。

在写作过程中，我们对残疾知识、残疾人、残疾人事业的认知不断深入，但也有不少困惑与不解，如乡村振兴背景的农村残疾人事业发展、人学视角下的残疾知识体系建设、残疾知识建构的积极动力与措施手法等，都需要进一步深入思考。也希望与更多专家学者探讨交流残疾人工作、残疾人事业发展创新，为我国残疾人事业贡献更多智慧与行动。

聂　翔
2024 年 6 月 6 日